POLARIS

CHRISTIANE STENGER

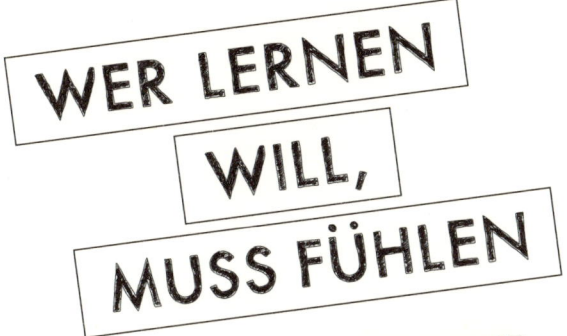

WER LERNEN
WILL,
MUSS FÜHLEN

WIE UNSERE SINNE
DEM GEDÄCHTNIS
HELFEN

ROWOHLT POLARIS

Originalausgabe ★ Veröffentlicht im Rowohlt Taschenbuch Verlag, Reinbek bei Hamburg, April 2016 ★ Copyright © 2016 by Rowohlt Verlag GmbH, Reinbek bei Hamburg ★ Umschlaggestaltung Hauptmann & Kompanie Werbeagentur, Zürich ★ Umschlagabbildungen Axel Martens ★ Illustrationen im Innenteil Max Bachmeier, München ★ Satz FF Franziska, InDesign, bei Pinkuin Satz und Datentechnik, Berlin ★ Druck und Bindung CPI books GmbH, Leck, Germany
ISBN 978 3 499 63123 8

Für Antje

INHALT

VORWORT

Wissen Sie, wo Sie im Sommer 2014 waren, als die deutsche Fußballnationalmannschaft der Männer Weltmeister geworden ist? Erinnern Sie sich an Ihren ersten Kuss? Haben Sie Ihren ersten Schultag noch im Kopf? An Momente wie diese können wir uns meist gut erinnern, zumindest, wenn sie uns emotional bewegt haben. Ereignisse, die wir mit großen Gefühlen verbinden, sind besonders einprägsam. So haben wir nicht nur großartige Geburtstage oder feierliche Hochzeiten meist noch Jahre später konkret vor Augen, sondern auch die Sternschnuppe über dem Gardasee, die Schmetterlinge im Bauch, als wir verliebt waren, den abenteuerlichen Urlaub im Campingbus oder diese verrückten durchtanzten Nächte, wenn die Sonne beim Nachhausekommen schon wieder aufging.

Leider brennen sich nicht nur solche schönen, sondern auch viele negative Ereignisse – oft unauslöschlich – in unser Gedächtnis ein. Sicherlich wissen Sie genau, wo Sie am 11. September 2001 waren, als Sie erfuhren, dass zwei Flugzeuge in das World Trade Center geflogen sind. Wenn Sie früh genug geboren wurden, können Sie sich bestimmt an den Tag des Kennedy-Attentats erinnern, als wäre es gestern gewesen.

Emotionen, ob positiv oder negativ, gehören zu den zuverlässigsten Hilfsmitteln, um Bilder, Geschichten oder Informationen in unserem Gedächtnis als abrufbare Erinnerung zu speichern.

Nicht nur Gefühle helfen unserer Erinnerung auf die Sprünge, sondern auch unsere Sinneseindrücke. Sie können uns direkt in die Vergangenheit katapultieren: Riechen wir ein bestimmtes Parfüm, kommt uns eine gute Freundin aus dem Studium oder eine vergangene Liebe in den Sinn. Wir alle haben bereits erlebt, wie ein Geruch, eine Stimme, Musik oder eine Umarmung unsere Erinnerung aktivieren und uns Szenen aus der Vergangenheit wieder präsent werden lassen. Hören wir ein bestimmtes Lied, erinnern wir uns an die Stimmung von damals, denken an diesen einzigartigen Moment auf dem Konzert von *Oasis* oder an die Autofahrt mit Hund nach Rom und zurück.

Gerüche spielen eine besondere Rolle, wenn es darum geht, Erinnerungen zu wecken. Wenn ich zum Beispiel Zimt rieche, muss ich sofort an die Malkurse meiner Mutter denken, bei denen es immer frische Zimtschnecken für uns Kinder gab. Die Küche roch dann wie eine Bäckerei zur Weihnachtszeit, und der zuckersüße Duft verteilte sich langsam in der gesamten Wohnung. Ich weiß noch genau, wie es geschmeckt hat, wenn ich in die gerade etwas abgekühlte Zimtschnecke gebissen habe. Unvergleichlich. Im selben Moment sehe ich die vielen blauen Gefrierbeutel in der Kühltruhe vor mir, höre das Knirschen des Eises bei der Suche nach meiner Beute, fühle die eisige Kälte, wenn ich voller Vorfreude an Tagen ohne Malkurs einen Beutel gefrorener Zimtschnecken heraushole.

Unsere Gefühle sind automatisch in unsere Erinnerungen eingebunden. So können wir sie über viele Impulse oder Stichwörter oft noch nach Jahren oder Jahrzehnten abrufen. Lässt sich dieses Wissen bewusst umsetzen? Können wir unsere Sinne trainieren, um uns besser zu erinnern? Welche Rolle spielen sie beim Merkprozess? Und was können wir konkret tun, um uns das Lernen zu erleichtern?

Die gute Nachricht: Wir besitzen die vielen unterschiedlichen Schlüssel zu unserem Erinnerungsvermögen bereits. Manche haben wir – bildlich gesprochen – nur verlegt. Wir müssen sie lediglich wiederentdecken, indem wir unseren Sinnen und Emotionen beim Lernen und Erinnern mehr Aufmerksamkeit schenken. Wir lernen ständig. Immer und überall. Wir können gar nicht anders. Und mit dem richtigen Knowhow können wir uns das bewusste Lernen und Erinnern erleichtern.

Bevor wir uns genauer mit unseren Emotionen und unseren Sinnen beschäftigen, werden wir etwas über unser faszinierendes Gehirn erfahren – denn dort «entstehen» unsere Sinneseindrücke und Gefühle. So verstehen wir uns nicht nur selbst besser, sondern erfahren darüber hinaus, wie wir das Lernen abwechslungsreicher gestalten, uns an mehr Details erinnern und unser Wissen langfristig in Erinnerung behalten können. In vielen Übungen und Beispielen können Sie dies ausprobieren. Dazu müssen Sie sich nicht mal besonders anstrengen, denn, und dies ist eine weitere gute Nachricht: Es wird Ihnen Spaß machen und Ihren Blick auf Ihre Erinnerungen und die grandiosen Leistungen und Fähigkeiten Ihres Gehirns verändern.

Beim Schreiben dieses Buches hat mich das Gehirn immer wieder aufs Neue fasziniert, denn alles daran ist irrsinnig komplex und gleichzeitig so ausgeklügelt. Daniel Düsentrieb hätte es sich nicht besser ausdenken können! Begeben wir uns auf die Reise und entdecken, wie sehr unsere Gefühle und Sinne unsere Erinnerungen prägen.

Ich wünsche Ihnen viel Vergnügen!

Ihre Christiane Stenger

KAPITEL 1

WAS WÄREN WIR OHNE UNSERE SINNE UND GEFÜHLE?

«Gefühl ist alles.»

Johann Wolfgang von Goethe

W ir sind das, an was wir uns erinnern können», sagt eine altere Dame zu mir, als wir gemeinsam längere Zeit im Wartezimmer eines Arztes sitzen. Wir sind zufällig ins Gespräch gekommen, und dieser Satz beeindruckt mich auf merkwürdige Weise. Er brennt sich heimlich und für immer in mein Gedächtnis ein. Die Dame hatte ihn in einem Buch gelesen, konnte sich aber nicht mehr daran erinnern, in welchem. Doch ich habe dieses kurze Gespräch und die Situation noch heute, viele Jahre später, klar vor Augen: Ich erinnere mich an den Klang ihrer Stimme, an ihr leises Lachen, das dem Satz folgte, an die roten Stühle im Wartezimmer, an das warme Sommerlicht, das in den Raum fiel. Es kommt mir vor, als ob es gestern gewesen wäre. Der Moment an sich war gar nicht außergewöhnlich, aber die Erinnerung an ihn ist geblieben.

Aber warum? Was muss passieren, dass eine Erinnerung in unserem Kopf entsteht? Ob wir die Augen schließen oder nicht, wir können uns in Gedanken in die verschiedensten Situationen der Vergangenheit katapultieren und das faszinierendste

Wissen hervorholen. Und doch scheint viel mehr verloren zu gehen, als wir behalten: Selbst wenn wir uns während eines Gespräches fest vornehmen, uns den Buchtitel und den Namen des Autors zu merken, von dem unsere Freundin so spannend erzählt, kann es leicht passieren, dass wir beides am nächsten Tag vergessen haben. Ich kann mich zwar ohne Mühe an ein Zimtschneckenrezept oder die Situation im Wartezimmer erinnern, doch von den Informationen über den Körperbau der Kuh oder den Lateinvokabeln, die ich in der 5. Klasse gepaukt habe, ist kaum noch etwas übrig.

Unter «Lernen» versteht man ganz allgemein die Fähigkeit eines Organismus, sich über kurz oder lang an seine Umwelt anzupassen. Was diese «Umwelt» genau ist, spielt dabei keine Rolle. Es ist egal, ob es sich um Alltag, Ausbildung, Beruf oder den Bootsführerschein handelt. Unser Gehirn ist darauf spezialisiert, neugierig und aufmerksam zu sein, neue Erfahrungen aufzunehmen, daraus zu lernen und uns auf diese Weise fit für ein möglichst langes Leben zu machen. Unsere Erfahrungen prägen unsere Erwartungen, legen fest, auf was wir unsere Aufmerksamkeit lenken, und bestimmen, wie wir neue Situationen bewerten und auf sie reagieren. Man nimmt an, dass etwa 95 Prozent der Informationen, die wir abrufen können, unbewusst gespeichert werden. Das Quäntchen, das darüber entscheidet, was in unser Repertoire aufgenommen wird oder nicht, scheint das Gefühl zu sein, das unserem Gehirn eine Information schmackhaft macht und sie so als *merk-würdig* einstuft. Mit dem bewussten Einsatz unserer Sinne und Gefühle können wir auf das, was wir uns merken möchten, Einfluss nehmen und ihm einen kleinen Schubs geben, damit es leichter den Weg in unser Gedächtnis findet.

Ich möchte Sie nicht nur für das Lernen mit allen Sinnen begeistern, sondern Ihnen auch vermitteln, wie unsere Sinneseindrücke und Gefühle uns die Welt zeigen und unser Gehirn – und damit uns – genau zu dem machen, was wir sind. Unsere Sinneseindrücke haben große Macht über unser Denken, unser Handeln, unsere Gefühle und Erinnerungen. Was uns ausmacht, was wir als Persönlichkeit, als unsere Identität bezeichnen, wird uns zuallererst über unsere Sinne vermittelt: Nur das, was wir wahrnehmen, können wir in unsere Welt einbeziehen, nur darüber können wir uns eine eigene Meinung bilden, können daraus Ideen entwickeln und uns an Erfahrungen und Gelerntes erinnern. Vieles lässt unser Gehirn allerdings einfach unter den Tisch fallen oder interpretiert es auf eigene Weise. Daher ist es entscheidend, wie aufmerksam wir die Welt erleben, was uns berührt, was uns begeistert, denn es sind unsere Interessen, unsere Motivation und Neugier, die unsere Sinne dahin lenken, wo es spannend ist. All unser Wissen und unsere Erinnerungen, die aus vielen, unzählbaren kleinen Puzzleteilen bestehen, ergeben in ihrer Gesamtheit unser ganz individuelles *Ich*.

Was unser Gehirn – von uns meist unbemerkt – leistet, ist ein wahres Wunder. Obwohl unser Gedächtnis uns undurchschaubar erscheint, findet sich in den Tiefen unserer Erinnerungen doch eine gewisse Ordnung: Es existieren verschiedene Gedächtnisformen, «Archive», mit unterschiedlichen Inhalten. Sie lassen sich jedoch nicht auf einen bestimmten Bereich eingrenzen, denn es handelt sich um riesige Netzwerke, die miteinander arbeiten und so unser Gedächtnis bilden. Die beiden Gedächtnismodelle, die beim Lernen besonders wichtig sind, möchte ich Ihnen kurz vorstellen.

Unser *Faktengedächtnis* ist der Speicher, in dem Wissen abgelegt wird: die Info, wie ein Ahornblatt aussieht, dass der Rhein der längste Fluss Deutschlands ist oder die Französische Revolution 1789 stattgefunden hat. Wir erinnern uns jedoch nicht unbedingt daran, wann und in welchem Kontext wir diese Fakten gelernt haben. Das in diesem Gedächtnis gespeicherte Wissen ist «einfach da» und somit weder an eine bestimmte Situation noch eine Zeit gebunden. Doch selbst zu vermeintlichem Rohmaterial wie Zahlen und Daten haben wir einen persönlichen Zugang. Wir mögen die 7 vielleicht lieber als die 5 oder finden die 1 besonders schön. Grundsätzlich geht es im Gehirn «gefühlig» zu.

Bei außergewöhnlichen oder mit starken Emotionen verbundenen Situationen wandern die Erinnerungen in unser *episodisches Gedächtnis*. Aus ihm können immer wieder einzelne Episoden abgerufen werden, zu denen auch der Kontext gespeichert ist, wie etwa die Situation mit der Dame im Wartezimmer, der Satz, das warme Licht, das leise Lachen oder die roten Stühle. Im episodischen Gedächtnis sind darüber hinaus autobiographische Erinnerungen gespeichert. Sie alle sind emotional gefärbt. Objektives Erinnern ist nicht möglich. So erinnern sich zwei Personen an den gemeinsam verbrachten Nachmittag auf dem Hamburger Dom mitunter ganz unterschiedlich, da das individuell empfundene Vergnügen oder Missvergnügen mitbestimmt, an was und wie wir uns erinnern.

Aus Erinnerungen unseres episodischen Gedächtnisses kann allerdings auch Faktenwissen werden und umgekehrt. Beide Gedächtnisse gehen ineinander über. Anfangs wissen wir noch, dass es unsere Lieblingstante war, die uns den Merksatz «753 – Rom springt aus dem Ei» beigebracht hat. Doch wenn wir das Datum oft genug aufgerufen haben, hüpfen die Ziffern 753 ganz eigenständig aus dem Ei: Das Datum ist fest mit der sagenumwobenen Gründung Roms verbunden, und die Tante verschwindet allmählich aus dieser Erinnerung. Beim Besuch eines römischen Museums kann die Jahreszahl wiederum mit einem persönlichen Erlebnis verbunden werden.

Für das Lernen ist der Zusammenhang zwischen diesen beiden Gedächtnissen von ganz erheblicher Bedeutung, denn wie das Beispiel zeigt, sind Fakten, die in eine Geschichte eingebunden sind, viel einfacher zu lernen und bleiben besser in Erinnerung als Fakten, die nur für sich stehen. Die Zahl 753 ist ohne Tante oder Eselsbrücke viel schneller vergessen. Doch wir können nicht nur Geschichtsdaten episodisch und emotional einfärben, um uns leichter an sie zu erinnern, sondern alles, was wir bewusst lernen wollen – selbst Lateinvokabeln.

Unser Gehirn ist in der Lage, alle Erinnerungen so in seinen Netzwerken zu speichern, dass wir im Prinzip jederzeit darauf zurückgreifen können. Tja, nur manchmal will uns der Name dieses einen Schauspielers partout nicht einfallen. Falls wir nicht schnell googeln können, erinnern wir uns vielleicht an einen Film, in dem dieser Schauspieler mitgespielt hat, stellen uns vor, wie er spricht, versuchen uns durch eine Unterhaltung mit einer Freundin an den Namen zu erinnern oder gehen das Alphabet durch, überlegen, ob uns beim Klang eines Buchstabens der Vor- oder Nachname einfällt. Manchmal klappt es. Die Chancen, uns an etwas zu erinnern, stehen umso besser, je mehr Sinne wir aktivieren.

UNSER SINNES-REPERTOIRE

Sie kennen natürlich unsere fünf Sinne: Sehen, Hören, Fühlen, Riechen und Schmecken. Schon Aristoteles beschäftigte sich mit ihnen. Seitdem hat sich die Einteilung der Sinne allerdings etwas verändert; die Neurowissenschaften haben mittlerweile den Gleichgewichtssinn in den Kreis der Sinne aufgenommen.

Damit wären wir bei sechs Sinnen. Auch Schmerz- und Temperaturwahrnehmung werden bereits öfter als einzelne Sinne gezählt – macht acht Sinne. Als weiterer und damit neunter Sinn wird der Bewegungssinn aufgeführt. Er wird in der Fachsprache klangvoll als *Propriozeption* bezeichnet und umfasst das Wissen des Körpers, welche Position unsere Körperteile gerade einnehmen. Dank der Propriozeption können wir mit geschlossenen Augen mit dem Finger auf unsere Nase tippen – zumindest, wenn wir nicht gerade auf einer feuchtfröhlichen Geburtstagsfeier waren.

Und es gibt einen weiteren heißen Anwärter auf offizielle Anerkennung, ebenfalls mit einem ausgefallenen Namen, den sogenannten *viszeralen Sinn*. Er beschreibt die Fähigkeit, Signale aus dem eigenen Körper, unsere «inneren Leiden», wie zum Beispiel Kopf- oder Bauchschmerzen, wahrzunehmen. Nun sind wir bereits bei zehn Sinnen gelandet. Wer da nicht langsam den Überblick verliert!

Im Zusammenhang mit dem Lernen orientieren wir uns ganz altmodisch an Aristoteles und unseren primären fünf Sinnen, die das bewusste Lernen unterstützen. Je bewusster unsere Wahrnehmung ist, desto mehr Einfluss können wir auf die Informationsverarbeitung unseres Gehirns nehmen. Dann spielt nicht mehr unser Gehirn die Rolle des «Beleuchters», sondern wir richten die Scheinwerfer auf das, was uns persönlich interessiert. Wir können jeden einzelnen unserer Sinne «heranzoomen», indem wir unsere Aufmerksamkeit speziell auf ihn lenken.

Um Ihrer Wahrnehmung neue Impulse zu geben und Ihren einzelnen Sinnen mehr Aufmerksamkeit zu schenken, können Sie ab und zu ein paar Aufwärmübungen absolvieren: Achten Sie darauf, ob Ihr Kühlschrank seltsame Geräusche macht, wenn Sie ihn öffnen. Vielleicht gibt Ihr Staubsauger lustige

Töne von sich? Wie fühlt sich der Schaum beim Geschirrspülen auf Ihrer Haut an? Versuchen Sie, den Geschmack Ihres Abendessens genau wahrzunehmen und – zumindest in Gedanken – mit möglichst vielen Worten zu beschreiben. Betrachten Sie Ihr Bonsai-Bäumchen einmal ganz genau und entdecken Sie seine filigrane Blattstruktur. Ihrer Phantasie sind keine Grenzen gesetzt. Sie werden sich wundern, was Ihr Gehirn alles entdeckt! Unsere Sinne unterstützen uns, ich habe es bereits angedeutet, ganz unbewusst beim Lernen. Das geht schon im Mutterbauch mit dem Erkennen der Stimme von Mama los. Später lernen Kinder die Welt allmählich kennen, indem sie zunächst die Gegenstände um sich herum buchstäblich begreifen: Sie fassen sie an und stecken sie in den Mund, als ob sie erst so eine bessere Vorstellung von diesen Gegenständen bekommen. Manchmal kauen sie auch darauf herum – sehr zum Leidwesen vieler Eltern, wenn mal wieder eine Ladung Sand im Mund verschwindet. Dies ist aber eine wichtige Lernphase in der kindlichen Entwicklung, da sich sowohl in den Händen als auch in den Lippen sehr viele Tastrezeptoren befinden.

Seit unserer Kindheit haben wir vieles so oft gesehen, gespürt, gehört, dass wir es nicht mehr bewusst wahrnehmen. Ein Bagger oder ein Barbie-Traumschiff lösen heute – in der Regel – keine kindlichen Begeisterungsstürme mehr aus. Unsere damalige Begeisterungsfähigkeit und die Faszination neuer Erlebnisse sind etwas verblasst. Mit kleinen Tricks kann man sie allerdings wieder aufleben lassen und auch beim Lernen nutzen. Neugier ist der größte Antrieb des Menschen. Daher wird jede eintreffende Information in unserem Gehirn daraufhin überprüft, ob sie einen gewissen Neuigkeitswert besitzt, wir also etwas dazulernen können.

WARTEN AUF NEUIGKEITEN

«Deine Wahrnehmung bestimmt deine Realität», sagt Qui-Gon Jinn zu Anakin Skywalker in Star Wars – Episode I. Doch wie entsteht sie? Wir halten es für selbstverständlich, dass wir jeden Morgen die Kaffeemaschine und unsere Liebsten erkennen, beim Frühstück miteinander Gespräche führen, abends ein leckeres Essen, die frisch zubereitete Zitronenlimonade mit Minze oder das Stachelbeer-Aroma im vollen Bouquet eines Weines erkennen und genießen können. Aber ohne unsere Sinne könnte das Gehirn dies alles gar nicht wahrnehmen. Es sitzt im dunklen Schädel und ist abhängig davon, dass ihm seine unzählbaren kleinen Spione, die Sinneszellen, immer das Neueste aus der Außenwelt (und unserer Innenwelt) berichten. Diese Informationen, die in Form elektrischer Impulse permanent unser Gehirn erreichen, bilden die Grundlage dafür, Situationen wahrnehmen und sie richtig einschätzen zu können.

Schauen Sie einmal kurz vom Buch auf – was nehmen Sie wahr? Was hören, sehen oder riechen Sie gerade? Vielleicht das Abendessen in der Küche? Hoffentlich keine angebrannten Kartoffeln oder einen Hunde-Pups. Just in diesem Moment sind Sie pro Sekunde mit unfassbar vielen Informationen konfrontiert. Kein Wunder, dass sich die Forschung nicht einig ist, ob wir jeden Moment 10 000 oder 10 Millionen Eindrücke erfahren. Wie soll man sie auch zählen? Fest steht, dass um uns herum jede Menge passiert. Die meisten dieser Eindrücke werden, solange sie keine neuen Informationen enthalten, von unserem schlauen Gehirn nicht beachtet, aussortiert oder

– von uns unbemerkt – weiterverarbeitet. Eine geniale Fähigkeit unseres Hirns: sich auf etwas Bestimmtes konzentrieren zu können, gleichzeitig aber von den vielen Eindrücken nicht überfordert zu werden und trotzdem ständig auf dem Laufenden zu sein. Es bringt unser gesamtes individuelles Know-how in jedem Augenblick auf den neuesten Stand. Das soll ihm mal jemand nachmachen!

Anhand dieser Daten entwickelt unser Gehirn in jedem Moment automatisch eine Vorstellung dessen, was passieren wird, also eine *Erwartung*, um sofort reagieren zu können. Aufmerksam wird unser Gehirn vor allem dann, wenn etwas seinen Erwartungen widerspricht, wenn also das Telefon plötzlich klingelt, der Ball einem Fußballspieler direkt am Elfmeterpunkt vor die Füße gespielt wird und er in Bruchteilen einer Sekunde entscheiden muss, wie er diesen Ball in der richtigen Ecke versenkt, oder wenn etwas auf eine Gefahr hindeutet – Stichwort angebrannte Kartoffeln. In all diesen Fällen wird ein Gefühl ausgelöst, das uns unbewusst oder bewusst zum Handeln bringt.

Wenn eine Erwartung übertroffen wird, also positiver ausfällt als gedacht, springt unser Belohnungssystem an. Im Bereich des Lernens heißt das, dass wir Glücksgefühle empfinden, wenn wir uns nur an eine Vokabel mehr erinnern, als wir uns im Vorfeld zugetraut hatten. Unser Gehirn ist somit der perfekte Motivator. Um glücklich zu sein, reicht es schon aus, ein klein wenig besser zu sein als erwartet. Achten Sie mal darauf. Belohnungen, die uns relativ sicher sind, lösen keine großen Freudensprünge aus. Und was passiert, wenn etwas schlechter ausgeht als erwartet? Beobachten Sie sich mal. Seien Sie also kreativ, was Belohnungen angeht!

UNSERE WIRKLICHKEIT IST EIN KONSTRUKT

Jedes unserer Sinnesorgane nimmt auf seine ganz eigene Weise die Reize aus der Umwelt auf und unterzieht sie einer ersten Analyse. In speziellen Arealen des Gehirns findet daraufhin ein Abgleich mit bereits vorhandenen Daten statt, während die Informationen in unsere sensorischen Systeme zur Koordination weitergeleitet und ausgewertet werden. Geräusche werden also in einem anderen Bereich bearbeitet als visuelle Eindrücke wie Formen und Farben und die heiße Kaffeetasse in einem anderen Areal als der Geschmack des heißen Kirschblütentees. Mit «sensorisch» bezeichnet man übrigens alles, was mit der Aufnahme von Sinneseindrücken zu tun hat, nicht nur das, was man über den Tastsinn wahrnimmt.

Wie viele Vorgänge und Verarbeitungsschritte bei unserer Wahrnehmung unbewusst ablaufen, zeigt zum Beispiel die klassische Situation auf einer Party, in der Sie in ein Gespräch vertieft sind und die anderen Anwesenden und ihre Gespräche nicht beachten – bis in der Gruppe nebenan Ihr Name fällt. Zack! – ist Ihre Aufmerksamkeit da, und Sie hören plötzlich, was über Sie gesagt wird. Unser Gehirn lässt uns also nur das wahrnehmen, was es als interessant genug erachtet. Eigentlich ziemlich frech, uns Informationen vorzuenthalten. Andererseits wiederum sehr nett von ihm, wenn es uns die nervige Stimme auf der Party überhören lässt, bis sie unseren Namen sagt. Das Phänomen, dass unser Gehör aus einem Stimmengewirr genau die Stimme unseres Gegenübers herausfiltern kann, wird übrigens als *Cocktailparty-Effekt* bezeichnet.

Natürlich sind wir in der Lage, den Baulärm von nebenan, den Fahrstuhl im Treppenhaus oder das Türenschlagen unserer Nachbarn wahrzunehmen – aber eben nur, wenn wir bewusst hinhören. Wollen wir uns jedoch konzentrieren, zum Beispiel darauf, ein Buch zu lesen, werden störende Geräusche ausgeblendet, solange sie nicht zu laut sind oder plötzlich auftreten. Die «Wirklichkeit», die wir erleben, ist also eine bereits interpretierte Konstruktion unseres Hirns dessen, was «wirklich» vorhanden ist. Sie ist nur ein individueller Ausschnitt der Welt, kein genaues Abbild der Realität, sondern eine aus unseren Sinneswahrnehmungen zusammengesetzte Vorstellung, die uns unser Gehirn auf individuelle Art und Weise präsentiert: Unsere Augen erfassen nur ein bestimmtes Lichtspektrum, Geräusche nehmen wir nur in bestimmten Frequenzbereichen wahr, und wir können auch nicht alles ertasten, riechen oder schmecken. Für viele physikalische Gegebenheiten auf dieser Erde haben wir keinen ausgeprägten Sinn. Wie verfügen weder über die Fähigkeit zur Echoortung wie Fledermäuse, die sich auch im Dunkeln zurechtfinden, noch können wir uns wie Vögel mit Hilfe des Erdmagnetfelds orientieren. Hunde erkennen jeden einzelnen Menschen allein an seinem Duft – wir zum Glück nur manche. Wahrscheinlich ganz gut so, sonst müsste unser Gehirn mit noch mehr Informationen umgehen.

DER SCREEN IN UNSEREM KOPF

Von vielem, was in unser Bewusstsein gelangt, haben wir ein Bild im Kopf, ohne dass wir dazu die Augen schließen müssen. Erinnern wir uns an einen Film, sehen wir ganz bestimmte

Bilder, Szenen oder kurze Sequenzen vor unserem geistigen Auge. Auch wenn wir an eine Person denken, taucht sofort ein Bild von ihr in unserem Kopf auf, und sei es nur für einen sehr kurzen Moment. Lesen wir einen Roman oder Krimi, entstehen beim Lesen lebhafte Bilder und Geschichten vor unserem inneren Auge. Das ist im Übrigen der Grund, warum wir manchmal von der Verfilmung eines Buches enttäuscht sind und feststellen: «Die Person habe ich mir aber ganz anders vorgestellt.» Unser innerer Kinofilm passt nicht zu den realen Bildern – wieder wird deutlich, wie individuell jedes Gehirn arbeitet.

Wir verfügen also über eine Art *bildliches Gedächtnis*, ein bildliches Vorstellungsvermögen. Geschlossene Augen können die Deutlichkeit der Bilder sogar noch unterstützen. Das werden Sie kennen: Wollen wir uns auf etwas konzentrieren, schließen wir häufig unbewusst die Augen.

Auf jeden Fall besitzen wir eine Art *Projektionsfläche* im Kopf, auf der nicht nur Bilder, sondern auch Konzepte oder Gedanken entstehen. Lese ich ein Sachbuch, mache ich mir eigene Gedanken zu dem Gelesenen. Denke ich an Bruchrechnen, sehe ich sofort einen Bruch vor meinem inneren Auge, höre vielleicht das unbeschreibliche Geräusch des Bleistifts auf dem Papier, mit dem ich früher die Bruchrechnung in meinem Matheheft löste, oder fühle mich plötzlich unangenehm berührt, weil meine Mathelehrerin damals so wahnsinnig streng war. Entscheidend ist, dass da etwas ist, das wir bewusst nutzen können, um uns Argumente zurechtzulegen oder Erinnerungen wieder lebendig werden zu lassen, zu denen auch Gelerntes gehört.

Dieses Etwas ist der Ausgangspunkt für das Lernen mit allen Sinnen. Oft sind es nicht nur Bilder, Geräusche oder Gerüche, die hier entstehen, sondern auch Gefühle – und gerade die wollen wir bewusst zum Lernen nutzen. Da sie beim Lernen

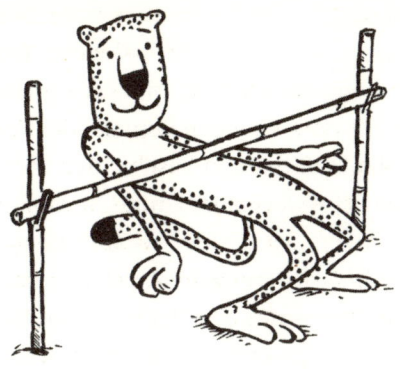

Limbo steht für unsere Gefühle

eine so große Rolle spielen, möchte ich Ihnen einen wichtigen Zeitgenossen in diesem Zusammenhang vorstellen.

Das ist Limbo, der kleine Gepard. Er symbolisiert das, worum es mir in diesem Buch geht: um das Ausschmücken des Lernstoffs mit außergewöhnlichen Bildern, Sinneseindrücken und Gefühlen mit Hilfe einer kurzen Geschichte oder das Finden kleiner Eselsbrücken. Dies können Anfangsbuchstaben oder Silben sein oder Eigenschaften, die Sie mit einer Person oder einem Gegenstand verbinden. Ja, Sie können sogar reimen, wie bei «753 – Rom schlüpft aus dem Ei», wenn Ihnen das besonders liegt. Nutzen Sie Ihre Phantasie!

Aber warum habe ich mir als Sinnbild ausgerechnet einen Geparden ausgesucht und ihn Limbo genannt? Ganz einfach, **Ge**fühle und **Ge**pard fangen mit der gleichen Silbe an – eine schöne Eselsbrücke.

Und warum habe ich ihn Limbo genannt? Vielleicht haben Sie schon mal etwas vom limbischen System, unserem «Gefühlszentrum», gehört. Um dieses System wird sich vieles im Buch drehen. Es ist nicht für die großen bewussten Gefühle, sondern vielmehr für die leisen, intuitiven Gefühle und Ahnungen zuständig. Auch deshalb passt der Gepard als Bild: Viele Menschen empfinden beim Anblick eines im Zoo umherschleichenden Gepards sicherlich einen Hauch von Angst, Respekt oder die Bewunderung für seine Grazie. Limbo wird Sie immer an Ihre Gefühle erinnern und daran, sie beim Lernen aktiv zu nutzen. Hoffe ich!

Die eigenen Assoziationen sind selbstverständlich immer die besten. Es führt nie nur ein Weg nach Rom. In diesem Buch müssen Sie allerdings zunächst mit meinen Bildern vorliebnehmen – oder sie blitzschnell durch eigene ersetzen.

Welche Rolle spielen nun unsere Gefühle, wenn es den Sinnen doch eigentlich schon gut gelingt, die «Wirklichkeit» für uns abzubilden?

WO VIEL GEFÜHL IST, IST AUCH VIEL ERINNERUNG

Jeder Gedanke ist emotional gefärbt, denn Gefühle helfen unserem Gehirn, die vielen Sinneseindrücke und Erlebnisse zu beurteilen, sie einzuordnen und entsprechend auf sie zu reagieren. Gefühle stellen unsere Verbindung zur Welt und unserer unmittelbaren Umgebung her. Wir brauchen sie, um uns in dieser komplizierten Welt zurechtzufinden.

Was einen berührt, muss gar nicht unbedingt riesengroße Gefühle auslösen. Eine Geschichte oder ein Bild kann einfach «süß» oder witzig sein. Wenn mir die fast 90-jährige Tante meines besten Freundes Oliver erzählt, dass er ihr Krapfen mitgebracht hat, vergesse ich das vielleicht sehr schnell. Wenn sie aber mit einem verschmitzten Lächeln ausführt: «Oliver hat einen Krapfen gegessen, und die anderen zwei habe ich verputzt!», bleibt es in meiner Erinnerung, weil ich diese Vorstellung so reizend finde. Ein Gefühl, das uns beim Erinnern hilft, muss also gar nicht sonderlich intensiv sein.

Im Alltag achten wir häufig weder auf unsere eigenen noch auf die Gefühle anderer. Das fiel mir im Rahmen meiner Schauspielausbildung auf, als wir bei einer wichtigen Übung das Verhalten unseres Gegenübers benennen sollten: «Du lachst!», «Du bist verlegen!», «Du bist aufgeregt!» oder «Du bist traurig!». Das hört sich einfacher an, als es ist. Denn es ist leicht zu merken, dass irgendetwas in dem anderen vorgeht, es aber exakt zu benennen, ist schon weitaus schwieriger. Mir ist dabei aufgefallen, wie selten ich tatsächlich ganz bewusst auf Gefühle anderer achte. Nach der Übung dafür umso mehr, was nicht nur für die Schauspielerei Vorteile hat.

Gefühle entscheiden also, was für uns wichtig ist, an welche Ereignisse wir uns erinnern, und kreieren durch ihre Färbung auch unser autobiographisches Gedächtnis, das einer ständigen Anpassung unterliegt. Nicht nur, weil wir älter werden und neue Erfahrungen hinzukommen, sondern auch, weil wir die mitunter vergangenen Erlebnisse anders einschätzen, bewerten und einordnen. So verändern sich unsere Erinnerungen jedes Mal ein wenig, wenn wir sie erneut abrufen oder jemandem erzählen. Sie kennen das vielleicht: Manche Geschichten werden beim wiederholten Erzählen immer noch ein wenig mehr – nennen wir es: ausgeschmückt –, weil wir unsere Freunde mit einer möglichst legendären Darbietung unterhalten möchten. Gefühle spielen dabei eine entscheidende Rolle, weil durch sie Dramatik, Spannung und Witz hervorgerufen werden können.

Unsere Erinnerungen ändern sich natürlich nicht nur, um

bewusst den Entertainment-Faktor zu erhöhen. Beim Erinnern gesellen sich zu den «alten» Gefühlen, die wir mit dem Ereignis verbinden, aktuelle Erfahrungen und die momentane Stimmung hinzu. Bestehende Erinnerungen und die damit verbundenen Gefühle werden immer wieder aktualisiert – Gott sei Dank, sonst würde der Ärger über eine vor allen Kollegen in den Sand gesetzte Präsentation nie aufhören!

Unser episodisches Gedächtnis und unsere Erinnerungen setzen sich nicht nur aus *bildlichen,* sondern auch aus *akustischen, haptischen, gustatorischen* und *olfaktorischen* Elementen zusammen. Aus diesen einzelnen Puzzlesteinchen konstruiert unser Gehirn Erinnerungen an Bilder, Geräusche, Gefühle oder Gefühltes, an Geschmack oder Geruch. Daraus können sogar komplett neue Erinnerungen entstehen. Falls mal etwas fehlt, baut unser Gehirn einfach andere Elemente ein, damit die Logik der Geschichte stimmt. Das ist kein bewusster Prozess: Für uns wirkt es trotzdem wie die Erinnerung an eine konkrete Begebenheit. Kindheitserinnerungen lassen sich zum Beispiel sehr leicht manipulieren, wie Studien gezeigt haben. So konnten sich Probanden an eine Ballonfahrt mit ihrem Vater erinnern, wenn sie ein Foto davon sahen. Dieses Bild war jedoch bearbeitet und die Personen nur hineinmontiert. Die Ballonfahrt hatte also nie stattgefunden![1]

Wir sehen, dass wir unserem Gedächtnis nicht immer vertrauen können, weil es von vielen Faktoren beeinflusst wird. Das alles geschieht aber nur zu unserem Besten. Erinnerungen werden auf den neuesten Stand gebracht, um uns in Zukunft nützlich zu sein, sodass wir in der Lage sind, angemessen zu reagieren. Ab und zu bleibt auch mal Unnützes hängen.

PRODUKTIONSCHAOS –
WARUM IRREN MANCHMAL VORTEILE HAT

Manchmal erinnern wir uns an seltsame Sachen, die für unser Leben und «unser Bestes» auf den ersten Blick keine große Rolle zu spielen scheinen. Kennen Sie das? Sie hören oder lesen am Morgen etwas völlig Unsinniges, lachen oder ärgern sich darüber. Dieser Blödsinn geht Ihnen den ganzen Tag partout nicht mehr aus dem Kopf – worüber Sie sich aufregen, weil Sie deshalb unkonzentriert sind. Oder, ein anderes Beispiel: Sie haben sich mal wieder ein Detail gemerkt, das total irrelevant für Sie ist, Sie aber trotzdem beschäftigt. Bei mir ist vor Jahren aus unerfindlichen Gründen die Info hängen geblieben, dass der Verzehr von Avocados für Papageien tödlich enden kann. Weshalb hab ich mir das gemerkt? Und vor allem: Warum geht es mir nicht mehr aus dem Kopf? Ich esse weder besonders viele Avocados noch habe ich einen Papagei oder habe vor, mir einen zuzulegen – obwohl, wer weiß?

Vielleicht habe ich diese Info am selben Tag auch nur mehreren Freunden weitererzählt, weil ich sie so skurril fand. Oder ist da etwas in meinem Hirn schiefgelaufen?

Sosehr sich unser Gehirn auch anstrengt, alles in den Griff zu bekommen, «tickt» es manchmal nicht ganz richtig und ihm unterlaufen Fehler bei der Bewertung, Kategorisierung und Zuordnung unserer Sinneswahrnehmungen und Gefühle. Die Folge: Wir versprechen uns, machen eine falsche Bewegung, lassen uns von unseren Gefühlen überrumpeln, handeln vorschnell, schreien jemanden an, der gar nicht für unsere Verärgerung verantwortlich ist, oder vergessen unseren Haustürschlüssel. Sie haben sicherlich sofort eine Reihe eigener Beispiele parat. Doch trotz dieser «Fehler» ist unser Gehirn selbst Hochleistungsrechnern weit überlegen. Gerade dieses Unvollkommene ist das Tolle an unserem Gehirn, denn durch solche «Fehlleitungen» bilden sich neue Verknüpfungen zwischen Gehirnzellen, die, wenn es gut läuft, zu neuen Ideen führen. Kreativität entsteht durch das Verlassen der üblichen Trampelpfade. Computer können, zumindest bisher, nur das tun, was programmiert wurde, und haben daher auch keine neuen Einfälle. Zum Glück. Man stelle sich vor, der eigene Laptop käme morgens auf die Idee, einen Ausflug in die Berge zu machen ...

Wir können also froh sein, dass unser Gehirn sich von Gefühlen leiten lässt, es nicht perfekt ist und sich dafür umso besser an neue Situationen anpassen kann. Wir verfügen über Sinne, die sich wunderbar ergänzen und gegenseitig unterstützen. Es ist fabelhaft, dass wir in der Lage sind, Gefühle bewusst wahrzunehmen, die uns bei der Bewertung unserer Umwelt helfen und uns so in dieser komplizierten Welt den Weg weisen. Zumindest so gut wie eben möglich.

Das Gehirn ist der Produktionsort, an dem unsere individuelle Repräsentation der Welt entsteht, und zeitgleich der Schneideraum unseres ureigenen privaten 3-D-Breitwandfilms: Hier werden unsere Wahrnehmungen zusammengeführt, und das, was wir sehen, mit einer synchronen Ton-, Geruchs-, Geschmacks-, Tast- oder Gefühlsspur unterlegt sowie mit Emotionen verknüpft. Mit den einzelnen Sinnen und unseren Erinnerungen werden wir uns später noch intensiver beschäftigen.

Lassen Sie uns zunächst kurz Ihre Erinnerungsfähigkeit testen. Denn sie ist die Basis fürs Lernen – und darum soll es ja letztlich in diesem Buch gehen.

SUSANNE UND DER WIND –
EIN TEST

Lesen Sie bitte den folgenden Text und versuchen Sie, sich möglichst viele Details der Geschichte einzuprägen:

Susanne ist 32 Jahre alt und geht jeden Tag den gleichen Weg zur Arbeit. Heute ist es sehr stürmisch, aber Susanne genießt den kühlen Wind, der ihr durch die Haare fährt. Endlich ist es nicht mehr ganz so heiß: Gestern hat das Thermometer noch 36 Grad angezeigt.

An der Müllerstraße biegt Susanne wie jeden Tag an einer Hecke in den Trollblumenweg ab; von da ist es nur noch ein kurzes Stück bis zur Kastanienstraße, wo Susanne im Sommer immer kurz stehen bleibt, um an den Rosenbüschen zu riechen. Von hier sieht man bereits das orange Haus mit der Hausnummer 125, in dem sie arbeitet. Meistens steht schon der grüne Porsche ihres Chefs Martin Keller vor der Tür.

Ihr Chef ist gerade einmal 34 Jahre alt. Susanne hasst die Farbe seines Autos, denn sie erinnert sie automatisch an die grüne Schultafel von früher und an das furchtbare Geräusch, wenn ihr Freund Moritz mit den Nägeln an der Tafel entlang kratzte, um sie zu ärgern. Im Büro angekommen, holt sich Susanne zunächst einen Kaffee, den sie aus ihrer blauen Lieblingstasse trinkt und ihn mit Sojamilch und Zucker verfeinert, bevor sie ihren Kollegen Miri, Tom und Wolfi «Guten Morgen» wünscht. Meist verquatscht sie sich mit ihnen mehrere Minuten.

Im Flur kommt sie an dem gelben Leuchtschild vorbei, das das Firmenlogo zeigt. «Mariata» heißt die Immobilienfirma.

Susanne überlegt, was sie heute Abend kochen könnte. Vielleicht macht sie sich auch einfach nur einen Salat mit Avocado, Mango, Rucola und Ziegenkäse.

Ganz schön viele Informationen in diesem kurzen Text, oder? Und? An wie viele können Sie sich erinnern? Versuchen Sie, die folgenden Fragen zu beantworten:

1. Wie trinkt Susanne ihren Kaffee?

_____

2. Warum bleibt Susanne im Sommer oft an einer Stelle stehen?

_____

3. Wie heißen Susannes Kollegen?

_____

4. Welche Farbe hat die Tasse?

_____

5. Welche Farbe hat das Haus, in dem Susanne arbeitet?

_____

6. Durch welche Straßen läuft Susanne auf dem Weg zur Arbeit?

_____

7. Wie alt ist Susannes Chef?

_____

8. Wie heißt die Firma?

_____

9. Welche Zutaten stellt sich Susanne im Salat vor?

_____

10. Woran erinnert Susanne der grüne Porsche?

_____

Was steckt hinter diesem Test?

Bei dieser kleinen Übung steht nicht im Vordergrund, an _wie viele_ Informationen Sie sich erinnern, sondern vielmehr, _welche_ Details Ihnen in Erinnerung geblieben sind. Sind es die Farben, Straßennamen oder dieses Geräusch an der Tafel? An das Geräusch erinnern Sie sich bestimmt – wem hat dieser Klang früher in der Schule keinen Schauer über den Rücken gejagt?

Ich bin mir sicher, dass Sie diejenigen Informationen besser im Kopf behalten haben, die Sie mit eigenen Erinnerungen oder Gewohnheiten verbinden konnten. Wenn Sie den Duft von Rosen mögen oder eben nicht ausstehen können, wussten Sie bestimmt, warum Susanne stehen bleibt. Sind Sie in einem orangen Haus aufgewachsen, konnten Sie sich die Farbe besonders leicht merken. Erfahrene Feinschmecker unter Ihnen erinnern sich wahrscheinlich eher an den Rucolasalat mit Ziegenkäse, Avocado und Mango. Vielleicht haben Sie sich auch bereits kleine Eselsbrücken ausgedacht?

Keine Sorge, wenn es nicht so gut lief und Sie keine der Fragen richtig beantworten konnten. Dann halten Sie genau das richtige Buch in den Händen! Mehr als fünf Fragen beantwortet zu haben, ist ein ausgezeichnetes Ergebnis. Sie können Ihre Erinnerungsleistung dennoch um ein Vielfaches verbessern.

Dieser kleine Test veranschaulicht wunderbar, welche Rolle

unsere Sinne und unsere Emotionen für unsere Merkfähigkeit spielen: Informationen, zu denen wir eine Beziehung herstellen, die wir mit eigenen Assoziationen verbinden können oder für die wir uns besonders *interessieren*, merken wir uns leichter. Finden wir etwas langweilig, müssen wir umso größere Mühe aufwenden, uns daran zu erinnern.

Vielleicht finden sich für die neuen Informationen bekannte Anknüpfungspunkte, die Sie nutzen können? Die Kollegin Miri aus dem Text könnte ich mit **Mir**iam, der Freundin meiner Eltern, in Verbindung bringen, die ich sehr mag. Sie hört vielleicht eine **Tom**-Jones-Platte und findet, dass es sich ein wenig nach dem Geheule eines **Wolf**es anhört. Miri, Tom und Wolfi! Mit diesen Verknüpfungen hätte ich die Wahrscheinlichkeit erhöht, mich an die drei Namen zu erinnern, denn Miriam löst bei mir positive Emotionen aus, mein Gehirn gerät dadurch aus seinem gewohnten Trott, und ich kann es dazu bringen, sich ein wenig mehr für die Namen zu begeistern.

Wir interessieren uns vor allem für Menschen und Geschichten, weniger für einzelne Fakten und Daten. Deshalb können wir uns Fakten, die in eine Geschichte eingebunden sind, viel besser merken, als wenn wir sie einfach auswendig lernen.

Assoziationen helfen unserer Erinnerung ebenfalls auf die Sprünge. Stellen Sie sich zum Beispiel vor, Sie sind auf dem Weg zu sehr guten Freunden und bringen ihnen einen Strauß Trollblumen mit. Wie gut diese schönen gelben Blumen duften und wie «trollig» sie aussehen! Durch solche Assoziationen erhöht sich die Wahrscheinlichkeit deutlich, dass Sie sich an den Straßennamen «Trollblumenweg» erinnern werden.

Immer wieder werde ich gefragt, warum die Gedächtnistechniken, die ich zum Merken von Namen und Gesichtern, Begriffen oder Ziffernfolgen anwende, so gut funktionieren –

schließlich müsse man doch zunächst einen viel größeren Aufwand betreiben, quasi einen riesigen Umweg gehen, um sich etwas einzuprägen. Wenn man jedoch etwas mehr über die Funktionsweise des Gehirns weiß, so wie Sie bald, versteht man schnell, wieso sich diese Techniken so erfolgreich anwenden lassen.

Daher erfahren Sie im folgenden Kapitel etwas mehr über die besondere Arbeitsweise unseres Gehirns. So wissen Sie in Zukunft, wie unser Gehirn lernt, und warum Sie sich zufällig etwas über Papageien und Avocados merken.

Wer lernen will, erinnert sich

★ Wir merken uns diejenigen Ereignisse, Menschen, Informationen, die uns berühren.

★ Gefühle und Sinne prägen unsere Erinnerungen und damit unsere Identität.

★ Mit unserer bewussten Aufmerksamkeit können wir Gefühle und Sinneseindrücke zum Lernen nutzen – und das macht auch noch Spaß!

★ Schulen Sie Ihre Sinne und versuchen Sie, im Alltag Dinge zu entdecken, die ansonsten in der Hektik des Tages unbeachtet geblieben wären.

★ Dokumentieren Sie Ihre Impressionen in einem Buch oder mit Ihrem Handy. Es soll ja bereits ein paar Leute geben, die das tun.

★ Avocados sind für Papageien tödlich!

KAPITEL 2

DAS GEHIRN – EIN DSCHUNGEL VOLLER INFORMATIONEN

«Ich lerne immer.»

Michelangelo

D as Gehirn ist Dreh- und Angelpunkt für unser Ich. Hier nehmen wir die Welt wahr, hier entstehen Emotionen. Es ist großartig organisiert und vollbringt Höchstleistungen: Wir denken, wir sprechen, wir lernen, wir fühlen, wir erinnern uns. Wir sind kreativ, lösen Probleme, überlegen uns die absurdesten Konzepte, können diese meist auch in Worten beschreiben und erklären, wir diskutieren mit Personen, die wir mögen und nicht mögen, fühlen uns gut oder auch mies und treffen jeden Tag Entscheidungen aus abertausend Möglichkeiten – die wenigsten davon bewusst. Ganz nebenbei steuert unser Gehirn all unsere Körperfunktionen.

Aber immerhin hatte es auch 500 Millionen Jahre Zeit, sich zu entwickeln. Und die hat es genutzt: Das menschliche Gehirn ist so komplex, dass es als das komplexeste System im Universum bezeichnet wird. Ob das mit dem Universum stimmt, wird man in absehbarer Zeit wohl nicht herausfinden, aber zumindest ist es das komplexeste uns bekannte System. Bekannt, ja – aber noch können wir nicht behaupten, es wirklich zu kennen. So liegt die Antwort auf die Frage, warum wir uns an die Fußballergebnisse der letzten drei Monate erinnern, nicht aber an den Geburtstag unserer Freundin, noch weitestgehend im Dunkeln. Kein Wunder, wenn man bedenkt, dass jeder von uns etwa 86 Milliarden *Nervenzellen*, auch *Neuronen* genannt, besitzt. Das ist eine ganze Menge. Zum Vergleich: Unsere Galaxie, die Milchstraße, besteht aus mindestens ebenso vielen Sternen. Doch diese Milliarden an *Gehirnzellen* sind untereinander auch noch billionenfach verbunden. Die Zahl der Möglichkeiten, einzelne Neuronen in den unterschiedlichsten Kombinationen zu aktivieren, liegt bei rund 10^{241} Billionen. Hinter dieser Schreibweise versteckt sich eine Zahl mit 241 Billionen Nullen, die unser Vorstellungsvermögen total übersteigt. «Man bräuchte 625 Millionen Bücher wie das, das Sie gerade in den Händen halten, nur um diesen Haufen Nullen aufzuschreiben.»[1] Mit diesem Vergleich gelingt es Henning Beck in seinem sehr unterhaltsamen Buch *Hirnrissig*, uns eine annähernde Vorstellung von den Dimensionen der ausgeklügelten «Kommunikation« zu vermitteln, auf der die einzigartige Leistung unseres Gehirns basiert.

Es ist einfach genial: Wenn ich Sie bitte, an einen x-beliebigen Schauspieler zu denken, ploppt wie aus dem Nichts ein Name in Ihren Gedanken auf: Julia Roberts, Harrison Ford, Marlon Brando, Katharine Hepburn oder wer auch immer. Wie aus einem dunklen Raum – einem undurchdringlichen Dschungel – zaubert unser Gehirn Informationen auf unsere Projektionsfläche. In seinen uns meist verborgenen Windungen und Tiefen stecken nicht nur Namen und Bilder von Schauspielern, sondern alle Erfahrungen, die wir jemals gesammelt haben, unsere Gedanken, unser Charakter, unser Wortschatz, die Sprachen, die wir sprechen, all das Wissen, all die Eindrücke, all das Positive und all die Fehler, die wir im

Laufe unseres Lebens gemacht haben und die uns gleichzeitig ausmachen. Trotzdem ist da, wenn wir die Augen schließen, erst mal nichts. Es ist schwarz vor unseren Augen, wie die Leinwand in einem dunklen Kinosaal, kurz vor Beginn des Filmes. Und dann werden wir von unserem Gehirn manchmal genauso überrascht, wie Filme es zuweilen vermögen: Der dunkle Screen verwandelt sich in unsere Projektionsfläche, die mit Namen, Gedanken, Ideen gefüllt wird und beim Lernen eine große Rolle spielt – und das natürlich nicht nur bei geschlossenen Augen.

Ich möchte Sie nun ein wenig neugierig darauf machen, wie Lernen mit Sinnen und Gefühl aussehen kann, und bitte Sie, folgenden Kurzfilm anhand dieser Zeichnung auf Ihrer Projektionsfläche ablaufen zu lassen:

Der Gedanke an Freund Hansi

Die Produzentenrolle dieses Filmchens übernehmen die beiden im Dschungel lebenden Elefanten Elef und Elfi. Sie wollen einen Gedanken an Hansi, den besten Freund der beiden, produzieren und lassen gerade bewusst einen Gedanken «zusammenbauen», der aus verschiedensten Puzzleteilen besteht. Beim Zusammensetzen des Puzzles helfen viele kleine Elefanten, ihre Produktionsassistenten. Sie rennen durch den riesigen Dschungel und schleppen in Windeseile die passenden Puzzlesteine herbei, also Erinnerungen, Gerüche, Geräusche etc., damit auf unserer Produktionsfläche ein Bild entsteht, nämlich der Gedanke an Hansi.

Wenn Sie erfahren wollen, was es mit dieser Szene genau auf sich hat, müssen Sie sich mit mir durch eine kleine Dschungel-Gehirnkunde kämpfen. Ich verspreche Ihnen, es lohnt sich. Falls Sie sich mit dem Gehirn bereits gut auskennen oder Ihnen die Ausführungen zu detailliert sind, überfliegen Sie die nächsten Seiten. Vielleicht werden Sie dabei doch noch neugierig? Wenn man weiß, wie Lernen funktioniert und warum zum Beispiel das *Wiederholen* von Lernstoff so sinnvoll ist, ist die Motivation größer, dieses Wissen auch umzusetzen.

Im Gegensatz zu dem Aufwand, den Hollywood in Sachen Filmproduktion betreibt, ist Ihr Film im Kopf geradezu eine Low-Budget-Produktion, die dennoch unvergessliche Momente und große Emotionen schafft. Unser Gehirn arbeitet nämlich ausgesprochen kostengünstig, eigentlich umsonst. Gut, es verlangt Energie in Form von Nahrung. Seine Energie holt es sich aus Glukose, einem einfachen Zuckerbaustein, der uns im Alltag in Form von Traubenzucker über den Weg läuft. Unser Denkorgan ist jedoch ein ziemlich einseitiger Feinschmecker: Außer etwa 100 Gramm Glukose kommt bei Mr. & Mrs. Hirn fast nichts auf den Tisch. Dies entspricht etwa 20 Prozent unseres täglichen Energieverbrauchs.

Glukose müssen wir nicht extra futtern, unser Körper gewinnt sie aus den Nahrungsmitteln, die wir täglich zu uns nehmen. Am besten eignen sich dafür komplexe Kohlenhydrate, die in Vollkornprodukten, Gemüse und Obst vorkommen. Ausreichend Schlaf, viel Trinken und frische Luft helfen natürlich unserem Wohlbefinden.

Was unser großartiges Gehirn mit der vergleichbaren Leistung einer 30-Watt-Glühbirne so alles anstellt, wie es arbeitet, wie Gedanken oder Erinnerungen entstehen, welchen speziellen Umgang es mit Informationen pflegt, welche Strukturen dahinterstecken und welche guten, aber auch, welche schlechten Eigenheiten es sich angewöhnt hat, erfahren Sie nun. Auf geht's!

EIN KURZPORTRÄT

Das durchschnittliche Gewicht unseres Gehirns beträgt etwa 1,3 Kilogramm. Es ist ein informationsverarbeitendes System mit Milliarden von Neuronen. Das hört sich kompliziert an. Aber dies besagt erst mal nur, dass unser Gehirn Tag und Nacht mit der Verarbeitung von Informationen beschäftigt ist, die es über unsere Sinne und aus unserem Körper aufnimmt und in seine Strukturen einfügt. Entsprechend unseren «Erfahrungen» – was wir wahrnehmen, erleben oder lernen – werden Verbindungen zwischen den einzelnen Gehirnzellen auf-, um- oder abgebaut. Das bedeutet, dass sich unser Gehirn in einem ständigen Wandel befindet. Man nennt das die *Neuroplastizität* des Gehirns. Diese Wandlungsfähigkeit ist großartig, denn dadurch kann es sich immer wieder neuen Situationen anpassen.

Sie ermöglicht es uns überhaupt erst zu lernen, dazuzulernen und umzulernen. Dafür müssen wir uns durchaus anstrengen, denn «nichts im Hirn kann sich weiterentwickeln und zunehmend komplexer werden, wenn es keine neuen Aufgaben zu lösen, keine neuen Anforderungen zu bewältigen gibt.»[2] Zum Glück werden unsere ca. 86 Milliarden Neuronen bei der Energieversorgung und dem ständigen Wandlungsprozess von etwa genauso vielen sogenannten *Gliazellen* unterstützt. Wären die Neuronen die Schokostückchen im Stracciatella-Eis, dann wären die Gliazellen das Eis drum herum. Übrigens bedeutet «Glia» im Griechischen «Leim», also Glibber – so kann man sich die Bezeichnung gut merken. Die Komplexität unseres Gehirns entsteht nicht nur durch die schiere Anzahl der Nervenzellen, sondern vor allem durch die unglaubliche Zahl an Verknüpfungen, die solch eine im Prinzip ziemlich einfach aufgebaute Zelle eingehen kann. Hinzu kommt die Dynamik, mit der sich diese Verknüpfungen ändern.

Angesichts dieses Aufbaus mag man es kaum glauben, aber unser Hirn ist faul, wohlwollender ausgedrückt: sparsam. Das ist einer der Gründe, warum es uns oft so schwer fällt, es und damit uns zum Arbeiten oder bewussten Lernen zu bringen. Wenn es nach unserem Gehirn ginge, sollte Angenehmes maximiert und Unangenehmes möglichst vermieden werden. Doch Tätigkeiten – seien es körperliche oder geistige – sind nun mal anstrengend und verbrauchen Energie. Andererseits bringen sie uns und unser Gehirn am Ende weiter und machen uns glücklich, solange es besser läuft als erwartet. Motivation und Leidenschaft können uns spielend leicht zu Höchstleistungen antreiben.

Unsere Sinne, die uns ermöglichen, die Welt zu erleben, lassen sich auf der etwa 3 Millimeter dicken *Großhirnrinde* lokalisieren, die ein wenig schrumpelig aussieht und dem Gehirn das Aussehen einer Walnuss verleiht. Hier liegt alles, was zusammengehört, möglichst nahe beieinander, wie Sie auf der Abbildung unten erkennen. Zum Beispiel ist bei fast allen Rechtshändern und ungefähr 70 Prozent der Linkshänder das Sprachzentrum – das *Broca-Areal* – in der linken Gehirnhälfte angesiedelt, sodass diese Sprachregion hier ausgeprägter ist als auf der rechten Seite.

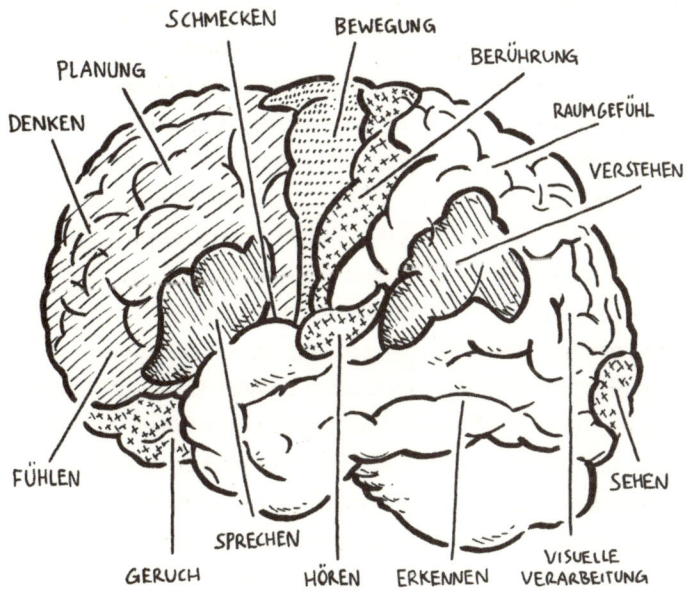

Die Großhirnrinde

Die Großhirnrinde lässt sich je nach Funktion in verschiedene Felder einteilen. So sind die *sensorischen* Felder für die Verarbeitung von Sinnesinformationen zuständig: Das visuelle System, in dem zum großen Teil das Sehen erfolgt, sitzt zum Beispiel am Hinterkopf und das Hörsystem in der Nähe der

Schläfen. Die *motorischen* Felder übernehmen die Feinabstimmung einzelner Muskeln und die Planung und Steuerung von Bewegungsabläufen. Alle anderen Felder werden als *assoziative* Areale bezeichnet, die zum Beispiel für Gedächtnisinhalte zuständig sind. Nur das, was in diesen Arealen passiert, gelangt überhaupt in unser Bewusstsein.[3]

Gesehen wird also vor allem am Hinterkopf, gehört am vorderen Rand des Schläfenlappens, gefühlt am vorderen Rand des Scheitellappens. Die Bereiche, die für das Riechen und Schmecken verantwortlich sind, liegen in evolutionär «älteren» Bereichen, die wir von außen nicht sehen können. Geschmeckt wird im *insulären Cortex*, der sich tief zwischen Stirn-, Schläfen- und Scheitellappen versteckt und deshalb auf der Abbildung nicht zu sehen ist. Gerochen wird in der Riechrinde, die in einem sogenannten *limbischen* Areal liegt – und damit ebenfalls nicht sichtbar ist.

Im Gehirn sind Neuronengruppen jeglicher Größe durch Nervenbahnen, sogenannte *Axonbündel*, miteinander verbunden: Über diese Datenautobahnen werden alle Informationen zwischen den Gruppen ausgetauscht – je intensiver der Austausch, desto dicker die Bündel. Die Bahnen, die das Gehirn verlassen oder zum Gehirn führen, bezeichnet man als Nerven. Wenn uns jemand auf die Nerven geht, bleibt das also auch unserem Gehirn nicht erspart, denn über die Nerven findet der Informationsaustausch zwischen Gehirn und unseren Sinnesorganen, den Körperorganen und dem Bewegungsapparat statt.

Unser Gehirn ist jedoch ziemlich egozentrisch und unterhält sich eigentlich am liebsten mit sich selbst. Aber wer unterhält sich da eigentlich genau mit wem?

GESTATTEN, MEIN NAME IST NEURON, UND ICH SAGE JA

Die Nervenzellen und ihre guten Kontakte untereinander sind für die Kommunikation im Gehirn zuständig. Jedes Neuron hat einen Sender, das sogenannte *Axon*, mit dem es Informationen in die Welt hinausschickt, und sehr viele Antennen, *Dendriten*, im Schnitt etwa 10 000, mit denen es Informationen empfängt. Je mehr Dendriten eine Gehirnzelle hat, desto besser ist sie vernetzt, desto mehr Informationen erhält sie. Meine – zugegeben – etwas abstruse Eselsbrücke für diesen Vorgang ist: Mit «**den Dritten**» empfängt man besser. Ganz schön viel los in unserem Hirn, was?

Die prinzipielle Aufgabe dieser Zellen ist «klar» definiert und faszinierend zugleich: Sie nehmen Signale über ihre Dendriten auf, verarbeiten sie, und wenn die eingehenden Signale stark genug waren, leiten sie einen neuen Impuls über ihr Axon an viele andere Neuronen weiter. Stärke und damit Bedeutung eines Impulses sind dabei von der «Feuerrate» abhängig. Das ist die Intensität, mit der eine Nervenzelle einen Impuls weitersendet, also, wie oft sie pro Sekunde feuert. Wie in der Musik ist auch beim Aufbau von Netzwerken der richtige Takt wichtig.

Wenn eine Zelle gut drauf ist, wenn also viele Impulse eingehen und sie viel zu erzählen hat, kann sie den Nervenimpuls bis zu 500-mal pro Sekunde weitergeben. Dieser Impuls nennt sich *Aktionspotenzial*. Je mehr Aktionspotenziale von einer Zelle abgegeben werden, je schneller sie feuert, desto stärker war der eingehende Reiz. Eine Zelle feuert allerdings erst, wenn alle über ihre Dendriten eingegangenen Signale einen bestimmten Schwellenwert überschreiten. Wird dieser nicht erreicht, wird die Information nicht weitergegeben. Die Nervenzelle arbeitet also schon seit jeher nach dem Null-und-Eins-Prinzip. Ja oder Nein. Entweder wird ein Signal weitergegeben – oder eben nicht. The winner takes it all!

Bei entsprechender Wahrnehmung entstehen so in rasender Geschwindigkeit riesige Netzwerke zwischen feuernden Nervenzellen. Unser Gehirn lässt sich in gewisser Weise mit einer Weltkarte vergleichen, mit großen und kleinen Zentren, Städten und Dörfern, die über Autobahnen oder Flugstrecken miteinander verbunden sind. Die Ausbaustufe dieses Streckennetzes spiegelt die Intensität der Beziehungen zwischen den einzelnen Orten wider.

Sie können sich die Nervenzelle auch als kleine Glühbirne vorstellen. Sie geht erst an, wenn sie die ihr zugeflüsterten Informationen spannend genug findet, dann aber schreit sie mit einem Megaphon ein lautes «JA» heraus. Viel mehr als dieses Ja ist aber nicht drin. Wenn sie sehr begeistert ist, ruft sie es sehr schnell hintereinander. JAJAJAJA! Wenn anderen Zellen dieses JA laut genug ist, schreien auch sie es in die Welt hinaus.

Auf welchem Weg genau landet der Impuls einer Zelle bei anderen Zellen? Die neuronale Informationsübertragung zwischen dem Axon einer Zelle und dem Dendriten einer anderen findet an der *Synapse* statt, genauer gesagt, am *synaptischen Spalt*. Hier wird das vom Axon gesendete elektrische Signal in eine chemische Information umgewandelt. So kann der Impuls über den synaptischen Spalt «hüpfen». Diese Übertragung wird durch einen fein abgestimmten Cocktail an Botenstoffen gesteuert. Auf der anderen Seite gelandet, wird der chemische Impuls wieder in einen elektrischen umgewandelt und an die nächste Gehirnzelle gesendet, und immer so weiter. Genau genommen sind die Neuronen also gar nicht direkt miteinander verknüpft, da zwischen ihnen der synaptische Spalt liegt – aber wir wollen mal nicht so kleinlich sein. Gut vernetzt sind sie in jedem Fall! Und wir wissen ja, Vernetzung ist heutzutage das A und O.

Während an der Synapse verschiedene Botenstoffe am Werke sind, kann die Nervenzelle nur den einen, immer gleichen Impuls auslösen: Sie wissen schon: an – aus, feuern – nicht feuern, ja – nein, «go» – «stop». Ob dieser ausreichend ist, um andere Nervenzellen zu aktivieren, entscheidet sich also vor allem an den unzähligen Synapsen. Bei der Bearbeitung der weitergeleiteten Informationen entstehen im Gehirn – durch das Feuern tausender beteiligter Nervenzellen – sogenannte *Aktivitätsmuster*, zum Beispiel für unsere einzelnen Sinneswahrnehmungen, aber auch für den Gedanken an Hansi oder an eine Zimtschnecke.

Das klingt durchdacht und effizient, aber in einem solch komplexen System sind Fehler natürlich nicht auszuschließen – das habe ich weiter oben ja schon ausgeführt. Die einzelne Nervenzelle kann man sich durchaus als ein verplantes Etwas vorstellen, dessen ausgesendete Signale sich ab und zu mal «verlaufen», am «falschen» Knotenpunkt abbiegen und somit versehentlich im Garten des Nachbarn landen – mit den beschriebenen Folgen: Fabelhafte Ideen und neue Gedanken, gedankliche Aussetzer oder überstürzte Reaktionen. Aber Fehler sind nicht per se schlimm. Ein Experte ist der, der die meisten Fehler in seinem Gebiet gemacht und daraus gelernt hat!

Kommen Sie nun vielleicht schon darauf, was die vielen kleinen Elefanten am Anfang dieses Kapitels bedeuten, die beim Herumsausen Trampelpfade entstehen lassen? Sie sind eine Metapher für tausende Aktionspotenziale, durch die ein

Aktivitätsmuster entsteht, das uns eine Erinnerung bewusst werden lässt. Auf dem Bild im Wohnzimmer der beiden Elefanten war es die Erinnerung an Hansi, den Freund der Familie.

VON DER UNTERHALTUNG ZUM GEDANKEN

Um sich ein Bild vorzustellen, sich an ein Geräusch zu erinnern oder um einen Gedanken fassen zu können, ist das Zusammenspiel unzähliger Neuronen notwendig. Aus neurobiologischer Sicht ist ein Gedanke nichts anderes als ein ganz bestimmtes Aktivitätsmuster, also genau die Art, wie Nervenzellen in diesem Moment Impulse untereinander austauschen. Mit jedem neuen Aufrufen dieses Musters verändert sich das zugrundeliegende Netzwerk. Man könnte vereinfacht sagen: Das, was hilft, das Muster aufzubauen, wird verstärkt, der Rest kommt weg. Das gilt nicht nur für Gedanken, sondern für alle Sinneswahrnehmungen und Erfahrungen. Sie alle hinterlassen Spuren und bilden entsprechende Aktivitätsmuster. Man spricht auch von *Repräsentationen* der Welt im Gehirn.

Doch wie schafft es unser Denkorgan, in die vielen, von außen und innen eintreffenden Signale Ordnung zu bringen und zum Beispiel bestimmte Objekte oder eine bestimmte Person zu erkennen oder über sie nachzudenken?

Zum besseren Verständnis eines Aktivitätsmusters stellen Sie sich bitte viele kleine Lampen vor, auf denen jeweils ein Buchstabe des Alphabets aufgemalt ist und die aufleuchten, wenn sie aktiviert werden. Bei dem Aktivitätsmuster für «Zimt» würden dann die Buchstaben Z, I, M und T irgendwo aufleuchten. An diesem Aktivitätsmuster «Zimt» wären in

Wirklichkeit – abhängig von Ihren Erfahrungen mit «Zimt» – hunderttausende Neuronen beteiligt. Nicht dass Missverständnisse aufkommen: Eine Gehirnzelle steht nicht für einen einzelnen Buchstaben. Es geht mir nur darum, Ihnen eine ungefähre Vorstellung von der Arbeit der Netzwerke und Aktivitätsmuster zu vermitteln.

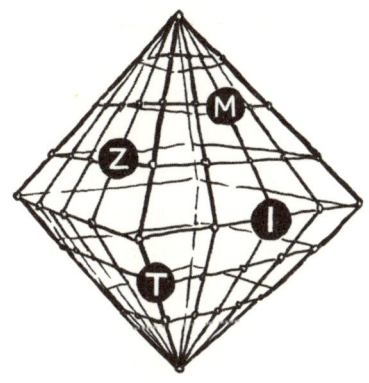

Visualisierung eines Aktivitätsmusters[4]

Die Buchstaben müssen möglichst zeitgleich aufblinken – also im gleichen Takt leuchten –, damit dieses Aktivitätsmuster in dem Lichtermeer aus vielen, zu unterschiedlichen Zeiten leuchtenden Lampen erkennbar wird. Wenn das geschieht, kann selbst das versehentliche bzw. «falsche» Aufflackern eines Neurons das Erkennen des Aktivitätsmusters «Zimt» nicht verhindern. Die Synchronisation verschiedener Areale im Gehirn ist wohl ein Schlüssel für das Bewusstwerden eines Gedankens.

Durch unterschiedliche Takte können viele Aktivitätsmuster gleichzeitig aktiv sein. Diese können sich zudem überlagern, denn «süß» gehört zum Beispiel sowohl zum Netzwerk von Zimt als auch zu 1000 anderen Mustern, wie zum Beispiel «Schokolade», «Lächeln» oder «Elfi». Daher springen unsere Gedanken häufig hin und her.

Natürlich sind diese Vorgänge hier extrem vereinfacht beschrieben. Dahinter steckt die unfassbare Fähigkeit unseres Gehirns, Informationen nicht nur nacheinander, sondern gleichzeitig bearbeiten zu können – und das in bewundernswerter Schnelligkeit! Dies erinnert an ein Orchester, bei dem die verschiedenen Instrumente ihre eigene Stimme spielen und im Zusammenspiel eine wundervolle, vielstimmige Symphonie erklingt.

Da solche Aktivitätsmuster durch Erfahrungen entstehen, verfügt jeder von uns über ganz individuelle Aktivitätsmuster – und zwar Milliarden von ihnen. Wenn Lisa an Bratkartoffeln denkt, hat sie die leckeren Bratkartoffeln ihrer Oma im Sinn; Henrik denkt an die Bratkartoffeln, die er selbst macht und die niemand so knusprig hinbekommt wie er, und Gerti läuft bei dem Gedanken an die feinen Speckstückchen das Wasser im Mund zusammen.

Bei jedem besteht das Aktivitätsmuster «Bratkartoffeln» aus allen individuellen Erinnerungen, Erfahrungen und Sinneseindrücken, die er oder sie mit Bartkartoffeln gesammelt hat. Die einzelnen Aktivitätsmuster sind jedoch so komplex, dass sie je nach Stimmung und Situation immer ein wenig anders aussehen und somit andere Assoziationen oder Erinnerungen wecken.

LERNEN –
AUFBAU NEUER AKTIVITÄTSMUSTER

Das Wissen um die Aktivitätsmuster ist für das Lernen besonders wichtig. Schauen wir uns kurz an, was passiert, wenn wir etwas Neues lernen. Angenommen, wir wollen uns das italienische Wort für Pfannkuchen merken – «frittella». Es handelt sich besser gesagt um einen ausgebackenen Apfelpfannkuchen, aber das soll uns an dieser Stelle nicht weiter stören. Da Sie das italienische Wort «frittella» für Pfannkuchen bisher nicht kannten, wird nun für diese Information ein neues Aktivitätsmuster aus bewussten, aber auch unbewussten Vorgängen geschaffen. Dafür müssen wir uns das Wort «frittella» zum Beispiel ein paar Mal laut vorsagen, sodass das deutsche Wort Pfannkuchen mit dem italienischen Wort vernetzt wird. So entsteht erstmalig das spezifische Aktivitätsmuster «Pfannkuchen – frittella». Man kann sich dieses Muster auch als kreisförmige Verschaltung vorstellen. Solange wir an frittella denken, wird der Kreislauf dieses Musters aufrechterhalten. Bei Wiederholungen werden Kontaktstellen intensiviert oder neue gebildet, damit die Impulse über mehrere Verbindungen laufen können. Was zusammen feuert, wird verdrahtet – *what fires together, wires together*. Diese Regel stellte bereits 1949 der kanadische Psychologe Donald Hebb auf. Das ist Lernen. Zurück zu unserem Beispiel: Bis zu diesem Zeitpunkt ist das Muster «frittella» noch recht klein. Wir können es vergrößern und stärken, indem wir bewusst über das Wort bzw. den Gegenstand nachdenken, uns etwa das Bild des Pfannkuchens auf dem geblümten Teller vor Augen halten, uns an den Geruch erinnern, wenn wir die Gabel zum Mund führen, oder uns den Geschmack vorstellen.

Mit jeder Erinnerung wird sein spezifisches Muster leichter abrufbar, denn bei jeder erneuten Erfahrung, bei jedem neuen Aufflackern erweitert bzw. verstärkt sich das Muster. Das Licht der Erinnerung geht bei jedem Mal schneller an: Je größer die ausgeschüttete Menge von Botenstoffen an den Synapsen ist, desto stärker ist die Signalübertragung. Man kann sie sich wie einen Trampelpfad vorstellen, den man in einem Feld hinterlässt: Je mehr wir ihn benutzen, desto breiter wird er.

Noch leichter merken wir uns Neues, wenn wir Eselsbrücken finden, denn dann wird Neues mit bereits bekannten Aktivitätsmustern verknüpft. An diese Muster kann man sich selbstverständlich leichter erinnern, nicht nur, weil sie bereits bekannt sind, sondern weil sie mehr Nervenzellen einbeziehen. Wir könnten bei «frittella» zum Beispiel an «Fritten» und an einen roten «Teller» denken – und schon vergrößern sich unsere Aktivitätsmuster. Oder wir bereiten selbst Pfannkuchen zu. Das duftet köstlich – mmh, lecker – und wir verzehren sie von einem hübschen Teller.

Wenn Sie an etwas anderes denken, ist die Erinnerung an den Pfannkuchen und das italienische Wort «frittella» wieder weg; das Aktivitätsmuster ist stillgelegt. Es wird sofort wieder aktiviert, sobald Sie sich an das italienische Wort für Pfannkuchen erinnern wollen, das Rezept für eine ungewöhnliche Pfannkuchenkombination in irgendeinem Magazin entdecken oder noch besser: wenn Sie ihn wieder einmal essen.

Da Muster für unser Gehirn derart wichtig sind, versucht es permanent, Muster zu erkennen. Nur so ist es in der Lage, der Informationsflut Herr zu werden und uns die Welt zu präsentieren. Diese Fähigkeit unseres Gehirns, in der Außenwelt

Muster zu identifizieren, führt zum Beispiel auch dazu, dass wir selbst in abstrakten Wolkenformationen Giraffen, Flugzeuge und Walrösser sehen, obwohl es eigentlich nur Wolken sind. Ein knuffiges, sich bewegendes Etwas mit Fell und vier Beinen erkennen wir schnell als Hund. Und eines, das knuffig ist und miaut, als Katze.

Wo werden nun all unsere Erinnerungen an Pfannkuchen, Flugzeuge, Hunde und Katzen gespeichert?

GEDÄCHTNIS-BIBLIOTHEKEN IM DSCHUNGEL

Vielleicht haben Sie schon mal die Begriffe Ultrakurz-, Kurz- und Langzeitgedächtnis gehört. Diese Einteilung bezieht sich allein auf die Dauer unserer Merkfähigkeit – also wie lange wir uns an etwas erinnern können. Im Gegensatz zu den beiden anderen verfügt das Langzeitgedächtnis über unvorstellbar große Speicherkapazitäten. Um diese geht es uns, denn wir wollen uns Informationen langfristig und nicht nur für ein paar Sekunden oder Minuten merken.

Man kann sich das etwa so vorstellen: Unser riesiger Erfahrungs- und Wissensschatz ist eine unendlich große Gedächtnis-Bibliothek, deren einzelne Bestände je nach «Fachgebiet» in verschiedenen Räumlichkeiten untergebracht werden. Zwei dieser speziellen Bibliotheken haben Sie schon im letzten Kapitel kennengelernt, das Faktengedächtnis und das episodische Gedächtnis. Diese beiden werden auch unter dem Begriff *Explizites Gedächtnis* zusammengefasst. Das wäre also schon mal eine riesige Abteilung dieser Bibliothek.

Diese expliziten Informationen lassen sich leicht mit Worten beschreiben. So können wir uns dieses Wissen über Lesen oder Kommunikation aneignen und immer wieder unsere Erinnerungen auffrischen.

Unser gesamtes Gedächtnis kann man sich als eine riesige Bibliothek vorstellen, die keine Raumprobleme kennt. Es werden in ihr nicht nur Bücher, sondern auch Notizen und Puzzlesteine aufbewahrt, die unsere Erinnerungen und Erfahrungen symbolisieren. In dieser Bibliothek gibt es zum Beispiel Regale für das explizite Gedächtnis oder die einzelnen Sinne. Jedes dieser Regale ist in sich – auf verschiedenen Ebenen – nach einem hirnspezifischen System organisiert und untergliedert. Im Fachbereich «Sehen» existieren zum Beispiel spezielle Unterabteilungen für Farben, Formen, Bewegungen, Objekte, Gesichter, Gesten, Szenen, die sich immer weiter spezifizieren. Für das «Hören» existieren spezifische Bereiche für Geräusche, Melodien, Rhythmus, Harmonie, Sprache, und, und, und.

Wie in jeder Bibliothek befinden sich hier Bücher – in unserem Fall auch Notizzettel oder Puzzlesteine – aller Größen und Dicke sowie weitere Spezialarchive. Und je nachdem, was wir erleben, werden die Bücher, Notizen und Puzzlesteine immer wieder um- oder aussortiert oder aktualisiert. Wir können allerdings nicht auf all diese Informationen gezielt zugreifen, sondern vor allem auf die, die zu unserem bewussten, expliziten Wissen gehören.

Für das explizite Gedächtnis gibt es sogar einen Bibliothekar. Die Region im Gehirn, die diese Aufgabe übernimmt, heißt *Hippocampus* und weiß genau, wo sich welches Buch befindet. So zumindest die wissenschaftliche Theorie.[6] Ihn kann man sich als lustigen Happy **Hippo**, also als ein Flusspferd, vorstellen, das gerne lernt – am liebsten auf dem Uni**campus**. Hippo weiß genau, wo sich was in der großen Bibliothek befindet. Jede Erinnerung erhält von ihm einen Zugriffscode, wie eine Nummer an der Theatergarderobe. Erst wenn Erinnerungen einen solchen Nummernzettel bekommen haben, können sie – wie Jacken und Mäntel – zugeordnet und verstaut bzw. wieder hervorgeholt werden. Erinnern Sie sich noch an die kurze Filmszene, in der die kleinen Elefanten die Puzzlesteinchen im Dschungel suchen, um das Bild von Hansi zusammenzusetzen? Eine Erinnerung auf unserer Projektionsfläche setzt sich aus Bildern, Geräuschen und anderen Informationen zusammen, indem die kleinen Elefanten in den jeweiligen Bibliotheken alles zusammentragen, was sie zum Thema auftreiben können. Dafür müssen sie wissen, wo sich die Erinnerungen überhaupt befinden. Wenn also die kleinen Elefanten durch unser Gedächtnis sausen, müssen sie vorher erst brav bei Hippo die passenden Codes abholen. Ihn werden wir später noch intensiver kennenlernen, da er bei der Abspeicherung von Erinnerungen eine wichtige Rolle spielt.

Happy Hippo verteilt Marken an kleine Elefanten

Diesem expliziten Wissen steht unser Können gegenüber, das im *impliziten Gedächtnis* gespeichert wird. Hier geht es um alle Fähigkeiten, die wir besitzen, ohne sie genau erklären zu können. Wir können uns die Schuhe zubinden, wissen, wie man Fahrrad fährt, eine Leiter hochklettert oder einen Aufsatz schreibt. Aber erklären Sie mal jemandem, wie das geht! In diesen Fällen verzichtet man meist auf die Beschreibung und macht es lieber vor. Dieses implizite Wissen umfasst alles, was man mit «learning by doing» bezeichnet, also eine riesige Menge unterschiedlicher Fertigkeiten, zu denen auch Gewohnheiten zählen. Um dieses Können zu erlangen, müssen wir vor allem üben und viel Konzentration aufbringen. Je besser wir werden, desto weniger müssen wir uns noch konzentrieren. Wenn Sie Auto fahren, schalten Sie ganz automatisch und überlegen nicht jedes Mal aufs Neue, wann Sie welchen Gang einlegen müssen. Bewusstes Nachdenken kann bei diesen Dingen sogar schaden, etwa beim Klavierspielen oder Turmspringen: Man gerät aus dem Takt und verspielt sich bzw. vergeigt den Doppelsalto.

Neben dem expliziten und dem impliziten Gedächtnis gibt es das *bildliche* und das *emotionale Gedächtnis*, die sowohl mit dem expliziten als auch dem impliziten Gedächtnis verbunden sind.

Apropos Gedächtnis: Unser erlerntes Wissen hüpft natürlich nicht vom Ultrakurz- ins Kurz- und dann ins Langzeitgedächtnis, wie man sich das zunächst vorstellen könnte, sondern bei dieser Gedächtnisdifferenzierung geht es vielmehr um die *Verarbeitungstiefe* unseres Wissens und unserer Erinnerungen, also wieder mal um die Größe beziehungsweise die Vernetzung der Aktivitätsmuster.[7]

Um eine möglichst große Verarbeitungstiefe zu erlangen, um etwas also dauerhaft zu lernen bzw. sich daran zu erinnern,

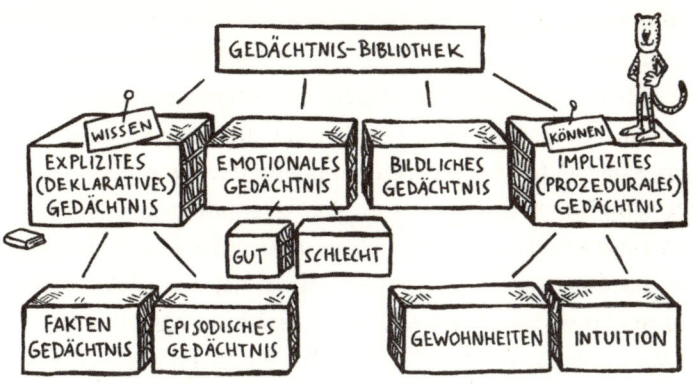

Unsere weiträumige Gedächtnis-Bibliothek[5]

müssen wir zunächst einen Überblick über ein Thema gewinnen und Zeit haben, uns mit der Thematik zu beschäftigen. Nur so können sich entsprechende Aktivitätsmuster bilden, festigen oder erweitern. Sie kennen das bestimmt: Beim ersten Lesen eines Textes erfassen wir meist dessen grobe Inhalte. Je öfter wir ihn lesen, desto mehr Details fallen uns auf. Ein weiterer Text zum selben Thema bringt (wenn wir Glück haben) noch mehr Klarheit und unterstützt das Lernen. Hierbei können Sie vor allem Ihr explizites Gedächtnis mit Merktechniken unterstützen. Wie das geht, schauen wir uns gleich mal im «Trainingslager Gehirn» genauer an.

TRAININGSLAGER: VISUALISIEREN

Nach Ihren ersten Erfahrungen mit Limbo, unserem Maskottchen fürs Lernen mit allen Sinnen und Gefühlen, möchte ich

Ihnen in den kommenden Trainingslagern am Ende jedes Kapitels peu à peu unterschiedliche Gedächtnistechniken vorstellen und Ihnen zeigen, wie Sie mit Hilfe von Geschichten oder Assoziationen, Sinneseindrücken und Gefühlen leichter lernen können. Diese Kombination ist einfach unschlagbar.

Wir befassen uns in diesem ersten Trainingslager noch etwas eingehender mit dem Gehirn, um später über jene Bereiche im Bilde zu sein, die im Zusammenhang mit dem Lernen eine Rolle spielen. Auch hier gilt dasselbe wie für das Lernen an sich: Erst einen Überblick verschaffen und dann loslegen.

In diesem Übungsteil werden immer wieder Bilder oder Assoziationen auftauchen, die Ihre Sinne und Gefühle bewusst ansprechen und Ihnen Anregungen zur Visualisierung und Ausschmückung geben. Versuchen Sie, sich schon beim Lesen die eine oder andere Information mit Hilfe meiner Vorschläge einzuprägen. Ich hoffe, die kommenden Assoziationen werden etwas anschaulicher sein als mein Bild zu **den Dritten**. Sie erinnern sich? Was waren die Dendriten noch mal? Klar, die vielen «Antennen» einer Nervenzelle.

Wenn Ihnen spontan eigene Bilder, merkwürdige Ideen oder Verknüpfungen zu bereits bekanntem Wissen in den Sinn kommen, umso besser. Lassen Sie sich auf dieses Abenteuer ein. Es schaut Ihnen niemand über die Schulter. Ich wünsche Ihnen jedenfalls viel Vergnügen bei Ihren Einfällen und beim Merken.

Die Architektur des Gehirns

Wir schauen uns nun den Hirnstamm, das Kleinhirn, das Zwischenhirn und das Großhirn mit Großhirnrinde an, um einen groben Überblick über den Aufbau des Gehirns zu gewinnen.

Im Übrigen besitzen wir ein klassisches Säugetiergehirn – es gibt also keinen Grund, in irgendeiner Form überheblich zu sein und auf der Erde den dicken Macker zu spielen. Ein wenig stolz dürfen wir auf seine Komplexität und seine Undurchschaubarkeit schon sein. Mehr aber auch nicht!

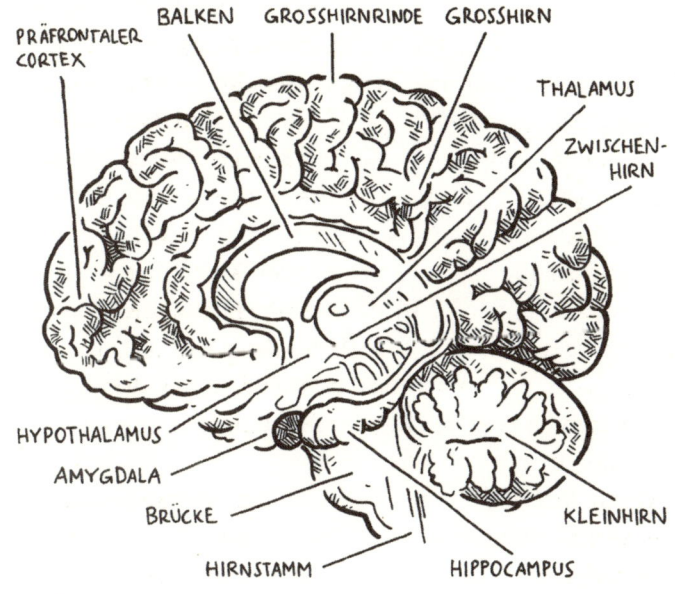

Das Gehirn

Fangen wir an. Der *Hirnstamm* ist aus evolutionsgeschichtlicher Sicht ein sehr altes Hirnareal. Wohl das älteste! Zu ihm zählen Mittelhirn, Brücke und verlängertes Mark, das mit dem Rückenmark in direkter Verbindung steht. Aufgrund seiner Lage nimmt der Hirnstamm eine Schlüsselposition ein: An ihm kommen keine Informationen unbemerkt vorbei. Weder die, die vom Körper auf dem Weg zum Hirn sind, noch die, die vom Hirn zum Körper geleitet werden. Außerdem ist der Hirnstamm für grundlegende Funktionen wie Atmung oder Herzschlag zuständig, sowie für blitzschnelle Muskelreaktionen bei Notfällen, wenn wir wegrennen oder uns verteidigen müssen.

Das Bild für den Hirnstamm

Um sich die Funktionen des Hirnstamms zu merken, kann man sich den Stamm eines Baumes vorstellen, der **atmet**, dessen **Herz** pocht, der **aufpasst**, welche Informationen zwischen Hirn und Körper ausgetauscht werden.

Somit haben wir uns zum Hirnstamm schon mal drei Fakten mit Hilfe eines recht einfachen Bildes eingeprägt. Das Bild eines Hirnstamms mit großen Augen berührt einen mehr als nur der Hirnstamm an sich und bleibt besser in Erinnerung. Es reicht im ersten Schritt, sich ein solches Bild vorzustellen. Wenn Sie mögen, können Sie sich zusätzlich selbst kleine Skizzen machen, wodurch sich das Gelernte noch besser einprägt.

Übrigens: Die Brücke stellt, wie der Name schon andeutet, die wichtigste Verbindung zwischen Kleinhirn und Großhirnrinde dar. Zur Großhirnrinde kommen wir später, mit dem Kleinhirn beschäftigen wir uns jetzt.

Das *Kleinhirn* ist für unser Gleichgewicht und für die Koordination unserer Muskelbewegungen zuständig, also für die Feinmotorik, die wir beispielsweise beim Schreiben oder beim Bezahlen mit Münzen benötigen, aber auch für das Erlernen neuer Bewegungsabläufe, wie Tango tanzen, Einrad-Fahren oder Schuhe zubinden. Bei unserer Thematik spielt das Kleinhirn zwar nur eine kleine Rolle, dafür ist es für unseren Alltag umso wichtiger. Es kümmert sich schlicht gesagt um unsere Bewegungsabläufe und sorgt dafür, dass wir nicht ständig gegen Türrahmen laufen – und selbst das braucht «Rechenarbeit». Ich war schon immer schlecht im Rechnen. Anders kann ich es mir nicht erklären, dass ich neulich beim Aufheben einer Tasche mit der Stirn am Türrahmen landete und mir eine Gehirnerschütterung zulegte. Mein Kleinhirn brauchte wohl mal Urlaub – und ich noch nicht mal Alkohol, um meine Motorik auszuschalten.

Im Kleinhirn sitzen übrigens etwa genauso viele Neuronen wie im Großhirn, diese sind jedoch noch stärker vernetzt: Eine Gehirnzelle hat im Schnitt 200 000 Synapsen, sodass die Informationsweiterleitung noch schneller funktioniert – natürlich auch, weil die Wege hier viel kürzer sind. Das ist durchaus sinnvoll, sonst könnten wir uns nur im Zeitlupentempo bewegen oder gerieten beim Betreten einer Rolltreppe aus dem Gleichgewicht. Forschungen der letzten Zeit legen nahe, dass das Kleinhirn eine Art «Outsourcing-Zentrum» ist und auch «höhere» Denkfunktionen übernehmen kann. Als fleißiger Kollege des Großhirns übernimmt es quasi Routinen, damit das Großhirn mehr Platz für die komplizierten, bewussten Denkvorgänge hat.

Das Kleinhirn ist übrigens auch der Leidtragende, wenn wir

mal ein Bier zu viel getrunken haben: Alkohol verändert seine Biochemie, sodass es die Motorik nicht mehr koordinieren kann – und mit höheren Denkfunktionen läuft es auch nicht mehr rund. Was dann passiert, kennen Sie wahrscheinlich alle: Schwindel, Schwanken und ein bisschen Schwachsinn …

Und wie kann man sich das nun alles merken? Da im Begriff Kleinhirn das Wort «klein» steckt, stelle ich mir einen artistisch veranlagten *kleinen Spatz* vor, der es liebt zu rechnen und dies die ganze Zeit tut. So habe ich ein Bild für die **enorme Rechenleistung** des Kleinhirns bei der **Koordination unserer Muskelbewegungen** – diese werden durch die Hanteln symbolisiert. In meiner Vorstellung geht unser Spätzchen neben dem Hanteltraining aber auch einmal in der Woche zum Ballett, um neue **Bewegungsabläufe** zu lernen und sein **Gleichgewicht** zu trainieren. Schon habe ich ein einprägsames Bild für die Hauptfunktionen und Eigenschaften des Kleinhirns parat und weiß auch noch, was Alkohol mit dem kleinen Spatz anrichtet. Man kann sich also das Kleinhirn als einen kleinen Lebespatz vorstellen, der zwar gern Aufgaben des Großhirns übernimmt, aber auch

Der kleine Lebespatz als Bild für das Kleinhirn

gerne um die Häuser zieht und – jetzt kommen die Gefühle ins Spiel – eher lallend als singend «I like to move it, move it» zum Besten gibt.

Das *Zwischenhirn* wird in fünf Areale untergliedert, von denen wir allerdings nur die beiden betrachten, die für unsere Sinneswahrnehmung und damit fürs Lernen eine entscheidende Rolle spielen, nämlich den *Thalamus* und *Hypothalamus*.

Das Zwischenhirn ist daher auch Namensgeber für die Figuren, die ich mir zu diesen beiden Arealen ausgedacht habe: Es wird durch zwei *Zwitsch*erschwalben symbolisiert, Zwitschi und Zwitscho, die wir gleich noch besser kennenlernen werden. Zwischenhirn wie Zwitscherschwalben. Welch ein Zungenbrecher!

Schauen wir uns den *Thalamus* genauer an. Er wird oft als «Tor zur Großhirnrinde» bezeichnet und ist somit auch das Tor zum Bewusstsein. Sie können selbst überprüfen, wie das funktioniert. Haben Sie heute eine Uhr um das Handgelenk? Tragen Sie einen Ohrring? Fühlen Sie einen Schal am Hals? Haben Sie Schuhe an? Gehen Sie die Punkte durch. Wenn Sie eine Antwort erhalten, haben Sie einen guten Draht zu Ihrem Thalamus, denn er leitet derlei Anliegen an unser Bewusstsein weiter, wenn wir nett danach fragen. Ansonsten blendet er freundlicherweise alles aus, was er als unwichtig einstuft.[8]

Mit Ausnahme der olfaktorischen Informationen laufen im Thalamus fast alle Informationen unserer Sinnesorgane zusammen. Er unterzieht sie einem ersten Check und leitet sie an die zuständigen Areale in der Großhirnrinde weiter.

Der Thalamus übernimmt also die Aufgabe einer exzellenten Sekretärin, die nur «very important information» zu unserem Bewusstsein durchlässt. Sie entscheidet, was ans Großhirn weitergeleitet wird, was also weiter zum Chef darf. Sie ist die oben bereits erwähnte Zwitschi, die kokette Zwitscherschwalbe, die aus dem schönsten **Tal** der Welt kommt und gerne **Mus** isst – Thalamus.

Der zweite wichtige Bereich des Zwischenhirns ist der *Hypothalamus*, ebenfalls eine Schaltstelle zum Gehirn, der viele wichtige biologische Grundfunktionen kontrolliert. Hier werden Wach- und Schlafzustand, Nahrungsaufnahme sowie Flüssigkeits-, Wärme-, und Hormonhaushalt organisiert. Auch unsere Triebe und Affekte haben im Hypothalamus ihren Ursprung, und unser Angriffs- und Verteidigungsverhalten wird ebenfalls von ihm gesteuert. Somit entstehen hier wichtige Verbindungen zwischen Körper und Geist, da bei Emotionen entsprechende Körperreaktionen ausgelöst werden, wenn uns etwa das Herz bis zum Hals schlägt. Und hier haben wir ihn, unseren Zwitscherschwalben-Mann Zwitscho.

Zwitscho kümmert sich hervorragend um den **Haushalt**! Er macht die **Betten**, als Bild für den Wach- und Schlafzustand, er bereitet tolles **Essen** zu, wenn sich die eigenen **Hungergefühle** melden. HUNGER! Wer kennt diesen Hilferuf nicht von einem Mann? Gerne dürfen Sie sich ihn auch mit einem Putzlappen und **warmem Wasser** oder Besen vorstellen, als Bild für den Flüssigkeits- und Wärmehaushalt, für den der Hypothalamus zuständig ist. Um seine Arbeit ein bisschen spannender zu gestalten, streift er sich öfter einen *50-Shades-of-Grey*-Look über – und schon haben wir den **Hormonhaushalt** visualisiert, der ebenfalls in den Verantwortungsbereich des Hypothalamus fällt.

**Herr Zwitscho, der hyperaktive,
in diesem Fall der hypoaktive Hausmann**

Das *Großhirn*, das das Zwischenhirn fast vollständig einhüllt, besteht aus zwei Hirnhälften, die über den sogenannten *Balken* miteinander verbunden sind. Die Gehirnhälften tauschen sich aus und halten sich gegenseitig auf dem Laufenden. Die rechte Hirnhälfte ist vor allem für die linke Körperhälfte verantwortlich und umgekehrt. Die weit verbreitete Annahme, in der rechten Gehirnhälfte sei die Kreativität beheimatet und in der linken die Logik, ist jedoch nicht wirklich korrekt. Kreativität findet in beiden Gehirnhälften statt. Wissenschaftlich bewiesen ist allerdings, dass beide Gehirnhälften unterschiedlich arbeiten und unterschiedlich mit Informationen umgehen. Die rechte Gehirnhälfte hat eher das «große Ganze» im Blick, während die linke Gehirnhälfte stärker auf Details spezialisiert ist. Trotzdem werden Aufgaben von beiden Gehirnhälften gemeinsam und gleichzeitig erledigt.

Die *Großhirnrinde*, auch Cortex genannt, nimmt mehr als die Hälfte der gesamten Gehirnmasse ein und ist der Sitz von Bewusstsein, Verstand, Handlungsplanung, Vorstellungen, Gefühlen, Sprache und logischem Denken und somit ganz entscheidend für unser Leben. Noch mal zur Erinnerung: Alles, was außerhalb der Großhirnrinde stattfindet, sind unbewusste Vorgänge, deren Abläufe und Netzwerke sogar noch komplexer sind als das, was im Cortex passiert. Aber es wird uns auch nicht alles bewusst, was in der Großhirnrinde stattfindet.

Billionen Synapsen verbinden die einzelnen Neuronen in einem engen Netzwerk ohne viele Zwischenstationen miteinander. Die Aktivität innerhalb der Großhirnrinde, also die Beschäftigung des Cortex mit sich selbst, ist etwa 100 000-mal größer als die Kommunikation mit anderen Gehirnregionen über das, was sich sonst noch in unserem Körper abspielt.

In der Großhirnrinde ist auch der Großteil unserer Erinnerungen mit den entsprechenden Sinneseindrücken gespeichert. Den Zugriffscode zu den einzelnen Aktivitätsmustern und Erinnerungen kennt aber – wie wir schon gelernt haben – nur der *Hippocampus*.

Alles in allem mal wieder eine sehr komplexe Angelegenheit! Aber nur aufgrund dieser «durchdachten» Strukturen sind wir in der Lage zu reflektieren, zu handeln, zu fühlen, Kreativität zu entwickeln und zu entscheiden. Zugegeben, das Reflektieren klappt nicht immer gleich gut, aber die Großhirnrinde hat ja auch nicht das alleinige Sagen, wie man vielleicht meinen könnte. Der Hirnstamm schüttet zum Beispiel zahlreiche Botenstoffe aus, darunter Noradrenalin, Serotonin und Dopamin, die uns ganz erheblich in unserem Fühlen und Denken beeinflussen. Ebenso spricht das limbische System, das für die Entstehung und die Verarbeitung von Emotionen zuständig ist, ein Wörtchen mit.

Für das Großhirn kann es natürlich nur ein Bild geben: den großen tiefen Dschungel. Da die Bäume des Dschungels Rinden haben, kann man sich mit diesem Bild gleichzeitig die Großhirnrinde gut merken. Wenn man alle Bilder für unser Gehirn zusammensetzt, erhalten wir Folgendes:

Alle beisammen!

Erinnern Sie sich noch an die beiden Produzenten unseres Kurzfilms zur Entstehung eines konkreten Gedankens, Elef und Elfi? Ihre Rolle thematisieren wir jetzt, indem wir einen Teil der Großhirnrinde im Detail betrachten, da er besonders wichtige Funktionen übernimmt: der *präfrontale Cortex*. Er befindet sich an der Stirnseite des Großhirns und verleiht uns die Fähigkeit zur **Handlungsplanung, Problemlösung** und **Entscheidungsfindung**. Hier laufen alle Informationen zusammen, die wir brauchen, um eine Situation beurteilen zu können. Der präfrontale Cortex fungiert als Plattform, auf der die Aktivitätsmuster der anderen Hirnregionen synchronisiert werden können. Er wird durch die Projektionsfläche visualisiert, auf der die kleinen Elefanten die Puzzleteile zusammenbauen. Erst wenn diese Synchronisierung stabil stattfindet, entsteht auch der bewusste Gedanke.

Außerdem ist unser *Arbeitsgedächtnis* im präfrontalen Cortex angesiedelt. Man kann es sich als eine Art geistigen Notizblock vorstellen, auf dem Informationen vorübergehend gespeichert werden. Es ermöglicht uns den Zugriff auf Informationen, die wir zum Erfassen einer Situation, zum Lösen komplexer Aufgaben und zur Aneignung neuen Wissens brauchen, und befähigt uns, flexibel mit ihnen zu arbeiten. Es sorgt zum Beispiel auch dafür, dass wir beim Lesen am Ende noch den Satzanfang im Kopf haben. Dank ihm können wir unseren Buchungscode für den Flieger für wenige Sekunden im Kopf behalten. Für mehr als allerhöchstens neun Informationseinheiten ist aber auf diesem Notizblock kein Platz, und nach ein paar Sekunden sind die Informationen dann auch schon wieder verschwunden. Und wer könnte das Arbeitsgedächtnis besser symbolisieren als ein großer, weiser Elefant, unser Elef?

An Elefs Seite steht Elefantendame Elfi. Sie repräsentiert unsere Emotionen. Wenn Sie jetzt sagen: Moment, wir hatten doch schon Limbo, den Geparden, als Bild für unsere Gefühle festgelegt, dann haben Sie gut aufgepasst. Limbo steht jedoch eher für unsere Bauchgefühle, unsere Intuition und somit in gewisser Weise auch für unser implizites Gedächtnis oder Wissen. Seine Gefühle entstehen im limbischen System, dessen Areale unterhalb der Großhirnrinde liegen und deshalb unserem Bewusstsein nicht oder nur schwer zugänglich sind. Wenn wir uns freuen, merken wir, dass wir uns freuen, genauso wie bei allen anderen großen Emotionen – dann ist Elfi im Spiel. Während Limbo immer nur vage Gefühlsandeutungen macht, ist Elfi eindeutig wütend, traurig oder hoch erfreut.

Der große, weise Elefant Elef ist das Bild für unser Arbeitsgedächtnis.

Elef zückt gerade sein blaues **Notizbüchlein,** um wichtige Informationen zwischenzuspeichern oder Handlungsmöglichkeiten abzuwägen. Der Elefant ist jedoch nicht allein, denn seine Frau, die Elefantendame Elfi, stellt unsere **bewussten** Gefühle dar.

Elef und Elfi

Vielleicht ist diese Visualisierungstechnik am Anfang noch etwas gewöhnungsbedürftig, aber mit etwas Übung werden Sie sie zu schätzen wissen – man kann sich Wissen mit ihrer Hilfe einfach besser einprägen. Das bedeutet natürlich nicht, dass Sie für alles, was Sie lernen möchten, immer komplexe Bilder anfertigen müssen. Es reicht vollkommen, wenn Sie zunächst versuchen, kleine Assoziationen zu finden. Wenn dann allmählich sogar ein Bild oder eine kurze Geschichte in Ihrem Kopf entsteht und Sie darüber hinaus Ihre Sinne, Ihre Phantasie und ein paar kleine oder große Gefühle mit einbeziehen, wird es Ihnen noch leichter fallen, die Informationen zu behalten.

Und Sie wissen ja: Je intensiver Sie sich mit einem Thema auseinandersetzen und je häufiger Sie Ihr frisch erworbenes Wissen anwenden, desto mehr Aktivitätsmuster entstehen dazu im Gehirn und desto leichter werden Sie sich an diese Informationen erinnern. Deswegen hier die Aufgaben unseres Gehirns nun kurz zusammengefasst – von Ihnen:

Hirnstamm:

Kleinhirn:

Zwischenhirn mit Thalamus und Hypothalamus:

Großhirn mit Großhirnrinde:

Nun haben Sie einen «kleinen» Einblick in den Aufbau unseres Hirns gewonnen und wissen, wie die Informationsweiterleitung, das Denken und Erinnern ungefähr funktionieren. Wollen Sie noch mehr über das Gehirn erfahren, empfehle ich Ihnen *Das kleine Buch vom Gehirn* von Michael Madeja, in dem er viele schöne Vergleiche zum Erinnern vorstellt. Wo wir gerade dabei sind: Erinnern Sie sich an Limbo? Zu ihm gehört eine große, Limbo tanzende Familie! Und die hat es in sich! Denn das limbische System ist für die Entstehung und Wahrnehmung unserer Emotionen mitverantwortlich. Das schauen wir uns im nächsten Kapitel einmal näher an.

Wer lernen will, macht sich Bilder

★ Das Gehirn ist wahrscheinlich das komplexeste System der Welt und vielleicht sogar des ganzen Universums.

★ Es befindet sich im ständigen Wandel und passt sich so gut wie möglich neuen Anforderungen an. Man spricht hier von der Neuroplastizität des Gehirns.

★ Unser Gehirn hat ein sparsames Gemüt und versucht Anstrengungen aus dem Weg zu gehen. Durch die richtigen Lerntechniken können wir es motivieren.

★ Die Arbeit des Gehirns beruht auf komplexen Netzwerken.

★ Je größer die Netzwerke sind, desto leichter erinnern wir uns. Gedanken und Erinnerungen sind nichts anderes als Aktivitätsmuster in diesen Netzwerken.

★ Das Gedächtnis lässt sich in implizites und explizites, in emotionales und bildliches Gedächtnis einteilen und verfügt über viele Unterkategorien.

★ Zwitschi, die Personifizierung des Thalamus, ist eine exzellente Sekretärin, die auch für die Weiterleitung der meisten Sinneseindrücke ans Großhirn zuständig ist.

★ Bilder unterstützen uns beim Merken und machen Informationen für uns bedeutsamer.

KAPITEL 3

DAS LIMBISCHE SYSTEM – ANGST UND WUT TANZEN LIMBO

«Sobald man sich in Gefahr befindet, reagiert man schon. Die Evolution denkt für dich.»

Joseph LeDoux

Haben Sie sich schon mal gewünscht, Ihre Gefühle einfach ausschalten zu können, all diesen Ärger, den Kummer, die Trauer, die Angst? Eine verlockende Vorstellung, oder? Allerdings wären mit den negativen auch unsere guten Gefühle verschwunden: Wer keine Traurigkeit kennt, hat keine Vorstellung davon, wie schön es ist, glücklich zu sein. Wir fühlen uns nur dann richtig gut, wenn wir uns besser fühlen als vorher. Sonst wird Freude zum Normalzustand und ist nichts Besonderes mehr.

Wir können zwar unsere Stimmung allein dadurch zum Positiven verändern, dass wir unsere Mundwinkel hochziehen und uns aufrecht hinsetzen, aber im Großen und Ganzen üben Gefühle mehr Macht über uns aus als wir über sie. Das wurde mir während des ersten Jahres meiner Schauspielausbildung sehr bewusst. Obwohl mir an vielen Tagen die Tränen nur so über die Wangen kullerten und gemeinsam mit der Wimperntusche Tango tanzten, konnte ich mich damals nicht immer darauf verlassen, traurig zu werden, wenn die Übung es vorsah. Egal, an was ich dachte, an manchen Tagen machte mich einfach nichts traurig. Eigentlich ist das ja nichts, worüber man unglücklich sein müsste, aber in diesem Fall ... – ich verstand nicht, woran es lag. Es brauchte eine Weile, bis der Groschen fiel, und ich erkannte: Erst wenn ich mir glückliche Momente in Erinnerung rufe, kann ich über die Vergänglichkeit der Freude oder über den Verlust dieses Glücks traurig werden. Wir brauchen sie beide, die negativen wie die positiven Gefühle: Es gibt keinen Mut ohne Angst, keine Glücksgefühle ohne Traurigkeit, keine Gelassenheit ohne Wut, keine Unbeschwertheit ohne Anspannung. Erst durch den Unterschied werden sie uns überhaupt bewusst.

Obwohl unsere Gefühle nicht so leicht zu bändigen sind, können wir sie, wie bereits angedeutet, wirkungsvoll beim Lernen einsetzen. Das Schöne dabei: Positive Emotionen besitzen viel mehr Erinnerungspotenzial als negative. Also keine Sorge, Tränen müssen nicht fließen, denn Trauer oder auch Angst sind keine Freunde des Faktenwissens, dazu gleich mehr.

Sicher, manchmal wäre das Leben ohne das emotionale Auf und Ab um einiges leichter, aber lebenswert ist es doch erst genau wegen unserer Empfindungen: Was wären wir ohne Liebe, Glück, Freude, Begeisterung, Wut, Lust und Überraschung, ohne Angst, Trauer oder Ekel? Gut, auf Trauer und Ekeliges könnten wohl die meisten von uns verzichten. So wie ich auf große Spinnen und Kakerlaken im Urlaub. Doch selbst Ekel ist eine sinnvolle Einrichtung der Evolution. Denn für unsere Vorfahren war er ein Indikator für giftige oder verdorbene Nahrung, und auch heute noch bewahrt er uns davor, ungenießbare oder verdorbene Lebensmittel zu essen, die unserer Gesundheit schaden würden.

Bei allen Emotionen geht es grundsätzlich darum, eine Reaktion oder ein Handlungsprogramm auszulösen. Schauen wir uns Emotionen und Gefühle genauer an.

DER KLEINE UNTERSCHIED – EMOTIONEN UND GEFÜHLE

Gefühle haben wir alle, aber die Erforschung unserer Emotionen ist erstaunlicherweise noch recht jung, obwohl unser Denken und Handeln so eng mit Emotionen und Gefühlen verknüpft ist. Anders als im alltäglichen Sprachgebrauch existiert tatsächlich ein Unterschied zwischen Emotionen und Gefühlen, denn zuerst entstehen die Emotionen, dann die Gefühle:[1] Unter *Emotionen* versteht man komplexe, weitgehend unbewusst ablaufende Reaktionen unseres Körpers auf äußere Reize, also Veränderungen des Blutdrucks, des Pulsschlags oder der Atmung, aber auch die Veränderung des Gesichtsausdrucks. So unterscheidet der amerikanische Wissenschaftler Paul Ekman aufgrund seiner langjährigen Forschung sieben Grund- oder Basisemotionen: Freude, Trauer, Wut, Überraschung, Angst, Ekel und Verachtung. Diese Emotionen sind für alle Menschen, unabhängig von ihrer Kultur, Erziehung oder Herkunft, eindeutig identifizierbar.[2] Außerdem kennen wir weitere Emotionen wie Aufregung, Scham oder Stolz, die alle in unterschiedlichsten Kombinationen und Intensitäten auftreten. Jeder Mensch nimmt Emotionen anders wahr und reagiert unterschiedlich auf sie. Wir verfügen also über eine individuelle Emotionalität.

Als *Gefühle* bezeichnet man das, was wir von diesen körperlichen Abläufen, unseren Emotionen, bewusst wahrnehmen – also wenn sich unser Pulsschlag erhöht oder wir schneller atmen – und die daraus resultierenden Gedanken, wie «ich habe Angst» oder «ich bin traurig». Bis wir diese Veränderungen bemerken, bis wir etwas fühlen, vergeht etwa eine halbe Sekunde.

Zu unseren Gefühlen zählen im weiteren Sinne auch *körperliche Bedürfnisse* wie Hunger, Durst, Müdigkeit oder der Wunsch, die Nähe anderer Menschen zu genießen. Ab und zu zumindest. Gegen diese Gefühle können wir nicht viel ausrichten, und ihre Erfüllung bringt uns nur für einen relativ kurzen Moment Lustgewinn oder Wohlbefinden. Doch das ist ganz gut so, da wir dadurch motiviert werden, uns um neue Glücksgefühle zu kümmern.

Gefühle wie Aggression, Panik, Hass und Zorn, die in ganz bestimmten Situationen, etwa bei einer Bedrohung, ziemlich unkontrolliert ausbrechen, bezeichnet man auch als *Affekte*. Sie müssen wir nicht erlernen – bei ihnen geht es eher darum, mit ihnen umgehen zu lernen. Doch warum haben wir überhaupt Emotionen und Gefühle? Welche konkrete Aufgabe übernehmen sie für uns?

Unsere Emotionen entstehen, wie Sie bereits wissen, im Gehirn, und zwar im limbischen System. Über sie werden Handlungen eingeleitet, die sich im Laufe der Evolution in der jeweiligen Situation bewährt haben: Emotionen dienen dem Ziel, uns in Extremsituationen handlungsfähig zu machen und unser Überleben zu sichern, indem sie unseren Organismus durch die Ausschüttung verschiedener Botenstoffe auf einen erhöhten Energiebedarf vorbereiten – ursprünglich auf Flucht oder Kampf, heute eher «weg von der Gefahr oder hin zum Erfolg»[3]. Dies geschieht innerhalb von weniger als 100 Millisekunden. Unser Körper reagiert also bereits, bevor wir die entsprechende Emotion überhaupt bewusst registrieren. Auslöser solcher emotionalen Reaktionsketten können Objekte, Personen und Ereignisse, aber auch Erinnerungen sein. Je eindrucksvoller die eingehenden Informationen und somit die entsprechenden Aktivitätsmuster sind, desto stärker fallen die Emotionen und Gefühle aus. Dies zeigt sich in körperlichen Reaktionen wie Lächeln, Schreien oder hysterischem Weinen. Man spricht hier von *emotionaler Konditionierung.* Dabei werden starke synaptische Kontakte zwischen Emotion und Erfahrung hergestellt und dahingehend bewertet, ob wir das Erlebte zukünftig wiederholen oder lieber vermeiden wollen. Sehen wir zum Beispiel einen Jahrmarkt oder riechen Zimt – und verbinden beides bereits mit positiven Erlebnissen –, dann lösen diese Sinneseindrücke erneut Glücksgefühle in uns aus. Wenn jedoch ein großer Hund auf uns zu rennt, und wir als Kind von einem Hund in einer ähnlichen Situation gebissen wurden, dann werden wir sofort Angst bekommen oder zumindest kurz stehen bleiben. Verbindungen mit negativen Ereignissen lassen sich nur schwer löschen.

Der Neurowissenschaftler Antonio Damasio hat hierzu die Theorie der «somatischen Marker» formuliert, nach der unser Gehirn die unterschiedlichen emotionalen Erfahrungen und die sich daraus ergebenden Konsequenzen mit emotionalen «Etiketten» versieht, sie als positiv, negativ oder auch neutral einstuft.[4] Aufgrund dieser Bewertung unserer körperlichen Reaktionen – somatisch leitet sich vom griechischen Wort «soma» für Körper ab – wird uns unser Erfahrungsschatz schnell zugänglich gemacht. Geraten wir in eine Situation, die unserem Gehirn bekannt vorkommt, können Gefühle (negative wie positive) durch diese somatischen Marker in Windeseile abgerufen werden. Wir erhalten quasi eine «Kurzmitteilung» aus unserem Gedächtnis, die uns «ja» oder «nein» zuflüstert bzw. «go» oder «stop». Dieser unbewusst ablaufende Prozess bietet uns in gewisser Weise eine Zusammenfassung unserer gesammelten Erfahrungen an. Sie ist auch als *Intuition* bekannt und macht sich als positives bzw. negatives Gefühl oder in schnellen Affekten bemerkbar. Wir haben dann «irgendwie so ein Gefühl» (dazu in Kapitel 9 mehr).

Und wer ist der Übermittler dieser somatischen Marker? Natürlich Limbo. Er versucht sich Elfi verständlich zu machen, was nicht so einfach ist – Geparden und Elefanten sprechen nun ja nicht gerade dieselbe Sprache.

Über das limbische System werden, vereinfacht gesagt, unsere Sinneswahrnehmungen und unser Denken mit unserem Fühlen verbunden.

UNSERE EMOTIONALE WUNDERTÜTE

Wie wir inzwischen wissen, sind unsere Emotionen Urviecher. Das limbische System hat sich über Millionen Jahre hinweg entwickelt. Man kann es sich kaum vorstellen, aber am Anfang stand der Geruchssinn. «Aus dem olfaktorischen Lappen begannen sich die ursprünglichen Zentren der Emotion zu entwickeln, die schließlich so groß wurden, dass sie den oberen Teil des Hirnstamms umringten.»[5] Mit der Zeit verbesserten sie ihre Fähigkeit, Emotionen zu verarbeiten; auch die Gedächtnisstrukturen verfeinerten sich. Aufgrund dieser evolutionären Entwicklung sind Gerüche stark emotional geprägt und führen zu sehr gefühlsbetonten Erinnerungen.

Das limbische System wird als unsere «emotionale Schaltzentrale» interpretiert. Es besteht aus verschiedenen Neuronengruppen in unterschiedlichen Bereichen des Gehirns, die durch zahlreiche Nervenbahnen miteinander verbunden sind. Betrachten wir nun kurz die wichtigsten Regionen, die funktional zu diesem System gehören:

Eine Hauptrolle übernimmt die **Amygdala**, die vereinfacht als Angstzentrum bezeichnet wird. Sie liegt in direkter Nachbarschaft zum **Hippocampus**, der für das Lernen und Erinnern eine wesentliche, wenn nicht gar die entscheidende Rolle spielt. Hippo haben wir ja beim Verteilen der Erinnerungs-Garderobenmarken schon kurz kennengelernt.

Der **Gyrus cinguli** liegt oberhalb des Balkens und ist für Konzentration, Aufmerksamkeit und Schmerzverarbeitung zuständig, übernimmt auch die Regulierung unserer Emotionen und stellt die Kontakte zwischen Großhirnrinde und unbewusst arbeitenden Zentren her.

Die **Insula** ist eine Neuronengruppe, die auch als *insulärer Cortex* oder *Inselrinde* bezeichnet wird und bei unserem Geschmacksempfinden eine tragende Rolle übernimmt. Bei der Schmerzwahrnehmung oder bei der Auslösung von Ekel hat sie ihre Finger ebenfalls im Spiel.

Funktional gehören zum limbischen System noch verschiedene Gebiete der Großhirnrinde, auch wenn sie anatomisch zum Großhirn zählen, darunter Areale zur Emotionskontrolle, Bereiche, die für unsere Entscheidungen und unser Mitgefühl von erheblicher Bedeutung sind, sowie der **olfaktorische Cortex**, der Gerüche verarbeitet. Daneben spielen **Thalamus** und **Hypothalamus**, die beiden Areale des Zwischenhirns – Zwitschi und Zwitscho – ebenso eine wichtige Rolle, da über den Thalamus fast all unsere Sinneseindrücke laufen und im Hypothalamus bei Emotionen entsprechende Körperreaktionen ausgelöst werden.[6]

Die Beziehung zwischen dem limbischen System, Limbo und Elfi

Darüber hinaus darf in dieser erlauchten Runde der sogenannte *Papez-Kreis* nicht fehlen: Er verläuft vom Gyrus cinguli zum Hippocampus und stellt von dort über den Thalamus eine Verbindung zum Hypothalamus her und wandert wieder Richtung Gyrus cinguli, womit sich der Kreis schließt. Dieser Prozess verläuft allerdings nicht linear, also nicht wie eine Wanderung von einer Station zur nächsten. Man muss ihn sich eher wie ein großes Tohuwabohu vorstellen, in dem alle Beteiligten laut durcheinanderschnattern, denn als geordnete, aufeinanderfolgende Prozesse. Alles passiert gleichzeitig, und es finden simultan Rückkopplungsprozesse statt.

Eigentlich wollte sein Namensgeber James W. Papez die Entstehung von Emotionen erklären. Heute weiß man, dass dieser 1937 von ihm entdeckte und nach ihm benannte Kreis bei der Konsolidierung von Gedächtnisinhalten mitwirkt: Er verknüpft Gelerntes bei der Übertragung ins Langzeitgedächtnis mit Emotionen. An diesem intensiven Informationsaustausch zeigt sich, dass das Lernen, und damit das Erinnern, wirklich in einem engen Zusammenhang mit unseren Emotionen steht. Daher können wir uns Informationen tatsächlich besser merken, die wir bewusst mit Gefühlen verbinden.[7] Außerdem können wir uns über die guten Beziehungen freuen, die das limbische System zum Mittelhirn pflegt, denn diese gute Freundschaft bildet das *mesolimbische System*, unser Belohnungszentrum. Hier findet die Ausschüttung lusterzeugender Stoffe für die schönsten Gefühle statt, nämlich für Freude und Glück und alles, was in irgendeiner Art Befriedigung hervorruft.[8] Gemeinsam mit der Amygdala übernimmt dieses System eine große Rolle bei der emotionalen Konditionierung, also bei der Speicherung unseres emotionalen Wissensschatzes. Dabei ist die Amygdala eher für Angst und Reißausnehmen verantwortlich, während das mesolimbische System sich mehr dem Positiven zuwendet. So sind Amygdala und das Belohnungszentrum Gegenspieler und «Interaktionspartner»[9] zugleich – wie Tom und Jerry oder Joko und Klaas.

Es herrscht also ein ganz schönes Durch- und Miteinander in unserem Gehirn. Wir betrachten deshalb die Hirnregionen Amygdala und Hippocampus, die uns in Bezug auf das Lernen von Nutzen sein oder uns sogar blockieren können, etwas näher.

FRAU AMY – DER ÄNGSTLICHE MANDELKERN

Die **Amygdala** ist ein mandelförmiger Nucleus – deshalb auch *Mandelkern* –, der beidseitig oberhalb des Hirnstamms sitzt. Sie ist gemeinhin als Sitz der Angst bekannt. Auch von ihr haben wir zwei, aber Amygdalae hört sich irgendwie bescheuert an! Sie spielt eine wichtige Rolle bei der Verhaltenssteuerung und ist somit entscheidend für unsere emotionale Konditionierung, also für unsere individuellen Reaktionsmuster auf bestimmte Reize. Sie haben sicherlich auch schon die Erfahrung gemacht, dass manche Menschen in brenzligen Situationen mit viel größerer oder auch weniger Wut oder Angst reagieren als Sie. Das liegt an diesen spezifischen Mustern, den Erfahrungen eines jeden Menschen.

Die Amygdala ist eng mit anderen Regionen vernetzt und hilft, Ereignisse und Erinnerungen in einen emotionalen Kontext zu stellen. Sie ist an so vielen Aktionen beteiligt, dass man immer noch keine vollständige Übersicht über ihre Funktionsweise hat. Einig sind sich die Forscher darin, dass die Amygdala vor allem dann aktiv ist, wenn Emotionen oder eine emotionale Komponente mit im Spiel ist – also eigentlich fast immer, denn wir sind nun mal fühlende Wesen.

Der Fokus der Amygdala liegt auf überraschenden oder negativen Ereignissen: Angst, Ekel, Überraschung und Wut sind ihre Kernkompetenzen. Durch ihren engen Kontakt zum Hypothalamus, zu Herrn Zwitscho, werden Botenstoffe ausgeschüttet, die entsprechende Körperreaktionen und somit negative Gefühle wie Furcht oder gar Panik hervorrufen. Sie sorgt also dafür, dass uns gerade negative Emotionen stark in unserem Verhalten beeinflussen. Besonders offensichtlich wird das, wenn sie fehlt. Ohne Amygdala zeigt der Mensch keine Schreck- oder Angstreflexe mehr. Angstauslösende Szenen eines Filmes werden zum Beispiel nicht mehr anders wahrgenommen als schöne Szenen und bleiben – im Gegensatz zu sonst – nicht stärker in Erinnerung.

Wenn Sie sich nun fragen, ob Angst beim Lernen, also zum Beispiel Prüfungsangst, nicht sogar ganz hilfreich sein könnte, um sich Wissen schneller anzueignen, muss ich Sie enttäuschen: Zwar können wir uns an negative *emotionale* Ereignisse leider oft sehr genau erinnern: «Die Amygdala vergisst nichts.»[10] Doch Faktenwissen, das in Verbindung mit Angst gelernt wird, bleibt viel schlechter in Erinnerung als Wissen, das mit positiven Gefühlen besetzt ist. Und falls Faktenwissen es in Verbindung mit Angst doch ins Gedächtnis geschafft hat – etwa durch einen strengen, angsteinflößenden Lehrer – dann können wir dieses Wissen weniger flexibel anwenden. Angst ist nicht gerade hilfreich, wenn es darum geht, nach kreativen Lösungsansätzen zu suchen oder eine komplizierte Matheaufgabe zu lösen, denn Angst ist auf rasche Reaktionen ausgerichtet, um uns am Leben zu erhalten. Deshalb sollte Lernen besser mit positiven Gefühlen und Stimmungen verbunden werden. So können wir das Gelernte variabler anwenden.[11]

Zusammengefasst kann man sagen: Die Amygdala ist unsere persönliche Alarmanlage. Sie erhält von den Sinnesorganen permanent eine Kurzfassung aller Wahrnehmungen. Sehen wir beim Spazierengehen eine Schlange, wird ihr Bild über die Netzhaut zunächst an den Thalamus und dann an den visuellen Cortex weitergeleitet, der für das Sehen verantwortlich ist. Doch bevor dort diese Information überhaupt entschlüsselt wird, erhält die Amygdala bereits eine Vorabversion des Bildes, eine ungenaue Schwarz-Weiß-Kopie. So kann sie auf mögliche Notfälle – droht Gefahr oder handelt es sich um eine giftige Schlange? – blitzschnell reagieren. Wir springen panisch zur Seite oder in den Arm unserer Begleitung, bevor wir überhaupt erkennen, dass es sich bei der «Schlange» nur um einen Stock handelt.[12]

Nach diesen vielen Fakten hier zum Abschluss ein Bild, damit Sie sich Aufgabe und Funktion der Amygdala besser merken können. Sie kennen ja bereits Elef, Zwitschi und Co. aus den vorangegangenen Kapiteln. Zu ihnen gesellt sich nun ein weiteres Mitglied. Darf ich vorstellen:

Amy, der ängstliche Mandelkern

Amy ist auch eine begeisterte Limbotänzerin. Sie ist tendenziell eher ängstlich, leicht zu erschrecken, häufig überrascht und ekelt sich schnell. Wenn sie Angst hat, gibt sie dem Hirnstamm einen Schubs, damit er die nötigen motorischen und vegetativen Angstreaktionen auslöst. Fröhliche Gesichter sprechen sie aber auch an. Kompliziert, diese Frauen!

HERR HIPPOCAMPUS – DAS ERINNERUNGSWUNDER

Ein weiterer Hauptakteur im limbischen System, ebenfalls ein ausgezeichneter Limbotänzer und guter Freund von Amy, ist Hippo, der bereits erwähnte **Hippocampus**, der eine entscheidende Rolle beim Lernen spielt. Auch wenn man von ihm ebenfalls im Singular spricht, sind es natürlich wieder zwei, einer auf jeder Seite des Gehirns.

Amy, unsere emotionale «Schaltstelle», und Hippo bilden ein perfektes Team: Amy ist dafür verantwortlich, dass wir einen brüllenden Löwen, der in vier Meter Entfernung vor uns steht, ernst nehmen und gegebenenfalls unser Notfallprogramm «Flucht» starten. Der Hippocampus indes speichert und ruft Informationen immer im Kontext ab. Er erkennt zum Beispiel den Unterschied zwischen einem Löwen hinter Gittern und einem Löwen in der Savanne. So kann er Entwarnung geben: Entspann dich, du stehst nur im Zoo vor dem Löwengehege.[13]

Die wichtigste Funktion des Hippocampus ist es, unser Gedächtnis aufzubauen: Stellen Sie ihn sich als einen Zwischenspeicher vor, der exzellente Verbindungen zum Großhirn pflegt und dort für das mittel- und langfristige Abspeichern zuständig ist.

Wie Sie bereits wissen, geht man heute davon aus, dass der Hippocampus organisiert, wo und in welchem Kontext Informationen im Cortex gespeichert werden, und dass es dafür inhaltliche, zeitliche und räumliche «Zugangscodes» gibt, die nach Bedarf abrufbar sind. Somit ist er – auch das wissen Sie – der Organisator unseres Gedächtnisses, der Bibliothekar der Dschungel-Bibliothek.

Da er aufgrund seiner geringen Speicherkapazitäten die permanent eintreffenden Informationen nicht alle unterbringen kann, will er sie möglichst schnell weitergeben und präsentiert sie, wenn er sie für dringlich erachtet, dem Großhirn.

2014 wurden drei Wissenschaftler mit dem Nobelpreis in der Kategorie «Medizin oder Physiologie» für die Entdeckung eines «Navigationssystems» im Gehirn ausgezeichnet, das enorm zum Verständnis der Funktionsweise unseres Gehirns beigetragen hat. Mit Hilfe von Untersuchungen an Mäusen und Ratten wurde herausgefunden, dass es im Hippocampus «Ortszellen» gibt. Aus den von ihnen aufgenommenen Reizen entstehen in unserem Gehirn *mentale Karten*, die uns eine Orientierung im Raum ermöglichen. Diese Zellen im Hippocampus feuern zum Beispiel genau dann, wenn sich eine Ratte an einem bestimmten Ort befindet, zum Beispiel in der linken hinteren Ecke ihres Käfigs. Bewegt sie sich ein wenig von diesem Punkt weg, nimmt auch die «Feuerrate» der entsprechenden Zellen ab. So entsteht im Hippocampus ein eindeutiges Aktivitätsmuster für jeden individuellen Ort. Wir verfügen quasi über ein Navi mit einem gehirnspezifischen Koordinatensystem! Es sorgt dafür, dass wir jeden Tag nach Hause finden und uns – selbst im Dunkeln – in unserer Wohnung völlig sicher bewegen können: Wir greifen nach dem Lichtschalter, ohne darüber nachdenken zu müssen, und wissen, wo die Kommode steht, sodass wir uns nicht an ihr stoßen. Dank dieses Systems finden wir uns auch in einer fremden Stadt bald zurecht.[14]

Sensationell, vor allem in Bezug auf das Lernen, ist das, was nachts passiert: Die Zellen, die bei Ratten tagsüber eine neue Umgebung, zum Beispiel einen Parcours, kartiert haben, feuern nachts im Schlaf in genau demselben Muster wie tagsüber beim Kennenlernen dieses Ortes. Dieses Wiederholen wird *Replay* genannt. Es läuft im Schnelldurchgang ab, und zwar bis zu 20-mal so schnell wie tagsüber beim erstmaligen Lernen. Eine Ratte durchläuft den Parcours im Schlaf fast mit derselben Geschwindigkeit wie Usain Bolt die 100-Meter-Strecke. Das muss man sich mal vorstellen![15]

Deshalb ist Schlaf nicht nur für das Lernen bei Ratten wichtig, sondern auch für uns: Unser Kurzzeitspeicher funktioniert tagsüber zwar sehr gut, aber wir brauchen den Schlaf, um neu Gelerntes zu festigen. Die Übertragung der ungeheuren Informationsmengen vom Hippocampus zum Großhirn geschieht vor allem nachts. Während des Schlafs leitet er immer wieder neue Informationen weiter und ruft sie erneut auf, um die im Großhirn existierenden Aktivitätsmuster zu aktualisieren, die neu entstandenen zu festigen und so das Gelernte abzuspeichern. Es ist erstaunlich, wie viele Informationen unser Gehirn in der Nacht verarbeitet.

Sie kennen das bestimmt: Manchmal haben wir das Gefühl, neues Wissen habe sich noch nicht richtig sortiert, oder wir können eine bevorstehende wichtige Entscheidung einfach nicht treffen. Manchmal müssen wir dann nur «eine Nacht drüber schlafen», und am nächsten Morgen können wir den letzten Abschnitt unseres Vortrags, den wir uns am Abend zuvor partout nicht hatten merken können, auswendig oder haben die Lösung für ein Problem gefunden.

Dieses Festigen des tagsüber Gelernten ist wahrscheinlich einer der Gründe, warum wir so viel schlafen. Unser Gehirn braucht diese Ruhezeit ohne äußere Reize, um seine Arbeit erledigen zu können. Schlafen wir zu wenig, gehen nicht nur Erinnerungen, sondern auch frisch Gelerntes leichter verloren. *Replays* finden nicht nur beim Festigen mentaler Ortskarten statt – sonst müsste sich das Gehirn ja nicht so beeilen, um sein nächtliches Pensum zu schaffen.[16]

Die Nacht vor einer Prüfung durchzumachen ist deshalb nicht empfehlenswert. Es ist tatsächlich effektiver, das Buch unter das Kopfkissen zu legen bzw. den Lernstoff vor dem Schlafengehen zu wiederholen.

Der Hippocampus speichert zusammen mit dem Großhirn Ereignisse, Details und Fakten unseres Lebens ab. Unterstützung findet er bei Amy und Herrn Zwitscho.

TRAININGSLAGER: KÖRPERROUTE

Gefühle machen uns manchmal das Leben schwer. Wenn uns Wut, Ärger, Enttäuschung, Angst oder auch Aufregung überfallen, können wir uns kaum noch auf etwas anderes konzentrieren. Sie beherrschen unser Denken. Doch wir können uns – zumindest beim Lernen – unabhängiger von unserem limbischen System machen und Herrn Hippo unterstützen, indem wir unsere Gefühle bewusst einsetzen. Da wir durch die Beteiligung möglichst vieler Sinne unsere Aktivitätsmuster vergrößern, haben wir mehr Möglichkeiten, auf das Gelernte zurückzugreifen. Zugegeben: Ein bisschen Übung braucht es schon, um sich beim Einprägen von Informationen auch noch spontan abstruse Bilder oder Geschichten einfallen zu lassen und außerdem seine Gefühle effektiv ins Spiel zu bringen.

Deshalb wollen wir dies anhand einer einfachen, uralten Merktechnik, der sogenannten Routenmethode, üben. Wir beginnen mit der Körperroute und ihren 10 Merkpunkten. Diese Technik hat den ungeheuren Vorteil, dass sie auf jede Person – auch auf bekannte Persönlichkeiten wie George Clooney oder Hippo – übertragbar ist und Ihnen im Alltag schnell und unkompliziert zur Verfügung steht.

Die Routenmethode, vor allem die kurze Körperroute, können Sie selbstverständlich später auf die Bereiche Ihrer individuellen Aufgabenfelder übertragen sowie in vielen alltäglichen Situationen anwenden: für Ihre To-do-Listen, um sich wichtige Stichpunkte aus einem Zeitungsartikel zu merken oder die zentralen Punkte eines kleinen Vortrags, den Sie halten werden. Natürlich können Sie die Körperroute gegebenenfalls um weitere Punkte ergänzen.

Auf die Plätze, Emotionen los! – Die Körperroute

Versuchen Sie sich nun also anhand der Körperroute von Hippo 10 wichtige Gefühle mit «vui Gfui», wie es auf gut Bayerisch heißt, zu merken. Für alle, die diese Technik noch nicht kennen, stelle ich sie Ihnen kurz mit Hilfe von Hippo vor. Selbstverständlich funktioniert die Methode auch, wenn Sie Ihren eigenen Körper benutzen, aber mit Hippo ist sie noch außergewöhnlicher, macht sie mehr Spaß, und wir wollen ja die Freude nicht zu kurz kommen lassen!

Körperroute mit Hippo

Eine Körperroute beginnt immer an den Füßen, auch bei Hippo.

1.	Hippos Füße	Freude
2.	Seine Knie	Trauer
3.	Seine linke Hosentasche	Angst
4.	Sein Rücken	Wut
5.	Seine nicht vorhandene Taille	Ekel
6.	Seine Brust	Überraschung
7.	Seine Schultern	Verachtung
8.	Sein kaum vorhandener Hals	Aufregung
9.	Sein liebenswertes Gesicht	Scham
10.	Seine Haare auf dem Kopf	Stolz

Bei dieser Technik setzen Sie alles ein, was Sie beim Lernen unterstützt: Sie motivieren sich, Verknüpfungen herzustellen, also möglichst große Aktivitätsmuster zu erzeugen, und Sie ergänzen Ihre verrückten Bilder mit möglichst starken Emotionen!

Als Erstes prägen Sie sich nun die Reihenfolge der 10 Punkte am Körper von Hippo ein. Dann verbinden Sie jeden Punkt der Körperroute mit einer zufällig gewählten Emotion. Das hat den schönen Nebeneffekt, dass Sie sich ganz nebenbei wichtige Emotionen einprägen und ausprobieren können, ob positive oder negative Emotionen Ihren Merkprozess besser unterstützen. Für die ersten 5 Routenpunkte erhalten Sie ein Beispiel. Versuchen Sie, sich in Hippos Lage zu versetzen.

1. Also, Hippo hüpft vor **Freude** von einem **Fuß** auf den anderen.
2. Doch plötzlich sinkt Hippo auf die **Knie** und fängt vor lauter **Trauer**, dass Amy nicht da ist, an zu schluchzen.
3. Er will ein Taschentuch aus seiner **Hosentasche** holen, doch er hat **Angst**, dass es noch von seiner Erkältung verseucht ist.

4. Über die Erinnerung an die Erkältung ärgert er sich so, dass er sich vor lauter **Wut** seinen **Rücken** wund kratzt.

5. Dabei überfällt ihn ein solcher **Ekel,** dass er kotzt. Wie dumm, denn er möchte bloß nicht abnehmen, denn er liebt seine **Taille,** so wie sie ist.

So, sicher haben Sie bemerkt, dass die Routenpunkte nicht immer am Anfang des Satzes stehen; aber das spielt keine Rolle, da Sie ja wissen, dass Sie sich die einzelnen Emotionen einprägen wollen.

Nun sind Sie an der Reihe, Ihre Ideen aufs Papier zu bringen.

Was fällt Ihnen zu Hippo und Brust ein?

6. _____

7. _____

8. _____

9. _____

10. _____

Hier mein Vorschlag:

6. Hippo säubert seine **Brust** und ist völlig **überrascht,** dass sie plötzlich behaart ist.

7. Er schaut sich daraufhin im Spiegel an und findet sich eigentlich okay, doch dann verzieht er das Maul, denn für seine hängenden **Schultern** empfindet er nur **Verachtung!**

8. Da kommt seine Freundin Amy ins Zimmer, und Hippo fällt ihr vor lauter **Aufregung** um den **Hals**.

9. Hippo schaut Amy an, und plötzlich zeichnet sich auf seinem **Gesicht Scham**esröte ab. So ein Mist, Hippo hat den Geburtstag seiner Freundin verschusselt!

10. Das ist aber schnell vergessen. Er schaut in den Spiegel, sieht seine **Haare** und ist sehr **stolz** auf seine neue Frisur. Die Haare hat er nämlich extra für Amy so schön gekämmt.

Und? Wie ist es Ihnen ergangen? Vielleicht haben Sie bemerkt, dass man sich positive Bilder viel leichter merken möchte und kann. Nutzen Sie das! Ihre Bilder und Geschichten müssen nicht unbedingt logisch, sondern nur *merk-würdig* sein. Je ausgefallener Ihre Assoziationen sind, desto besser bleiben sie in Erinnerung, und das ist ja das Ziel der Unternehmung!

Begeisterung und Leidenschaft sind übrigens diejenigen Emotionen, die uns am meisten dabei helfen, etwas Neues zu lernen. Sind wir begeistert, werden Botenstoffe ausgeschüttet, die wie Dünger für unsere neuronalen Netzwerke wirken.[17] Glücksgefühle eignen sich also bestens zum Erinnern. Die Erfahrung haben Sie bestimmt auch schon gemacht: Wir lernen am besten mit Leidenschaft! Und Hippo kann in jedem Fall dabei helfen.

Machen Sie doch einmal die Probe aufs Exempel. Konnten Sie sich alle Emotionen merken?

1. Hippos Füße _____

2. Seine Knie _____

3. Seine linke Hosentasche _____

4. Sein Rücken _____

5. Seine nicht vorhandene Taille _____

6. Seine Brust _____

7. Seine Schultern _____

8. Sein kaum vorhandener Hals _____

9. Sein liebenswertes Gesicht _____

10. Seine Haare, auf dem Kopf _____

Und? Mit ein oder zwei Wiederholungen sind Sie bestimmt erfolgreich.

Seien Sie kreativ, und merken Sie sich mit Hilfe dieser Routentechnik alles, was Sie schon immer wissen wollten. Selbst die 50 Staaten der USA sind keine große Herausforderung, denn Sie können Körperrouten von all Ihren Familienmitgliedern oder Freunden nutzen und die Reihenfolge der Routen mit Hilfe einer inneren Logik festlegen, etwa nach dem Alter der Personen oder nach dem Zeitpunkt des Kennenlernens. Natürlich können Sie solche Routen auch in Räumen anlegen, dann haben Sie nicht Füße, Hälse und Haare zur Auswahl, mit denen Sie Ihre Merkbilder verknüpfen, sondern Stühle, Tische und Fensterbretter. Später erfahren Sie mehr dazu!

Bringen Sie Ihre Gefühle ins Spiel – Merken einer To-do-Liste

Wenn Sie Spaß und Erfolg bei der Anwendung dieser Technik hatten, dann können Sie sie für das Merken einer einfachen To-do-Liste nutzen. Probieren Sie es gleich aus, indem Sie sich folgende Aufgaben anhand Ihrer Körperroute merken. Denken Sie sich lustige Verknüpfungen aus:

1.	Füße	Brief zur Post bringen
2.	Knie	Mail an Herrn Reinhardt schreiben
3.	Hosentasche	Reißzwecken kaufen
4.	Rücken	Neues Druckerpapier abholen
5.	Taille	Tisch im Restaurant «Jacob» reservieren
6.	Brust	Ablage ordnen
7.	Schultern	Schokolade für Tochter besorgen
8.	Hals	Bier im Büro-Kühlschrank auffüllen
9.	Gesicht	Ticket nach Berlin buchen
10.	Haare	Präsentation für Montag fertigstellen

1. Also, Sie dürfen einen **Brief** zur Post bringen. Vor lauter Freude hüpfen Sie auf dem Weg zur Post von einem **Fuß** auf den anderen.
2. Die **Mail an Herrn Reinhardt** hätten Sie fast vergessen! Während einer Pause schreiben Sie diese schnell mit dem Laptop auf Ihren **Knien.**
3. Sie wollen ein Tempotaschentuch aus Ihrer **Hosentasche** holen, doch greifen stattdessen in lauter **Reißzwecken**! Aua!
4. Da fällt Ihnen ein, dass Sie noch neues **Druckerpapier** abholen müssen. Der Stapel ist so groß, dass Sie ihn kaum tragen können. Sie ärgern sich so, dass Sie ihn auf den **Rücken** schnallen müssen.

5. Als Belohnung für die Anstrengung bestellen Sie für sich und Ihre Kollegen einen Tisch im **Restaurant** und freuen sich auf die **Jakob**smuschel, die in Ihrem Bauch und somit auch an der **Taille** landen wird.

So, liebe Leser. Nun sind Sie an der Reihe, Ihre Ideen aufs Papier zu bringen. Sie müssen natürlich nicht die Emotionen von vorhin in das Bild einbauen! Was fällt Ihnen zu Brust und Ablage ordnen ein?

6. _____

7. _____

8. _____

9. _____

10. _____

Sie sind bestimmt auf tolle Assoziationen gekommen! Falls Sie noch Inspiration brauchen, hier meine verrückten Vorschläge:

6. Sie sind völlig überrascht, dass die unaufgeräumte **Ablage** Ihnen bis zur **Brust** reicht.

7. Sie haben einen ganzen Meter **Schokolade** für Ihre Tochter gekauft. Sie balancieren diese auf Ihren **Schultern**, da Sie sie sonst gar nicht tragen können. Da wird sich aber jemand freuen!

8. Die Vorstellung, wie Ihnen kaltes **Bier** den **Hals** hinunterläuft, tröstet Sie über das Schleppen eines schweren Bierkastens hinweg.

9. Sie fliegen furchtbar ungern und buchen trotzdem das **Ticket nach Berlin**. Auf Ihrem **Gesicht** kann man ein wenig Scham erkennen. Bahn fahren wäre eigentlich besser für die Umwelt.

10. Jetzt sind Sie richtig scharf drauf, die **Präsentation** endlich fertigzustellen, und kämmen sich vorher noch mal sorgfältig die **Haare**, damit Sie besonders hübsch aussehen.

Nun haben wir die Route manchmal sogar mit zwei Informationen belegt – Aufgabe und Gefühl. Hat Sie diese Doppelbelegung ein wenig durcheinandergebracht? Sehr gut, wenn Sie das bemerkt haben! Denn Sie sollten solche Routen nie doppelt belegen, es sei denn, sie passen thematisch genau zusammen.

Natürlich müssen Sie die Emotionen normalerweise nie extra mit der Route assoziieren. Aber wenn Sie es ausprobiert haben, werden Sie Emotionen und Gefühle beim Lernen ganz automatisch einbauen, da sie das Erinnern einfach so gut unterstützen. Testen wir doch gleich mal, wie gut dieser Durchgang funktioniert hat. Fallen Ihnen alle Punkte der To-do-Liste wieder ein?

1. Füße   _____

2. Knie   _____

3. Hosentasche   _____

4. Rücken .   _____

5. Taille   _____

6. Brust   _____

7. Schultern _____

8. Hals _____

9. Gesicht _____

10. Haare _____

Wenn es noch nicht so gut geklappt hat, gar nicht schlimm. Versuchen Sie, die Situation detaillierter zu visualisieren, sich noch stärker, auch gefühlsmäßig, in die einzelnen Situationen zu versetzen. Ich bin sicher, Sie werden sich bald viel besser erinnern.

Bilder können uns also beim Erinnern eine sehr große Hilfe sein. Doch wie kommen sie eigentlich in den Kopf? Damit rücken wir nun die Sinne in den Fokus. Beginnen wir in den nachfolgenden Kapiteln mit dem Sehen und dem Licht. Danach befassen wir uns mit Schallwellen und dem Hören. Als Drittes folgt der Tastsinn. Anschließend schauen wir uns die beiden Sinne an, die auf chemische Reize reagieren, also Riechen und Schmecken.

Und noch ein Tipp vorweg: Vergessen Sie alles, was Sie über Lerntypen gelesen haben. Es gibt keine Studien, die belegen, dass wir besonders «visuelle», «auditive» oder «haptische» Lerntypen sind.[18] Natürlich können wir uns entsprechende Lernmuster antrainiert haben. Wenn Sie darauf bestehen, ein visueller Typ zu sein, dann liegen Sie allerdings richtig. «Visuelle Typen» sind wir allein deshalb schon, weil ein Großteil unseres Gehirns mit dem Sehen beschäftigt ist. Aber uns stehen noch andere Sinne zur Verfügung, die es faustdick hinter den Ohren haben. Unsere Sinne vermitteln uns *gemeinsam* die Welt, weisen auf etwas hin, bringen uns dazu, über etwas nachzudenken oder zu handeln. Daher ist es sinnvoll, sich seiner Sinneswahrnehmungen bewusst zu sein und auf seinen Körper zu hören – auch beim Lernen. Betrachten wir zunächst, wie Licht unsere Welt erhellt.

Wer lernen will, fühlt

★ Im limbischen System entstehen unsere Emotionen und Gefühle.

★ Emotionale Konditionierung findet mit Hilfe des limbischen Systems statt.

★ Unsere Erfahrungen werden mit somatischen Markern versehen, die uns blitzschnell ähnliche Situationen aus unserem Gedächtnis melden.

★ Amy und Hippo sind ein Dreamteam!

★ Achten Sie einen Tag auf Ihre Gefühle. Nehmen Sie konkrete Situationen bewusster wahr. So legen Sie Ihr privates «Gefühls-Erinnerungsdepot» an, auf das Sie beim Lernen spontan zurückgreifen können.

★ Nutzen Sie die Körperroute, wenn Sie sich etwas in einer bestimmten Reihenfolge einprägen wollen, und schmücken Sie Ihre Merkbilder auch mit unterschiedlichen Gefühlen aus.

KAPITEL 4

SEHEN –
DER OBERFLÄCHLICHE
UND EDLE SINN

«Menschen sehen nur das,
was sie erwarten zu sehen.»

Ralph Waldo Emerson

5 4 6 5 9 3 7 8 5 9 0 8 3 4 7 9 5 8 2 0 3 4 5 6 4 8 5 4 6 3 7 5 8 9 5 2 0 3 4 1
7 4 8 2 8 3 2 9 4 6 3 8 2 9 5 2 9 8 3 7 4 2 8 9 3 5 7 2 3 8 5 7 2 8 3 9 5 7 2 3
8 9 5 7 2 3 8 9 5 7 2 9 8 3 5 7 2 3 9 8 4 7 2 8 3 9 5 7 3 2 8 5 7 2 3 9 8 5 7 3
2 8 4 1 7 2 3 8 7 4 8 2 9 3 5 7 8 2 9 3 5 7 2 8 3 5 7 2 8 9 3 5 7 8 2 3 4 7 9 3
8 9 3 0 2 8 6 7 8 4 5 6 7 4 3 1 0 8 2 9 1 8 3 8 9 2 5 4 8 6 7 5 3 4 9 0 3 2 1 8
4 7 5 6 4 8 9 3 2 0 7 5 8 4 7 8 9 2 7 3 8 9 5 7 4 8 9 6 7 2 3 5 3 2 8 5 7 2 8 9
7 5 7 2 3 8 9 4 5 7 8 2 4 7 8 4 5 7 8 2 3 1 1 9 0 3 7 1 0 5 7 2 4 8 6 7 4 1**98***
4 3 9 1 7 5 3 9 0 1 7 1 5 3 9 4 0 3 8 9 1 0 5 7 8 3 2 5 9 4 5 7 2 0 9 3 8 4 2 3
9 8 5 2 9 3 5 8 2 9 5 8 2 9 0 5 8 3 2 0 5 8 2 0 5 8 3 9 0 2 5 8 9 2 5 8 2 9 3 4
8 3 5 7 6 7 4 5 4 8 3 2 2 3 4 7 4 7 8 2 8 3 8 5 1 1 0 1 0 9 1 9 1 4 8 6 9 4 5 8
5 7 8 2 9 3 5 7 2 8 3 5 7 2 8 9 3 5 7 8 2 3 4 7 9 3 6 7 4 3 1 0 8 2 9 1 8 3 8 7
8 9 3 0 2 8 6 7 8 4 5 9 2 5 4 8 7 2 0 9 5 8 4 9 5 8 3 6 9 0 1 2 4 5 8 9 6 3 6 8
5 8 0 4 5 7 8 0 2 1 5 7 3 9 5 2 4 6 7 4 3 6 8 7 8 0 8 5 3 2 8 8 2 4 7 5 4 6 8 1

* Bis hierhin kam ich 2002

Insgesamt sind das 520 Ziffern. So viele Ziffern kann sich ein
Mensch innerhalb von nur 5 Minuten merken. Diesen Welt-
rekord stellte der Schwede Marwin Wallonius bei der Gedächt-

nisweltmeisterschaft im Dezember 2015 in Chengdu in China auf. 520 Zahlen, in nur 5 Minuten! Nach dieser Zeit hat man genau 10 Minuten Zeit, die Zahlen in der richtigen Reihenfolge aufzuschreiben. Ist eine Ziffer innerhalb einer Reihe falsch, erhält man statt 40 nur noch 20 Punkte. Ab zwei falschen Ziffern gibt es für die ganze Reihe 0 Punkte. Es lohnt sich, keine Fehler zu machen. Mein Rekord lag 2002 bei lausigen 280 Ziffern. Trotzdem ist mir selbst diese Zahl unerklärlich. Aber wenn ich sie mir merke, sehe ich im Kopf nur viele lustige Bilder und keine Zahlen. Und so funktioniert es dann auch!

An diesem Beispiel möchte ich Ihnen zeigen, zu welchen Leistungen unser Gehirn fähig ist, wenn man die richtige Technik anwendet. Denn ohne Technik ist es so gut wie unmöglich, sich innerhalb von 5 Minuten auch nur 30 Ziffern zu merken. Wenn man sich allerdings in der richtigen «Sprache» an das Gehirn wendet, kann es diese Fülle an Informationen speichern. Sie ahnen sicherlich, um welche es sich handelt: Es ist die Sprache der Bilder, in die die Ziffern übersetzt werden. Das Schaf, das 4 Beine hat, steht zum Beispiel für die Ziffer 4.

Wie man diese Bildersprache lernt und anwendet, und warum sie so gut funktioniert, werde ich Ihnen später verraten. Vorher wollen wir zunächst herausfinden, wie das Sehen überhaupt vonstattengeht. Nach allem, was Sie bisher über das Gehirn und unsere Sinne wissen, können Sie sich wahrscheinlich vorstellen, dass der Prozess des Sehens kein Firlefanz ist. Es wird also etwas kompliziert. Aber wir schaffen das!

Kant bezeichnete das Sehen als den «wohl edelsten Sinn». Ob dem so ist, sei dahingestellt, aber er ist zumindest der Sinn, der am meisten Platz in unserem Gehirn für sich beansprucht, nämlich etwa ein Drittel der Großhirnrinde. Es ist der Sinn, der uns unzählige Informationen per Bild übermittelt, genauer gesagt, per Farbfilm. Vielleicht liegt es auch an der Fülle der

Informationen, die er uns bereitstellt, dass er derjenige Sinn ist, den wir am einfachsten abstellen können, indem wir die Augen schließen. Die anderen Sinne auszublenden ist deutlich mühsamer. Wir benötigen Ohrstöpsel, um Geräusche dämpfen zu können, müssen uns ein Tuch vor die Nase halten oder durch den Mund atmen, wenn wir im Sommer in der Bahn die Düfte der großen weiten Welt nicht riechen wollen, oder uns eine ordentliche Erkältung einfangen, um die köstliche Suppe nicht mehr schmecken zu können. Den Tastsinn bewusst auszuschalten ist im Prinzip unmöglich, denn selbst wenn wir uns nicht bewegen, nehmen wir Berührungen wahr – etwa den Wind im Haar, die Hand eines anderen Menschen oder den Schal um unseren Hals. Die Welt wäre, wenn wir nur über den Sehsinn verfügen würden, extrem trostlos: Sie wäre wie ein Kinofilm ohne Ton, ohne den Kinosessel oder den Arm des anderen zu spüren, ohne Gummibärchengeschmack im Mund und Popcorngeruch in der Nase.

Wenn dem Sehen im Gehirn derart viel Platz eingeräumt wird, scheint es offensichtlich eine schwierige Aufgabe zu sein, uns die Welt in ihrer Dreidimensionalität und Farbenpracht zu präsentieren. Und tatsächlich ist es eine knifflige Angelegenheit. Zeigen uns unsere Augen die Welt, wie sie ist? Ja und nein. Natürlich sehen wir detaillierte Bilder, Landschaften, Personen und Gegenstände. Wir sehen zum Beispiel einen Stoff-Geparden und wissen, dass er da ist. Wir können nach ihm greifen und ihn ertasten. Er ist in jedem Fall da! Aber wir wissen nur, wie *unsere* Augen ihn sehen. Aber nicht, wie er «wirklich» aussieht.

Ich kann erkennen, dass die Sonnenblume auf meiner Fensterbank gelbe Blütenblätter hat. Aber im Prinzip reflektieren die Blätter nur Licht einer bestimmten Wellenlänge, die in meinen Augen Sinneszellen aktivieren, die Impulse ans Gehirn weiterleiten, die dort wiederum ein Aktivitätsmuster entstehen lassen, das mich die Blütenblätter gelb sehen lässt. Selbst wenn ich die Augen schließe, sind sie für mich gelb. Aber das Gelb entsteht lediglich durch das Licht, das auf die Blume scheint. Ist die Blume im dunklen Raum auch gelb? Ist sie nur deshalb gelb, weil ich mich an ihr Bild erinnere?[1] Ab hier wird es schnell philosophisch.

Tatsache ist: Eigentlich alles, was wir sehen, ist eine Interpretation unseres Gehirns, die bei der rasanten Verarbeitung der zahlreichen Informationen entsteht. Diese Interpretation hängt auch von unserer persönlichen Entwicklung ab und ist daher sehr individuell. Wenn wir mit Freunden im Museum vor demselben Bild stehen, wird jedem etwas anderes auffallen und eigene Assoziationen wecken: Der eine sieht eine Gans, die hinter ihren Gänsefreunden durch ein Gitter klettern möchte, der andere sieht eine tote Gans, die im Gitter feststeckt. Einem Dritten fallen die Vögel oben links im Bild ins Auge.

Beginnen wir unsere Reise in die faszinierende Welt des Sehens.

WIE KOMMEN DIE BILDER IN DEN KOPF?

Wenn Sie sich manchmal fragen, ob Sie multitaskingfähig sind, dann garantiere ich Ihnen: Ihr Gehirn ist es. Ihr Bewusstsein ist es allerdings nicht, denn wir können uns in einem Moment immer nur auf eine Aufgabe voll und ganz konzentrieren. Das Gehirn ist dagegen ein absolutes Multitalent: Allein wenn wir einen einzigen Satz lesen, ist unser Gehirn bereits mit der Auswertung von Millionen verschiedener Informationseinheiten konfrontiert. Wie es zu dieser riesigen Zahl kommt? Machen Sie sich bewusst, was Sie gerade tun. Sie halten dieses Buch in der Hand und konzentrieren sich auf das Lesen eines Satzes. Sie erkennen den Kontrast zwischen schwarzen Buchstaben und hellem Papier und verstehen gleichzeitig den Inhalt des Gelesenen. Außer den Seiten des Buches nehmen Sie am Rande Ihres Blickfelds den Raum wahr, in dem Sie sich befinden (es sei denn, Sie sind extrem weitsichtig und müssen das Buch direkt vor Ihre Augen halten). Außerdem wissen Sie, ob Sie sitzen oder liegen, Ihnen warm ist oder kalt, ob es im Zimmer hell ist oder schon schummrig, dass in der Nachbarwohnung Musik läuft und draußen vor dem Haus ein Auto hupt: Es prasseln riesige Mengen an Informationen auf Sie ein, ohne dass sie Ihnen überhaupt bewusst werden – denn Sie konzentrieren sich ja gerade darauf, diesen einen Satz zu lesen.

Trotz dieser Informationsfülle gelingt es unserem Gehirn, aus dem Satz eine klare Sinneinheit zu bilden. Und das in einem Affentempo. Die Reise vom Eintreffen der Lichtreize ins Auge bis zum wahrgenommenen Sinneseindruck dauert nur eine 200- bis 300-tausendstel Sekunde. Das ist schnell. Sehr schnell. Unfassbar schnell!

Auch beim Sehen zeigt sich die Genialität unseres Gehirns: Ein Lichtstrahl, ein auf das Auge treffendes physikalisches Signal, wird in ein elektrisches Signal umgewandelt, das wiederum in die «elektrochemische» Sprache des Gehirns übersetzt wird. Die Wunderwaffe unseres Gehirns sind die verschiedenen Sinneszellen, die *Rezeptoren*, die diese Umwandlung in den einzelnen Sinnesorganen ermöglichen.

Beim Auge geschieht diese Übersetzung mit Hilfe eines lichtempfindlichen Farbstoffs, der sich in den Rezeptoren der

Netzhaut befindet und sich durch Licht verändert. Dadurch werden entsprechende elektrische Signale ausgelöst, die weiter ins Gehirn wandern, und zwar auf ziemlich verschlungenen Wegen: Die Informationen aus beiden Augen werden zunächst getrennt in verschiedenen Arealen aufbereitet und schließlich im visuellen Cortex zu einem Farbfilm zusammengesetzt. Doch eins nach dem anderen.

LICHT INS DUNKEL

Wir erkennen eine Person oder ein Objekt, weil Licht auf sie fällt, das von der Oberfläche reflektiert wird und auf unser Auge trifft. Jedes Objekt gibt Licht ab, wenn es beleuchtet wird – wie der helle Mond, der selbst zwar nicht leuchtet, aber gerade bei wolkenlosem Nachthimmel das Sonnenlicht so zauberhaft reflektiert. Licht abgeben kann also alles, was genügend Licht abbekommt. Sind wir dagegen in einem komplett dunklen Raum, werden wir nicht gesehen, und wir sehen auch nichts: weder Hund, noch Ball, noch Schnitzel. Wenn wir Glück haben, riechen wir das Schnitzel und den Hund und nehmen den Luftzug des heranfliegenden Balls – leider zu spät – wahr.

Doch was ist «Licht» eigentlich noch mal? Licht, der sichtbare Teil der elektromagnetischen Strahlung, ist Teilchen und Welle zugleich. Die Teilchen nennen sich *Photonen*, sie sind kleinste vibrierende «Pakete» von Lichtenergie. Sie teilen dem Auge die Helligkeit und Farbe ihres Absenders mit. Der Absender ist in diesem Fall ein einziges kleines Bildteil, ein Bildpunkt des betrachteten Objekts.

Verfolgen wir den Weg eines Bildes ins Gehirn anhand eines Beispiels und schauen uns einen kleinen Stofftier-Gepard, unseren Limbo, bei Tageslicht an. Er reflektiert Milliarden von kleinen einzelnen Bildpunkten, die ihn für unser Auge zu «Limbo» machen. Sie sind vergleichbar mit den Pixeln unserer digitalen Fotos. Noch besser können Sie sich dies anhand von Zeitungsbildern vorstellen: Mit der Lupe erkennen Sie die einzelnen Bildpunkte ganz genau.

Jeder einzelne Punkt, zum Beispiel ein klitzekleiner Bildpunkt auf der Nase von Limbo, reflektiert das darauf fallende Licht. Da es sich in alle Richtungen ausbreitet, wie uns jedes Kerzenlicht beweist, landet ein kleiner Teil davon in unserem Auge, wo genau Limbo abgebildet wird – und eben nicht Hippo: seine Bildpunkte würden ein anderes Bild auf der Netzhaut ergeben.

Da die einzelnen Stellen von Limbo unterschiedlich viel Licht reflektieren, je nachdem, in welchem Winkel er sich zur Lichtquelle befindet, kann das Gehirn aus den Farben und unterschiedlichen Helligkeitsstufen das Bild im Prinzip schon zusammenfügen. Bis es jedoch vollendet ist, haben die Bildpunkte noch einen weiten Weg vor sich.

Denn es ist unser Gehirn, das mit seinen Milliarden Nervenzellen die Mammutaufgabe der Informationsauswertung übernimmt. In seinem riesigen Netzwerk werden die Konturen der Bilder herausgearbeitet, Entfernungen bestimmt oder Farben gemischt. Alles wird in Relation gesetzt. Außerdem arbeitet unser Gehirn immer Kontraste heraus, damit die rote Rose auch noch in der Dämmerung rot erscheint. Das ist auch der Grund, warum es zu optischen Täuschungen kommen kann.

Welche der beiden Linien ist länger?

Die Müller-Lyer-Täuschung

Diese optische Täuschung ist ein Klassiker. Beide Linien sind natürlich gleich lang! Wir halten jedoch die untere für länger, da die schrägen Pfeilspitzen sie optisch verlängern.

DIE SINNESZELLEN IM AUGE

In unserer Netzhaut gibt es zwei verschiedene Arten von Rezeptoren, deren Eigenschaften sich ergänzen und die Qualität unseres Farbfilms gewährleisten. Die sogenannten *Stäbchen* sind für die Hell-Dunkel-Unterschiede, also für Kontraste und für rasche Bewegungen zuständig. Sie sind wahnsinnig lichtempfindlich. Eine winzig kleine Menge an Licht – also an Photonen – genügt, um bei ihnen eine Reaktion auszulösen. Etwa 95 Prozent der Sinneszellen unseres Auges sind Stäbchen.

Die *Zapfen* stellen die restlichen 5 Prozent der Rezeptoren und kümmern sich um die Schärfe und die Farbgebung unserer visuellen Wahrnehmung. Sie brauchen mehr Licht als die Stäbchen.

Stellen Sie sich einen Schwarz-Weiß-Film vor, in dem sich im Dunkeln zwei Personen weiße Neonleuchtstäbchen in großer Geschwindigkeit zuwerfen – und schon haben Sie sich die Funktion der Stäbchen gemerkt.

Die Aufgaben der Zapfen kann man sich leicht einprägen, indem Sie daran denken, wie Sie zur Weihnachtszeit Zapfen sammeln und sie zu Dekorationszwecken bunt anmalen.

Die im Verhältnis bescheidene Anzahl der Zapfen von etwa 5 Millionen ist vollkommen ausreichend, da ein winziger Teil von ihnen, etwa 1 Prozent, in extrem guter Position und ohne Konkurrenz in der *Fovea* sitzt. Dies ist die Stelle, an der wir scharf sehen und die wir nutzen, wenn wir etwas gezielt betrachten. Die Fovea selbst nimmt nur etwa 0,1 Prozent der gesamten Fläche der Netzhaut ein, beansprucht aber später bei der «Entwicklung» der Bilder im Gehirn viel mehr Raum.

Der Rest der Zapfen verteilt sich über die Mitte der Netzhaut. Daher nehmen wir rasche Bewegungen, die sich am Rand unseres Blickfelds abspielen, nur schwarz-weiß wahr. Das ist aber nicht schlimm, denn falls jemand mit einem Ball nach uns wirft, kann es uns egal sein, ob er rot oder grün ist – Hauptsache ist, dass wir ihn rechtzeitig bemerken, um ihn zu fangen oder uns rechtzeitig wegducken zu können!

Zapfen sind nicht gleich Zapfen: Es gibt drei verschiedene Typen, die jeweils auf eine «Farbe», ein Lichtspektrum, ansprechen, und zwar auf Blau, Rot und Grün. Je stärker die Zellen die entsprechende Farbe wahrnehmen, desto intensiver geben sie elektrochemische Signale ab. Aus diesen drei Farben kann unser Gehirn alle erdenklichen Farbtöne hervorzaubern.[2] Die Zapfen sind allerdings nicht so lichtempfindlich wie die Stäbchen. Das ist der Grund, warum wir im Dunkeln fast keine Farben sehen. Andererseits verfügen viele von ihnen über bessere Verbindungen zu den *Ganglienzellen*, über deren lange Nervenfasern die Informationen weiter ins Gehirn geleitet werden. Die Zapfen können deshalb mehr Details übermitteln.

VOM LICHT ELEKTRISIERT

Ich möchte Sie nicht mit zu vielen biologischen Details langweilen, aber manche sind wirklich wahnsinnig spannend. Vielleicht gelingt es mir ja, Sie mit meiner Begeisterung anzustecken. Es wird auch nie wieder so detailliert wie beim Sehen – und das nicht nur, weil es der am besten erforschte Sinn ist!

Erinnern Sie sich an den Farbstoff in den Stäbchen, der auf das Licht reagiert? Das ist der Sehfarbstoff *Rhodopsin*. Sie bemerken seine Existenz bzw. seine Nichtexistenz, wenn Sie mit Blitz fotografiert werden und dabei direkt ins Licht schauen: Einen Moment lang können Sie fast nichts mehr sehen. Das Rhodopsin muss erst wieder an die Rezeptoren geliefert werden, was etwa innerhalb einer Sekunde geschieht – und Ihr Farbfilm läuft weiter.

Der unter normalen Lichtverhältnissen einsetzende Zerfall des Rhodopsins setzt einen Prozess in Gang, der entsprechende Spannungsimpulse auslöst. Diese elektrischen Impulse werden über den Sehnerv ans Gehirn geleitet. Das Problem dabei: Den über 100 Millionen Rezeptoren in der Netzhaut stehen nur 1 Million Nervenzellen zur Verfügung, die die Informationen empfangen und weiterleiten können. Rein rechnerisch könnte also nur jede hundertste Information ins Gehirn gelangen. Daher müssen die Informationen von den Sinneszellen so komprimiert werden, dass sie von den Nervenzellen übertragen werden können, ohne dass wichtige Informationen unter den Tisch fallen. Sie ahnen wahrscheinlich bereits, wie das funktioniert: Vernetzung ist hier wieder das Stichwort. Alle Sinneszellen stehen mit ihren benachbarten und übergeordneten Zellen in permanentem Kontakt. So kann das Bild schon mal grob zusammengefasst werden. Durch diesen komplexen Prozess wird sogar eine Verbesserung der Bilder erreicht; allerdings wird das Gesehene hier auch schon das erste Mal interpretiert.[3] Inwieweit unser Gehirn zum Beispiel Kontraste verstärkt, indem es Lichtpunkte zueinander in Beziehung setzt, zeigt dieses schöne Beispiel:

Grauer Elefant

Sie erkennen sicherlich einen Farbverlauf im mittleren Balken, oder? Damit unterliegen Sie einer optischen Täuschung: Der Balken hat über seine gesamte Länge immer dieselbe Graustufe. Sie glauben mir nicht? Decken Sie die Flächen oberhalb und unterhalb des Balkens ab. Na?

Unser Sehsinn arbeitet also wahnsinnig effizient: Es werden

nur diejenigen Informationen weitergeleitet, die unbedingt erforderlich sind. Sonst müsste genau jedem Lichtpunkt ein elektrisches Signal zugeordnet werden, und da es nun mal nur 1 Million Eingänge für 100 Millionen Informationen gibt, ist das nicht möglich. Jeder Bildpunkt wird zu seinem Umfeld in Beziehung gesetzt.

Stellen Sie sich einen weißen Teller vor. Um ihn sehen zu können, wird nur sein Umriss übermittelt sowie die Information, dass er weiß ist. Hier wird radikal vereinfacht.

DIE REISE VON DER NETZHAUT INS GEHIRN

Halten Sie sich ein Auge zu, und greifen Sie nach einem Gegenstand oder heben Sie etwas auf, das ein wenig weiter weg liegt: Wahrscheinlich greifen Sie daneben, denn ohne die Sehinformation des zweiten Auges fehlt die räumliche Dimension.

Jedes Auge erfasst jeweils einen Ausschnitt der vor ihm liegenden Welt. «Von der Netzhaut gerastert und nach Farben und Hell/Dunkel sortiert»[4], geht es nun weiter zur Schädelbasis, an der sich die Million Fasern der beiden Sehnerven zur Hälfte kreuzen. Dadurch wird räumliches Sehen erst möglich, und wir können zum Beispiel auch Entfernungen abschätzen. Von diesem Punkt aus werden die Daten zum Thalamus, genau genommen zum seitlichen Kniehöcker von Zwitschi, der Sekretärin am Tor zur Großhirnrinde, geleitet. Hier, am Checkpoint Thalamus, wird entschieden, welche Informationen einen Passierschein für höher gelegene Ebenen des Gehirns erhalten. Darüber verfügt der Thalamus aber nicht allein, sondern in «Absprache» mit übergeordneten Netzwerken.

Lediglich 10 Prozent der Nervenfasern, die an dieser Stelle eintreffen, kommen von der Netzhaut. Alle anderen stammen zum einen aus Teilen der Großhirnrinde, die mit Sinneswahrnehmungen beauftragt sind, und zum anderen aus dem Hirnstamm. Aus allen Richtungen werden also Anweisungen erteilt, welche Informationen den Stempel «Weitertransport» bekommen und welche von der strengen Wache beim «Checkpoint» außen vor gelassen werden. Hier zeigt sich wieder einmal die unfassbar effiziente Arbeitsweise des Gehirns in Netzwerken. Haben die Informationen einen «Einreisestempel» bekommen, geht es weiter zum sogenannten *visuellen Cortex*, der sich im Bereich des Hinterkopfes auf der Höhe der Ohren befindet.[5]

Im Thalamus haben sich etwa eine Million Neuronen mit dem Bild unseres Stofftiers Limbo befasst. An der nächsten Station warten etwa 200 Millionen Neuronen auf die Ankömmlinge. Vorher hatten sich ja bereits 100 Millionen Nervenzellen in der Netzhaut mit den eintreffenden Infos beschäftigt. Damit Sie Limbo sehen können, müssen also bis zu diesem Punkt weit über 300 Millionen Neuronen ihre Arbeit tun – und das ist erst der Anfang. Unglaublich, oder? Vor allem, wenn man sich vergegenwärtigt, dass das alles innerhalb von Sekundenbruchteilen geschieht.

Im primären visuellen Cortex werden Bewegungsrichtung und Intensität des Lichteinfalls bestimmt und die Informationen an über 30 größere Areale in der Großhirnrinde weiterverteilt. Erst hier werden Form, Farbe und Konsistenz herausgearbeitet und in Wahrnehmung umgewandelt. In verschiedenen «Produktionsstätten» der Großhirnrinde werden Punkte zu Linien und Linien zu Flächen, die sich schließlich zu Formen, Objekten oder Gesichtern zusammenfügen. Allerdings geschieht dies nicht nacheinander, sondern gleichzeitig. Während einfache Strukturen wie Linien «zusammengesetzt» werden, finden bereits Abstimmungen mit umliegenden Netzwerken statt. Auf all diesen Ebenen werden die Muster immer komplexer. Was zum Beispiel zunächst nur als Vorwärtsbewegung erkannt wurde, stufen nun andere Areale als gemütliches Laufen, Joggen oder Rennen ein. Sehen ist Teamarbeit vieler verschiedener Bereiche des Gehirns.

DAS WAS UND DAS WO/WIE

Unsere Sehinformationen verbleiben also nicht im visuellen Cortex, sondern werden von dort an viele Areale weitergegeben. Man unterscheidet zwischen zwei großen Informationsströmen, die von ihm ausgehen: dem WAS- und dem WO-Strom. Der eine wandert vom visuellen Cortex jeweils in die Schläfenlappen, also in Richtung Ohren. Hier wird vor allem geprüft, um WAS es sich handelt. Sehen wir ein Objekt, einen Körper oder ein Gesicht?

Der andere Strom zieht weiter nach oben zu den Scheitellappen, einem Bereich, der vor allem für die Orientierung zuständig ist und weiß, WO sich etwas befindet. Dieser Bereich wird auch dann aktiv, wenn es um die Steuerung von Handlungen geht, also beim WIE. Wenn wir Limbo hinter den Ohren kraulen wollen, müssen wir schließlich wissen, wo diese sind.

Man darf sich diese Weiterleitung allerdings nicht als zwei voneinander isolierte Ströme vorstellen, da zwischen ihnen unzählige Verbindungen existieren.

Wie wichtig diese Ströme sind, zeigt sich wie so oft dann, wenn sie nicht mehr funktionieren: Einer Patientin, deren WAS-Strom bei einem Unfall beschädigt worden war, gelang es zum Beispiel nicht mehr, eine Karte aus Karton so zu drehen, dass sie in einen Schlitz passte. Erst als sie sie «wie einen Brief» in den Schlitz stecken sollte, hatte sie keine Probleme mehr mit dem Ausrichten der Karte und konnte die Aufgabe erfüllen.[6]

Ein englischer Offizier erlitt durch einen Splitter eine Verletzung am Scheitellappen, also im Bereich des WO / WIE-Stromes. Er konnte zwar noch Gesichter erkennen, aber die Identifizierung bestimmter Objekte und die Orientierung bereiteten ihm große Schwierigkeiten. Im Alltag führte das unter anderem zu Problemen beim Treppensteigen: Er sah zwar die Treppenstufen, konnte aber ihren Abstand zueinander nicht einschätzen. Bei einem weiteren Test war er auch nicht mehr in der Lage, den Ausgang aus einem einfachen Labyrinth zu finden.[7]

FUSSELN IN FORM BRINGEN – SO ERKENNEN WIR GESICHTER

Vielen Menschen fällt es schwer, sich Gesichter und Namen zu merken. Ein Indiz dafür, wie komplex die dahinter steckenden Prozesse sind, ist zum Beispiel die Tatsache, dass es lange nicht gelang, Computer entsprechend zu programmieren: Gesichtserkennungs-Software gibt es erst seit relativ kurzer Zeit.

Das *fusiforme Gesichtsareal*, das in der Nähe der Ohren im Schläfenlappen liegt, spielt beim Erkennen von Gesichtern eine große Rolle. Hier sitzen verschiedene «Gesichtsneuronen». Einige von ihnen springen nur an, wenn ein Gesicht frontal zu sehen ist, andere geben nur beim Anblick eines Profils Informationen weiter. Wieder andere Zellen sind Experten für einzelne Gesichtspartien. Sie reagieren auf Unterschiede bei Pupille und Haaransatz oder auf bestimmte Kombinationen von Gesichtsform, Augen und Augenbrauen. Unser Gehirn ist auf besonders markante Merkmale in Gesichtern spezialisiert – eine große Nase, volle Lippen, hohe Wangenknochen. Natürlich spielen bei der Erkennung Farben und Oberflächen ebenfalls eine Rolle.

Wenn das fusiforme Gesichtsareal, zum Beispiel durch eine Schädelverletzung, geschädigt ist, können die Betroffenen keine Gesichter mehr erkennen. Sie nehmen sie lediglich als helle, flache, verwischte Scheiben wahr, in denen die Augen als ein Paar dunkler Flecken sichtbar sind – obwohl das Sehen als solches noch perfekt funktioniert. Diese Gesichtsblindheit wird als *Prosopagnosie* bezeichnet. Tatsächlich ist sie in ihrer angeborenen Form gar nicht so selten, allein in Deutschland sind schätzungsweise bis zu zwei Millionen Menschen betroffen.[8] Brad Pitt leidet angeblich auch darunter. Die Betroffenen können zwar Gesichter sehen, sich aber meist nicht mehr an sie erinnern und sie mit einer Person verknüpfen. Zum Erkennen einer Person nutzen sie andere Hinweise wie Stimme, Frisur, Kleidung oder Gang.

Wie aber erkennt unser Gehirn eine bestimmte Person? Man geht davon aus, dass vor allem ihr Gesicht ein spezifisches Aktivitätsmuster von Neuronengruppen hervorruft. Man kann sich das als eine Art Codierung vorstellen. Tauchen bestimmte Merkmale auf, feuern mehrere Gehirnzellen in einem bestimmten Takt und Muster. Vereinfacht gesagt: Tante Susis schmale Nase lässt die Neuronen in einem anderen Muster feuern als die Stupsnase unseres kleinen Neffen. Besondere Eigenschaften, wie zum Beispiel ein großer Augenabstand oder hohe Wangenknochen, führen zu einem stärkeren Signal; deshalb erkennen wir Karikaturen uns bekannter Gesichter doppelt so schnell wie das reale Gesicht.

Für das Verständnis ist wichtig festzuhalten: Es gibt Neuronen in verschiedenen Gehirnarealen, die auf einzelne Formen oder auf komplexe Reize antworten. Durch das Zusammenspiel dieser Neuronen können wir Gesichter erkennen. Zugegeben, manchmal leider nicht, denn Neurone sind eben nur Neurone: Sie machen Fehler. Wahrscheinlich haben Sie auch schon einmal jemanden enthusiastisch auf der Straße begrüßt, nur um beim zweiten Blick festzustellen, dass es sich um einen irritiert dreinblickenden Fremden handelt und nicht um den netten Nachbarn aus dem zweiten Stock.

Hinzu kommt, dass gesichtsselektive Zellen auch auf gesichtsverwandte Stimuli reagieren – Verwechslungen sind da vorprogrammiert. Bei einem Experiment von Forschern des Massachusetts Institute of Technology in Cambridge wurden gesichtsselektive Neuronen von Probanden sogar beim Anblick einer ovalen Bürste aktiv! Zunächst traute man sich nicht, dieses Ergebnis zu veröffentlichen, denn es handelte sich um eine Klobürste – die Forscher fürchteten um ihre Reputation mangels Seriosität. Dann allerdings stellten sie fest, dass die Klobürste eine charakteristische Ähnlichkeit mit allen an der Studie beteiligten Forschern teilte: Diese trugen alle einen Vollbart![9] Die wilden 70er Jahre ...

Generell ist das fusiforme Gesichtsareal allerdings Experte darin, komplexe Strukturen zu erkennen: Je «trainierter» es ist, umso besser erkennt es spezifische Objekte: Bei Auto- oder Vogelexperten reagiert es nicht nur auf Gesichter, sondern ebenso gut auf Autos bzw. Vögel, und beim Anblick von Schachfiguren erhöht sich bei geübten Spielern ebenfalls die Aktivität des fusiformalen Gesichtsareals. Dies sind alles weitere Beispiele für die Fähigkeit unseres Gehirns, sich abhängig vom Input anzupassen. Die neuronale Plastizität – Sie erinnern sich?

Erfahrung oder Übung, wie immer man es nennen will, ist ein ganz entscheidender Punkt für unsere Wahrnehmungsfähigkeit. Denn außer mangelndem Training gibt es keinen Grund dafür, dass für uns Menschen fremder Kulturen ähnlich aussehen, wir europäische Gesichter hingegen sehr gut unterscheiden können. Mit dieser Tatsache machte ich Anfang 2015 meine eigene abenteuerliche bis schmerzhafte Erfahrung: Ich war als Gast zu einer Fernsehsendung in China eingeladen, innerhalb deren verschiedene Gedächtnissportler gegeneinander antraten. Meine Aufgabe bestand darin, mir Scherenschnitte zu merken und diesen die richtige Person im Publikum zuzuordnen. Der Pianist Lang Lang hatte sehr ähnlich aussehende Scherenschnitte ausgesucht, was die Aufgabe für mich zusätzlich erschwerte. Obwohl ich meine hohen Schuhe auszog, um meine Wettkampfgegnerin einzuholen, verlor ich – ganz knapp natürlich! Okay, so knapp war es nicht. Aber ich hatte kaum Erfahrung im Erkennen asiatisch aussehender Gesichter, und dementsprechend waren die spezifischen Aktivitätsmuster in meinem fusiformen Gesichtsareal nicht angelegt – ich konnte die Gesichter im Publikum auf die Schnelle einfach nicht finden. Ganz anders meine chinesische Gegnerin.

Ich bin vielleicht froh, diese erhöhte Schwierigkeit als Ausrede für meine Schmach nutzen zu können ... Immerhin habe ich die Chinesische Mauer, die wir im Rahmen der Reise besucht haben, in guter Erinnerung, und die habe ich sofort erkannt!

EIN NEURON STEHT AUF HALLE BERRY

Interessanterweise kann man unsere Fähigkeit zur Gesichtserkennung nicht nur an der Aktivierung von neuronalen Netzwerken beobachten, sondern auch an einzelnen Neuronen. Bei dieser Erkenntnis kam die Medizin der Hirnforschung zur Hilfe: Bei OP-Vorbereitungen von Epilepsiepatienten konnten mit Hilfe von Elektrosonden im Gehirn einzelne Neuronen beobachtet werden. Im Hippocampus – unserem Happy Hippo – fand man dabei Zellen, die auf spezifische Gesichter oder Objekte ansprechen. In über 30 Experimenten wurden Versuchspersonen Bilder von unterschiedlichen Personen und Objekten gezeigt. Tatsächlich feuerten die beobachteten Zellen im Hippocampus jeweils bei unterschiedlichen Bildern. Einige von ihnen stellten sich als wahre Groupies heraus. Eine Zelle konnte sowohl durch ein Bild des Eiffelturms als auch durch den Schiefen Turm von Pisa zu einer Erhöhung der Impulsrate gebracht werden. Eine andere Zelle geriet aus dem Häuschen, wenn dem Probanden die amerikanische Schauspielerin Halle Berry gezeigt wurde – und zwar unabhängig davon, ob ihr Gesicht frontal, im Profil, als Zeichnung oder die Schauspielerin in ihrer Rolle als *Cat Woman* zu sehen war. Selbst ohne Gesicht und nur beim geschriebenen Namen «Halle Berry» feuerte das Neuron, was das Zeug hielt, nämlich etwa 30-mal so stark wie sonst – falls es sich überhaupt rührte.[10] Seine Liebe galt einzig und allein Halle Berry. Kein anderer Schauspieler und kein anderes Popsternchen konnte die Zelle derart begeistern.

Das heißt nicht zwangsläufig, dass der Proband eine große Vorliebe für Halle Berry besessen haben muss, Ähnliches hätte auch bei einem anderen Gesicht passieren können. Die Tatsache, dass die Zelle selbst auf den geschrieben Namen feuerte, spricht vielmehr dafür, dass sie auf eine abstrakte, übergeordnete Sinneinheit reagierte. Die jeweiligen Zellen antworteten nicht nur auf sichtbare Reize, sondern auf ein *Konzept*, in diesem Fall das Konzept «Halle Berry». Ein weiterer Beweis, dass und wie der Hippocampus auf Erfahrungen zurückgreift.

Diese Zelle war kein Groupie-Einzelfall, dasselbe Verhalten konnte bei einer anderen Zelle nachgewiesen werden: Bei ihr löste das Bild von Jennifer Aniston ein Feuerwerk der Begeisterung aus. Diese Zelle fuhr zweigleisig; sie war ebenso von Lisa Kudrow entzückt. Sind Sie Serienfan? Dann ahnen Sie vielleicht, worin der Zusammenhang bestehen könnte: Beide Schauspielerinnen spielen in der amerikanischen Sitcom *Friends* mit und könnten deshalb als gemeinsames Konzept in dieser Zelle verankert worden sein.[11]

Aufgrund dieser Untersuchungen schätzt man heute – wenn man davon ausgeht, dass ein Mensch 10 000 bis 30 000 Objekte und Personen unterscheiden kann –, dass jede Zelle im Hippocampus «auf 50 bis 150 verschiedene Stimuli reagiert».[12]

Sehen ist also eine sehr komplexe Angelegenheit. Auch der Vorgang des Sehens muss erst erlernt werden, damit die entsprechenden neuronalen Verknüpfungen und Muster angelegt werden können. Dies zeigt der Fall des erfolgreichen Geschäftsmannes Michael May eindrucksvoll. Im Alter von drei Jahren verlor der Amerikaner bei einem Unfall mit ätzenden Chemikalien sein Augenlicht. Mit 48 Jahren erhielt er eine Hornhauttransplantation und hätte von nun an eigentlich in der Lage sein müssen, seine Umwelt zu sehen. In Wirklichkeit kann May dies bis heute noch nicht richtig, obwohl der Eingriff vor über 15 Jahren stattfand. Farben konnte er zwar sofort erkennen, aber nur als «bunte Flecken in einem großen Meer aus Farbe», wie er es beschreibt. Sein Gehirn weiß nicht, was es mit den vielen Informationen, die es über die Augen erhält, anfangen soll. «Ich muss Sachen berühren, ehe ich sie sehen kann»[13] – nur so kann May sie dreidimensional erfassen. Verlässt er sich ausschließlich auf seinen Sehsinn, verwechselt er Parkautomaten mit Personen oder stolpert über eine Treppe, weil er sie nur als Schatten gesehen hat. Will er sich einen Pfirsich nehmen, hält er bisweilen eine Cola-Dose in der Hand. Allerdings ist er immer noch ein phantastischer Skifahrer und hält bis heute mit 105 km/h den Geschwindigkeitsrekord für Blinde.

Sie wissen nun, wie Seheindrücke in unser Auge gelangen, wie sie von da ins Gehirn weitergeleitet werden und was dort mit ihnen passiert. Sehen und damit die Verarbeitung visueller Informationen erfolgt in Stufen, nach einem «hierarchischen Prinzip»: Einzelne Nervenzellen einer höheren Ordnung stehen jeweils in Kontakt mit einer Vielzahl von Nervenzellen unterer Ebenen, die ein gemeinsames Signal verarbeiten und nach oben weitergeben.

Für den komplexen Sehvorgang stellt das Gehirn ein sehr großes Areal zur Verfügung. Deshalb können wir uns Informationen viel leichter merken, wenn sie in Form von Bildern vermittelt werden, da Bilder sozusagen die Sprache unseres Gehirns sind. Dazu zählen im Übrigen auch sprachliche Bilder: Bestimmt können Sie sich noch an den Stracciatella-Eis-Vergleich erinnern, der das Verhältnis von Gliazellen und Nervenzellen beschreibt.

Meist muss unser Gehirn allerdings selbst mentale Modelle zu Inhalten schaffen. Es muss buchstäblich versuchen, sich ein Bild zum Thema zu machen. Das passiert zum Großteil automatisch, aber selbstverständlich können wir unserem Gehirn dabei auf die Sprünge helfen, indem wir uns bewusst möglichst viele Bilder ausdenken und diese ausschmücken.

TRAININGSLAGER: NAMEN, ABBILDUNGEN UND ZIFFERN

Auf geht's in die zweite Runde, in der Sie nun erfahren, wie Sie Gedächtnistechniken bei unterschiedlichen Aufgaben anwenden können. Ein wichtiges Prinzip ist dabei, das Neue mit bereits Bekanntem zu verknüpfen. Das haben Sie bisher bei der Körperrouten-Technik getan, indem Sie die neuen Informationen mit einem bestimmten Punkt des Körpers verbunden haben.

Als Erstes erläutere ich Ihnen, wie Sie sich Namen und Gesichter besser merken. Das erfordert etwas Training. Als Zweites erkläre ich Ihnen, wie Sie sich die Inhalte einer Zeichnung mit den erläuternden Begriffen einprägen – eine gute Übung, die Sie später für Ihre eigenen Bilder nutzen können. Zumindest geht es mir so, wie man unschwer an den vielen Visualisierungen in diesem Buch erkennt.

Zum Schluss lernen Sie, wie Sie sich auf unterhaltsame Weise an Zahlen erinnern und somit nach einigen Trainingseinheiten keine Schwierigkeiten mehr haben sollten, sich an den richtigen PIN-Code zu erinnern.

Die Tomate hüpft – Namen und Gesichter einprägen

Warum können wir uns zwar oft an das Gesicht einer Person, aber nicht mehr an ihren Namen erinnern? Selbst wenn wir einer recht kleinen Gruppe von 4 Leuten vorgestellt werden, wissen wir bereits Sekunden später wahrscheinlich nicht mal mehr 2 der Namen.

Woran das liegt? Erst mal ist es ja schon verrückt, dass wir überhaupt ein Gesicht sehen und es wiedererkennen können. Denn allein in dem Moment des Kennenlernens hat unser Gehirn schon unfassbar viel zu tun: Wir nehmen die Person auf unterschiedlichen Ebenen mit all unseren Sinnen wahr und setzen uns mit ihr auseinander. Möchte sie mir Schaden zufügen? Finde ich sie hübsch? Wirkt sie interessant? Sympathisch? Wie ist sie angezogen? Hat sie lange oder kurze Haare, braune oder blonde, trägt sie eine Brille oder keine – die Liste ist unendlich lang. Neben all diesen Dingen, die es wahrzunehmen und zu beurteilen gilt, wollen wir selbst ebenfalls einen guten Eindruck hinterlassen. Wir setzen ein freundliches, neugieriges Lächeln auf, strecken den Arm zum Händedruck aus, bewerten den des Gegenübers, wir stellen uns selbst vor und müssen uns parallel auch noch an den eigenen Namen erinnern und ihn nennen. Da kann es natürlich passieren, dass man den Namen der anderen Person nicht mehr richtig mitbekommt.

Deshalb ist es sinnvoll, sich bewusst auf den Namen zu konzentrieren und ihn im Kopf ein paarmal leise zu wiederholen. Sie dürfen den Namen natürlich auch direkt zum Einsatz bringen, wenn Ihnen eine Person vorgestellt wird: «Das ist Herr Müller» – «Guten Tag, Herr Müller!» Damit wirken Sie gleich doppelt sympathisch, denn Sie haben sich nicht nur blitzschnell den Namen gemerkt, sondern dem Gegenüber auch eine Freude gemacht: Denn wer freut sich nicht, den eigenen Namen zu hören?

Wenn Sie Ihrem Gedächtnis anderweitig auf die Sprünge helfen möchten, können Sie sich zu dem Namen ein Bild ausdenken oder die Person im Geiste mit einer Tätigkeit verbinden, die etwas mit ihrem Namen zu tun hat – das ist besonders leicht bei allen Namen, die ursprünglich für Berufe standen, wie Müller, Becker, Schuster, Baumgärtner oder Korbmacher.

Überlegen Sie als Erstes, ob Sie bereits eine Person mit dem gleichen Namen kennen, dann können Sie die beiden Personen im Geiste verknüpfen und sie zum Beispiel miteinander Fußball oder Volleyball spielen lassen. Sie können außerdem die Anfangssilben des Namens benutzen, um zu reimen oder ähnlich klingende Wörter zu assoziieren: Wenn Sie eine Anna kennenlernen, kann sie in Ihrer Vorstellung eine Ananas auf dem Kopf balancieren, bei Thomas hüpft eine Tomate auf seiner Brille entlang, Gökhan schippert gerne mit seinem Kahn usw. usw. Nutzen Sie Ihre Phantasie! Mit der Zeit erhalten Sie einen ganzen Baukasten voller Bildernamen, bei dem Sie sich immer wieder bedienen können.

Ein weiterer Tipp: Schauen Sie sich das Gesicht bewusst an und versuchen Sie, besondere Merkmale darin auszumachen: einen sinnlichen Mund, eine süße Stupsnase, dichte Augenbrauen, eine hohe Stirn, alles, was Ihnen spontan auffällt. Selbst wenn Sie nichts Besonders entdecken können, befasst sich Ihr Gehirn während des intensiven Betrachtens bewusst mit dem Gesicht, und damit steigt die Wahrscheinlichkeit, es selbst nach einiger Zeit wieder zu erkennen. Sie wissen ja, dass Übertreibungen unserem Hirn auf die Sprünge helfen – denken Sie an die Karikaturen, die wir schneller erkennen als die Originalgesichter.

Wollen wir Gesichter und Personen lange im Gedächtnis behalten, müssen wir sie uns regelmäßig in Erinnerung rufen. Legen Sie ein neues Adressbuch an – digital oder analog – und pflegen Sie es gut. Dabei stoßen Sie immer wieder auf verschiedene Namen. Rufen Sie sich diese Personen in Erinnerung, überlegen Sie, wie sie aussehen und welche Eselsbrücke Sie aktiviert haben, um sich ihren Namen zu merken. Schon gut, es ist ja nur eine Idee – und bevor man sich langweilt …

Geschichten erzählen, eine Erfolgsstory!

Und wie merken Sie sich nun Zeichnungen mit ihren Beschriftungen? Ich habe da mal etwas vorbereitet: Unten sehen Sie den Aufbau des Auges, wie wir ihn im Biologieunterricht gelernt haben. Sie sind über Pupille und Hornhaut nicht hinausgekommen? Dann werden wir nun etwas dagegen unternehmen.

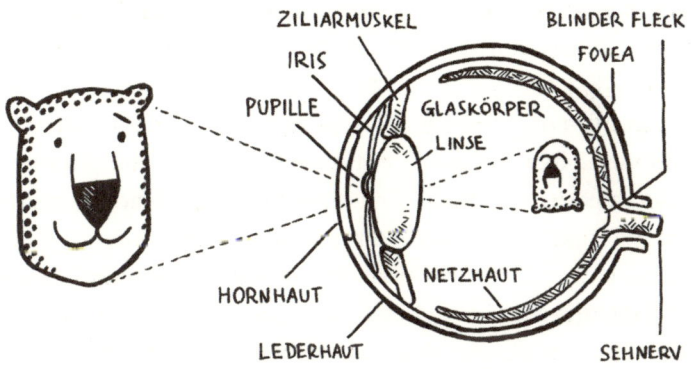

Querschnitt des Auges

Das einfallende Licht wird über Hornhaut und Linse gebrochen und somit gebündelt, wodurch eine möglichst scharfe Darstellung der Objekte auf der Netzhaut erreicht wird. Das funktioniert deshalb so gut, weil sich zwischen Hornhaut und Linse Flüssigkeit befindet. Bei der Lichtbrechung übernimmt die Linse die Feinarbeit. Wie viel Licht ins Auge fällt, wird durch die Pupille reguliert.

Auf der Netzhaut wird das, worauf sich unser Blick konzentriert – nehmen wir wieder unseren Stoffgepard Limbo –, natürlich mit seiner Umgebung abgebildet. Dabei kümmert es unser Gehirn nicht im Geringsten, dass Limbo (wie alles andere, was wir sehen) aufgrund der Brechung auf dem Kopf stehend abgebildet wird. Die an der Netzhaut eintreffenden Informationen werden über den Sehnerv ins Gehirn weitergeleitet.

Möchten Sie sich diese Bestandteile des Auges merken, biete ich Ihnen im Folgenden eine etwas abstruse, aber merkwürdige Geschichte an. Wenn sie Ihnen zu bunt wird, lesen Sie gleich die Zusammenfassung. Oder noch besser: Erfinden Sie Ihre eigene Geschichte, um sich an den Aufbau zu erinnern.

Am frühen Morgen beobachten Sie ein sehr gepflegtes Einhorn, das eine neue **Leder**tasche (Lederhaut) mit einem Huf abtastet. Dabei fällt dem Einhorn auf, dass es an einem seiner Hufe **Hornhaut** hat. Das Einhorn kann es gar nicht fassen und starrt mit seinen großen **Pupillen** und seiner grün leuchtenden **Iris** entsetzt auf den betroffenen Huf. Es ist aufgebracht, es war doch gerade erst bei der Pediküre! Zur Beruhigung bieten Sie dem Einhorn einen **Linse**neintopf (Linse) an. Doch das Einhorn rennt **ziel**strebig (Ziliarmuskel) auf den Pedikürsalon zu und tritt mit angespannten **Muskeln** auf einen **Glaskörper** ein – die Tür. Wie ein Spinnennetz zerbricht das Glas. Als es auf sein Bein schaut, bemerkt das Einhorn, wie trocken seine Haut ist und fast wie eine **Netzhaut** aussieht. Der Pedikürsalon-Inhaber bietet dem Einhorn als Wiedergutmachung eine Creme **for** Einhörner von **Ni**vea (Fovea) an. Als das Einhorn, das vor Aufregung ein wenig **blind** ist, auf den Inhaber zugeht, übersieht es einen **Fleck** (den blinden Fleck) und stolpert. Zurückblickend geht dem Einhorn dieser Tag ziemlich auf die **Nerven** (Blick-, nein Sehnerv).

Das ist natürlich ein ziemlich verrücktes Beispiel. Außerdem nimmt man Begriffe, die man bereits kennt, wie Hornhaut und Netzhaut, in der Regel auch nicht in eine solche Geschichte auf, sondern nur die, die man sich partout nicht merken kann. Wenn eine solche Geschichte für Sie nicht funktioniert, macht das nichts, denn sie entstammt ja meiner Phantasie und soll nur demonstrieren, dass man sich theoretisch für alles ein Bild und damit auch eine Geschichte ausdenken kann. Vielleicht sagt Ihnen auch die Routentechnik mehr zu.

Zahlen merken leicht gemacht

Wir haben das Thema Zahlen am Anfang dieses Kapitels schon kurz angesprochen. Wenn man kein Zahlen-Mensch ist, können solche Einzelinformationen – also Faktenwissen – durch Bilder und Geschichten für unser Gehirn interessanter gemacht und somit als *merk-würdiger* eingestuft werden. Dabei muss die Geschichte, die wir uns ausdenken, nicht unbedingt sinnvoll sein. Sie wissen bereits: Ungewöhnliches, Abstruses oder Ausnahmen von der Regel merkt sich unser Gehirn ohnehin viel besser.

Wenn Sie ein Zahlenfan sind, brauchen Sie natürlich keine Technik, denn dann hat Ihr Gehirn auch so Spaß. Geht es Ihnen aber ähnlich wie mir, und Zahlen sind für Sie abstrakte, ulkige Formen, mit denen Sie nicht viel verbinden, dann versuchen Sie es doch mal mit Bildern, um sich Zahlen zu merken. Am besten bauen Sie dabei viele Sinne ein: Sie können mit einem unterschiedlichen Rhythmus, einer Melodie oder Handbewegungen arbeiten, um Ihrer Erinnerung auf die Sprünge zu helfen. Ich verwende immer dieselben 10 Bilder, um mir kurze Zahlenfolgen zu merken:

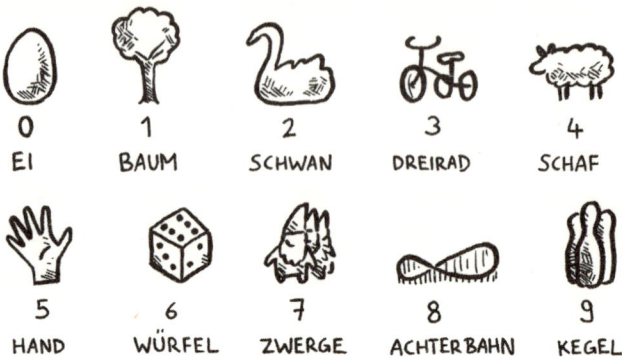

0	1	2	3	4
EI	BAUM	SCHWAN	DREIRAD	SCHAF

5	6	7	8	9
HAND	WÜRFEL	ZWERGE	ACHTERBAHN	KEGEL

Die Bilder für die Ziffern von 0 bis 9

Probieren wir es doch einfach einmal aus: Ihre Freundin Clara ist umgezogen, ihre neue Telefonnummer ist 040 - 28 32 51 76. Und nun überlegen Sie sich mit Hilfe der obigen Bilder einfach eine kleine Geschichte, zum Beispiel so:

Clara kocht gerade ein Frühstücks**ei** (0), als ihr Blick auf eine Postkarte mit einem **Schaf** (4) fällt, das gerade ein **Ei** (0) legt, aus dem ein **Schwan** (2) schlüpft. Die beiden gehen **Achterbahn** (8) fahren, allerdings sind alle Waggons in der Werkstatt, und sie müssen ein **Dreirad** (3) nehmen. Dem **Schwan** (2) ist das zu langweilig, deshalb hält er sich mit der **Hand** (5) an einem **Baum** (1) fest, springt ab und trifft zufällig die **Sieben Zwerge** (7), die gerade mit einem **Würfel** (6) spielen.

Stellen Sie sich die Geschichte bitte kurz konkret vor oder legen Sie direkt los. Decken Sie die Zahl und die Geschichte nun ab und versuchen Sie, sich an die 11 Ziffern der Telefonnummer von Clara zu erinnern:

Wenn man sich nun 520 Ziffern in 5 Minuten merken möchte, kommt man mit der Geschichtentechnik und Zwergen und Schwänen nicht allzu weit, denn die Geschichten werden ziemlich «schwan-» und «zwergenlastig». Deshalb nutzen Gedächtnissportler die Routenmethode, die wir im vorangegangenen Kapitel schon kennengelernt haben, und verbinden sie mit anderen Systemen, die es einem ermöglichen, Bilder für die Zahlen von 0–99 oder sogar von 0–999 schnell und einfach abrufen zu können. Das erfordert natürlich ein wenig mehr Training. Mehr Informationen zu diesem System finden Sie unter dem Stichwort «Major-System» im Internet. Ich persönlich verfüge über Bilder für die Zahlen von 0–99. Durch die jahrelange Teilnahme an Gedächtnismeisterschaften ist zum Beispiel mein Bild für die 10, «Tasse», mit der Zeit mehr ein Gefühl für die Tasse geworden. Bei jedem Zahlenbild entstand eigentlich ein Gefühl. Nur so konnte ich mir schon damals in Verbindung mit einer Route so fix Ziffern merken.

Wir haben nun gesehen, wie sehr uns Bilder und Geschichten beim Lernen helfen. Achten Sie in Ihrem Alltag darauf, wie sehr Ihr bildliches Gedächtnis Sie unterstützt: Sehen Sie nach kurzem Überlegen vielleicht doch plötzlich in Ihrem Kopf die Stelle auf der Kommode, auf die Sie den gesuchten Schlüssel in Eile geworfen haben? Achten Sie bewusst auf verschiedene Tätigkeiten und gucken Sie an Stellen genauer hin, die Sie sonst vielleicht vernachlässigen. Es gibt immer viel Neues zu entdecken.

Natürlich kann einem das bildliche Gedächtnis einen Streich spielen. Ja, leider vergesse auch ich Dinge. Neulich war ich auf dem Nachhauseweg von einem Dreh und hatte eine große lila Papiertüte mit Schuhen, Make-up und dem Ladegerät für mein Smartphone dabei. Ich wartete an der S-Bahn-Haltestelle und telefonierte. Da ich so auf das Gespräch konzentriert war, ließ ich einfach die große Tüte an der Haltestelle stehen. Als ich es zwei Stationen später feststellte, hatte ich noch genau im Kopf, wie mir die lila Tüte auf der Rolltreppe ans Bein gestoßen war, und sah das Bild vor mir, wie ich sie neben mich auf die Bank an der Haltestelle gestellt hatte. Als ich zurückfuhr und wieder an der Bank ankam, war die Tüte weg.

Später stellte sich zum Glück heraus, dass ich die Tüte nie zur Haltestelle mitgenommen, sondern im Auto einer Freundin vergessen hatte. Die Bilder vom Vormittag hatten sich einfach in meine Erinnerung gemogelt. Da hilft es auch nichts, wenn man sich 280 Ziffern merken kann.

Wie unser Hörsinn uns beim Lernen unterstützen kann, finden wir im nächsten Kapitel heraus. Bevor Sie weiterlesen, empfehle ich Ihnen, eine kleine Pause einzulegen, sich über den Sehsinn klarzuwerden und ihn bewusst zu nutzen. Nehmen Sie sich ruhig einen Tag Zeit, bevor Sie zum nächsten Kapitel übergehen, damit Sie den gerade beschriebenen Sinn neu oder näher kennenlernen können. Vielleicht probieren Sie ein paar der vorgestellten Techniken aus? Lernen braucht bekanntlich Zeit.

Wer lernen will, beobachtet

★ Ein großer Teil der Großhirnrinde ist mit dem Sehen beschäftigt. Das ist höchstwahrscheinlich auch der Grund, warum sich Bilder so gut zum Lernen eignen.

★ Sehen ist ein unfassbar komplexer Vorgang. Hier wird zusammengefasst, es werden Kontraste herausgearbeitet, es wird auseinandergenommen und wieder zusammengesetzt. Bei so viel Werkelei kann es auch mal zu optischen Täuschungen kommen.

★ Wir können unsere Sinne schärfen, wenn wir bewusst unsere Aufmerksamkeit auf sie richten.

★ Namen und Gesichter merken wir uns einfacher, wenn wir uns Bilder vorstellen und Verknüpfungen zu uns bekannten Personen herstellen oder uns Eselsbrücken zu den Namen ausdenken.

★ Geschichten können beim Lernen helfen – auch bei Abbildungen. Mit viel Phantasie zumindest! Und die lässt sich trainieren. Sie wissen, unser Gehirn ist plastisch.

★ Selbst Zahlen merken wir uns mit Hilfe von Bildern viel leichter. Stellen Sie möglichst viele Verknüpfungen zwischen ihnen her. Nutzen Sie Ihre Sinne, reimen Sie, singen Sie und vertrauen Sie Ihrem Rhythmusgefühl!

KAPITEL 5

HÖREN – DER RAFFINIERTE SINN

«Töne sind nichts anderes als geschubste
Luft, die sich wellenförmig ausbreitet.»
Vince Ebert

Bilder sind ja schön und gut. Aber ohne Ton nichts los!
Was muss das 1877 für ein Moment gewesen sein, als der
Amerikaner Thomas A. Edison den ersten Phonographen
baute, mit dem es möglich war, Klang aufzunehmen und wie-
derzugeben. Plötzlich war die Vergangenheit hörbar und konnte immer wieder aufs Neue erlebt werden! Ein solches Medium
muss eine Verblüffung und eine Begeisterung ausgelöst haben,
die man sich heute kaum vorstellen kann. Wobei, wenn das
neue iPhone auf den Markt kommt, sind viele Smartphonefans
ja auch nicht mehr zu halten …

Unser Ohr kann Geräusche aus großer Entfernung wahrnehmen. Wir könnten – theoretisch – das Geheul eines Wol-
fes hören, der kilometerweit weg ist, wenn der Wind aus der
richtigen Richtung weht; wir hören den Donner eines weit ent-
fernten Gewitters; wir hören die Sirene des Rettungswagens,
lange bevor wir ihn sehen.

Aber was hören wir eigentlich, wenn uns der Hund des

133

Nachbarn freudig anbellt oder wir die alte Beatles-Platte auf den Plattenspieler legen und die Nadel aufgesetzt haben? Es ist faszinierend, was unser Ohr mit der «geschubsten Luft»[1], die in Form von Schallwellen auf die Ohrmuschel trifft, anfängt. Es ermöglicht uns, neben Geräuschen und Sprache auch Musik wahrzunehmen. Und die hat einen direkten Zugang zu unseren Gefühlen und kann – manchmal völlig unerwartet – Erinnerungen und entsprechende Gefühlszustände wachrufen.

Welche Rolle das Hören beim Erinnern spielt, zeigen unter anderem die vielen sinnvollen (und noch mehr die sinnlosen) Liedtexte, die sich im Laufe der Zeit ungefragt und völlig ohne Anstrengung in unserem Kopf festsetzen. Viele begegnen uns in Form von Ohrwürmern immer wieder, sie tauchen plötzlich auf und sind nur schwer wieder loszuwerden. Ein Grund dafür mag sein, dass unser Gehirn Gereimtes leichter verarbeiten kann – und an Reimen mangelt es Songtexten nun mal selten. Apropos: Wir halten Gereimtes für wahrer als Ungereimtes![2]

Gesellt sich dann zum Reim eine hübsche Melodie, die unserem Gehirn gefällt, können wir uns kaum dagegen wehren, uns etwas einzuprägen. Unsere Lauscherchen müssten also theoretisch zum Lernen gut zu gebrauchen sein.

Unser Hörsinn ist übrigens ein Frühentwickler: Bereits nach 3 Monaten im Mutterbauch können wir Geräusche und Stimmen wahrnehmen. Deshalb kamen Wissenschaftler auf die Idee, Ungeborene mit Mozart zu beschallen, um ihre Musikalität und ihre Intelligenz zu fördern.[3] Man hat das allerdings schnell wieder sein gelassen, denn nachweisen konnte man den erhofften positiven Effekt nicht. Es scheint ziemlich wurscht zu sein, ob ein Baby klassische Musik hört oder nicht – viel wichtiger ist, dass ihm die Stimme der Mutter vertraut ist. Denn allein der Klang einer Stimme kann beruhigen und auch noch später im Erwachsenenalter Vertrautheit vermitteln. Sie kennen das sicherlich aus eigener Erfahrung: Selbst am Telefon kann uns ein Mensch allein durch seine Stimme so nah sein, als säße er neben uns. Wir sind in der Lage, nur anhand der Stimme, am Tonfall unseres Gesprächspartners seine momentane Stimmung zu erkennen. Es ist faszinierend, wie sensibel unser Gehirn auf Feinheiten in der Tonlage reagiert!

Während der Kontakt mit Musik im Babybauch keine bemerkenswerten Auswirkungen zeigte, konnte die Neuropsychologin Angela Friederici bei Kindern, die im Leipziger Thomaner-Kindergarten in den Genuss einer Musikfrüherziehung kamen, durchaus eine positive Wirkung feststellen: Kinder, die regelmäßig im Chor sangen, konnten später viel schneller Fehler in Sätzen erkennen als Gleichaltrige mit ähnlicher Intelligenz und sozioökonomischen Voraussetzungen, denn Musik hat – wie die Sprache – eine Struktur, und sprach- und musikverarbeitende Hirnareale zeigen große Überlappungen.[4] Musik nicht nur zu hören, sondern selbst zu singen oder ein Instrument zu lernen, ist also in jedem Fall eine gute Sache!

Durch Zuhören entwickelt sich unsere Sprache, die unsere Welt nicht unerheblich mitbestimmt. Nach Ludwig Wittgenstein bedeuten die Grenzen unserer Sprache die Grenzen unserer Welt. Wir wollen uns mitteilen, und wir wollen gehört und verstanden werden. Hören zu können ist nicht nur für unsere Kommunikation von großer Bedeutung, sondern es gibt uns darüber hinaus Sicherheit: Wir bekommen mit, was um uns herum vor sich geht – so können wir zwar nicht sehen, was hinter uns geschieht, aber wir hören es. Das ist auch ein Grund für die Empfehlung, beim Fahrradfahren keine Kopfhörer zu tragen: Wir bewegen uns unsicherer, weil uns durch das Ohr keine Signale der Umgebung mehr übermittelt werden. Trotzdem kennen Sie wahrscheinlich die Freude, sich mit Hilfe von Kopfhörern vom nervigen Sitznachbarn in der Bahn oder auch dem Lärm der vielspurigen Straße abschotten zu können. Die Distanz, die wir auf diese Art zu unserer Außenwelt aufbauen können, ist durchaus angenehm – wenn sie selbst gewählt ist.

Tatsächlich haben viele Menschen das Gefühl, das eigene Leben werde immer schneller, lauter und unruhiger. Nach einem hektischen Arbeitstag träumen wir uns in die Stille der Berge oder an einen wunderschönen Fleck irgendwo auf der Welt, an dem wir Ruhe finden und dem eintönigen Rauschen des Meeres lauschen können.

Dieser Wunsch nach Ruhe, nach leisen Tönen und angenehmen Geräuschen ist vielleicht auch der Grund, warum sich die ASMR-Methode derzeit so großer Beliebtheit im Internet erfreut. ASMR steht für «Autonomous Sensory Meridian Response» und wird auch als «Massage der Sinne» bezeichnet. Auf YouTube gibt es inzwischen zahlreiche Videos dazu, in denen leise Geräusche und Klänge erzeugt werden, manchmal begleitet von sanften Stimmen und Flüstern. So spielen etwa hübsch lackierte Fingernägel minutenlang mit Geschenkschnur oder kneten eine Feuchttücher-Packung. Sie haben richtig gelesen: Sie knistern leise mit ihr und wischen mit einem Feuchttuch minutenlang über den Tisch. Schauen Sie sich eins dieser Videos mal an, besonders wenn Sie unter Einschlafproblemen leiden. Mehr sage ich nicht dazu, aber gucken – und viel mehr: hören Sie doch mal!

Wie funktioniert das Hören überhaupt, und wie hilft es uns konkret beim Lernen? Letzteres werden wir im Trainingslager herausfinden, zunächst ein wenig Theorie.

EIN KURZER AUSFLUG IN DIE PHYSIK

Bevor wir uns dem Hören und den einzelnen Bereichen des Ohres widmen, vorab ein kurzes Auffrischen der physikalischen Grundlagen. Was passiert, wenn wir einen Schlüssel auf einen Tisch fallen lassen? Ganz einfach: Er schubst die Luft zur Seite. Sie wird also dichter zusammengedrückt, breitet sich in alle Richtungen aus, und wenn der Schlüssel auf den Tisch knallt, hören wir einen Plumps.

Töne und Geräusche entstehen, wenn Luft in Schwingung versetzt wird und sich als Schallwellen ausbreitet. Schallwellen sind periodische Luftdruckschwankungen, Verdichtungen von Luft, die sich mit Verdünnung von Luft abwechseln. Sie brauchen Luft: In einem Vakuum würde selbst ein lautes Schlagzeugsolo nicht zu hören sein.

Den veränderten Luftdruck können Sie nicht nur hören, sondern auch fühlen: Denken Sie an Ihr letztes Konzert, als Sie in der Nähe der Box standen: Man fühlt den Bass am ganzen Körper. Meine sehr gute Freundin Julia, eine wahre Musik-Expertin, erzählte mir neulich von einem guten Freund ihrer Familie, der durch eine Krankheit taub geworden war. Er hatte gelernt, mit seinen Händen zu «hören»: Um Schallwellen erfassen zu können, hielt er zum Beispiel bei Konzertbesuchen simple Pappbecher in seinen Händen aneinander. Mit ihrer Hilfe konnte er bei einem Paul-McCartney-Konzert sogar schneller als Julia erkennen, welches Lied gerade gespielt wurde.

Die physikalische Einheit für einen Ton, seine Frequenz – also die Anzahl an Schallwellen pro Sekunde – ist Hertz (Hz).

Sie wurde nach dem Physiker Heinrich Rudolf Hertz benannt. Die Frequenz bestimmt, wie hoch oder tief wir einen Ton oder ein Geräusch wahrnehmen. Bei hohen Frequenzen sind es viele, ganz nah beieinanderliegende Schwingungen, bei tiefen Frequenzen sind sie weit auseinandergezogen. Regelmäßige, wiederkehrende Schwingungen bezeichnen wir als Töne und Klänge, unregelmäßige als Geräusche.

Die Lautstärke hängt vom jeweiligen Schalldruck ab. Einen Ton empfinden wir umso lauter, je höher der Druck ist, also je stärker die Luft geschubst wurde. Lautstärke wird in Dezibel gemessen. Fun-Fact am Rande: Das Bel in Dezibel stammt vom Namen des Mannes, der das Telefon erfunden hat: Alexander Graham Bell.

Und wer sorgt nun dafür, dass wir diese Schallwellen, Tonhöhe und Lautstärke überhaupt wahrnehmen? Richtig, unsere Ohren.

UNSERE LIEBEN LAUSCHERCHEN

Aus anatomischer Sicht wird das Ohr in drei Bereiche gegliedert: Das *äußere Ohr* leitet die akustischen Reize in Form von Schallwellen aus der Umwelt ins *Mittelohr*. Hier werden die Schallwellen aufbereitet, um sie an das mit Lymphe gefüllte *Innenohr* übertragen zu können, zu der das Gleichgewichtsorgan und die *Cochlea*, die Hörschnecke, gehören. In ihr befinden sich gut geschützt unsere spezialisierten Hörrezeptoren.

Jedes Ohr nimmt den Schall zunächst separat wahr; er wird erst im Gehirn zusammengefasst. Da in den Ohren auch unser

Gleichgewichtsorgan und damit unser Gleichgewichtssinn liegt, können wir uns bücken und im Kreis drehen, klettern oder Handstand machen, ohne – von Ausnahmen abgesehen – das Gleichgewicht zu verlieren.

Die Schnecke, die tierische Namensgeberin für die *Cochlea*, den so wichtigen Teil des Gehörs, kann selbst gar nicht hören. Sie «hört» über ihren Tastsinn, indem sie Erschütterungen wahrnimmt, ganz nach dem Motto «Wer nicht hört, muss fühlen». Was genau in den drei funktionalen Bereichen des Ohres geschieht, schauen wir uns jetzt an.

Wunderbares Tor – Das äußere Ohr

Das äußere Ohr nimmt über die Ohrmuschel akustische Reize in Form von Schallwellen auf. Über den knöchernen Gehörgang, der als Resonanzverstärker fungiert und die empfindlichen Strukturen des Mittelohrs schützt, gelangen die Schallwellen zum winzigen Trommelfell. Es hat nur etwa 1 cm Durchmesser. Durch die eintreffenden Schallwellen wird diese Membran, die den Übergang zum Mittelohr bildet, in Schwingungen versetzt.[5]

Sie merken an dieser kurzen Beschreibung: Viel wichtiger zum Hören sind die inneren Bereiche des Ohrs – van Gogh wurde schließlich auch nicht taub, als er sich sein Ohrwaschl abschnitt. Es war ja «nur» das äußere Ohr. Und ob er es überhaupt selbst getan hat, ist bis heute nicht geklärt – doch das nur am Rande.

Mittendrin statt nur dabei – Das Mittelohr

Das Mittelohr ist ein winziger Hohlraum von etwa $2\,cm^3$, der wie der Gehörgang mit Luft gefüllt ist und über den sogenannten *Trompetengang* mit dem Rachenraum in Verbindung steht. Diese Tube ist normalerweise geschlossen, öffnet sich aber beim Schlucken oder Gähnen, sodass ein Druckausgleich stattfinden kann. Bestimmt kennen Sie das komische Gefühl oder Knacksen in den Ohren bei Start oder Landung eines Flugzeugs. Durch den veränderten Luftdruck während des Steig- und Sinkflugs entsteht zwischen Gehörgang und Mittelohr ein Druckunterschied. Dadurch wölbt sich das Trommelfell etwas, und es fühlt sich an, als seien die Ohren zu. Falls Sie das Ausbreiten der Luft einmal live sehen wollen, nehmen Sie bei Ihrem nächsten Flug ein halb aufgeblasenes Nackenkissen mit in die Kabine. Sobald Sie die Flughöhe erreicht haben, wird es prall gefüllt sein! Unter Wasser nimmt der Druck sogar noch viel schneller zu, daher ist beim Tauchen der ständige Druckausgleich überlebenswichtig.

Neben dem Druckausgleich gehört es zur Aufgabe des Mittelohrs, die eintreffenden Schallwellen auf die mit Lymphe gefüllte Hörschnecke im Innenohr zu übertragen. Hier kommen die drei Musketiere ins Spiel, die gelenkige Verbindung der drei Gehörknöchelchen *Hammer*, *Amboss* und *Steigbügel*. Sie fungiert nach dem Hebelgesetz und hat die Aufgabe, die Schallwellen zu verstärken. Die Namen dieser drei kleinsten menschlichen Knöchelchen bilden nicht nur ihr Aussehen wunderbar deutlich ab, sondern auch ihre Funktion: Der Hammer «schlägt» auf den Amboss, der diese Schwingungen an den Steigbügel weiter gibt. So schaffen es die drei, die Schwingungen des Trommelfells auf den klitzekleinen Boden des Steigbügels zu konzentrieren und diese – trotz der unterschiedlichen Dichte von Luft im Mittelohr und Flüssigkeit im Innenohr[6] – fast vollständig auf eine winzige Membran, das *ovale Fenster*, den Eingang zum Innenohr, zu übertragen. Die Schwingungen dieser Membran, die übrigens um ein Vielfaches kleiner ist als das Trommelfell, führen in der Lymphflüssigkeit der Gehörschnecke zu Druckwellen, über die die Informationen weitergeleitet werden. Welche Leistung dahintersteckt, können Sie nachvollziehen, wenn Sie schon mal am Rand eines Schwimmbeckens getaucht sind und versucht haben, ein Gespräch der am Beckenrand sitzenden Personen zu belauschen. Nicht einfach – bis unmöglich! Aber Hammer, Amboß und Steigbügel kriegen das hin.

An diesen Gehörknöchelchen setzen kleine Skelettmuskeln an. Sie ziehen sich bei sehr hohen Schallintensitäten zusammen und dämpfen so die Schwingung. Diese Kontraktionen dienen neben Verbesserungen der Hörqualität dazu, unsere Kaugeräusche sowie unsere eigene Stimme abzuschirmen, deren Schall direkt durch den Kopf ins Innenohr wandert.[7]

Unsere Stimme ist somit eine Mischung aus unserer «äußeren» und «inneren» Stimme: Zum einen hören wir sie über unsere Ohren, zum anderen gelangt ihr Schall über unsere Knochen zum Innenohr und wird auf diesem Weg von Muskeln und Gewebe gedämpft, wodurch sich die Klangfarbe verändert. Deshalb kommt uns unsere eigene Stimme vom Band so fremd vor.[8] In diesem Fall nehmen wir den Schall lediglich über unsere Ohren wahr, also von «außen». Die «innere» Stimme fehlt. Die Plastizität unseres Gehirns hat zahlreiche Vorteile, denn selbst an die eigene Stimme vom Band kann man sich gewöhnen. Warum das sinnvoll ist, erfahren Sie im Trainingslager.

Was für ein Chor – Das Innenohr

Im Innenohr, das geschützt im Schädel liegt, befinden sich das Gleichgewichtsorgan mit seinen Bogengängen und die Cochlea: In ihrem knöchernen Gehäuse liegt das sogenannte *Corti'sche Organ*, auch *Corti-Organ* genannt, unsere Empfangsoberfläche für akustische Reize. Hier findet die komplizierte Umwandlung der Schwingungen in elektrische Signale statt, die über den Hörnerv zur weiteren Bearbeitung in verschiedene Areale des Gehirns geleitet werden. Erst in ihnen entsteht durch die aufeinander aufbauende Verarbeitung der Informationen unsere Klangwelt.

Richten wir unsere Aufmerksamkeit zunächst auf meine geliebte Hörschnecke, die Cochlea. Ihr Gehäuse ähnelt einer aufgerollten, mit Lymphflüssigkeit gefüllten Röhre oder einem dünnen Schlauch. Sie hat einen Durchmesser von etwa 2 mm und eine Länge von etwa 3,5 cm.

Fast über die gesamte Länge wird dieses Gehäuse durch zwei Membranen – Trennwände aus einer hauchdünnen Gewebsschicht – in drei Bereiche beziehungsweise drei Gänge unterteilt: in den oberen Vorhofgang, der hinter dem ovalen Fenster beginnt, das der Steigbügel in Schwingungen versetzt, in den unteren Paukengang, der am *runden Fenster* endet, einer Membran, die für den Druckausgleich im Schneckenhaus zuständig ist, und den dazwischenliegenden Schneckengang.

Dieser Schneckengang hat jedoch nichts mit einer lahmen Schnecke zu tun, denn hier liegt das bereits erwähnte Corti-Organ. In diesem winzigen Organ befinden sich sehr spezielle Rezeptoren für das Hören, nämlich die *äußeren* und *inneren* *Haarzellen*, über die die Impulse weitergegeben werden. Dort passiert das Hörwunder!

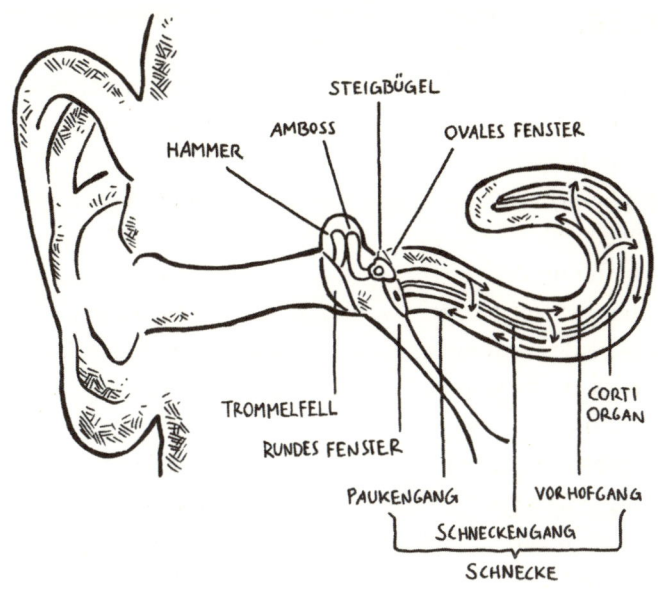

Das menschliche Ohr

An dieser Stelle sehen wir mal wieder, wie wichtig Bilder sind. Denn es ist quasi unmöglich, sich nur anhand des Textes eine Vorstellung dieses komplexen Organs zu machen. Ein Bild sagt mehr als 1000 Worte!

Wir waren an der Stelle stehen geblieben, an der der Steigbügel die Schwingungen auf das ovale Fenster überträgt. Somit erzeugt er Druckwellen in der Lymphflüssigkeit des Vorhofgangs, die sich bis zur Schneckenspitze fortsetzen und dann durch den Paukengang zum runden Fenster zurücklaufen. Mittendrin liegt der Schneckengang mit dem Corti-Organ. So weit, so klar!

Dieses Organ mit seinen etwa 15 000 inneren und äußeren Haarzellen liegt auf der *Basilarmembran*. Oberhalb der äußeren

143

Haarzellen befindet sich noch die *Deck- oder Tektorialmembran*. Das muss man sich mal vorstellen, denn unsere Hörschnecke hat ja lediglich einen Durchmesser von 2 mm! Absoluter Wahnsinn.

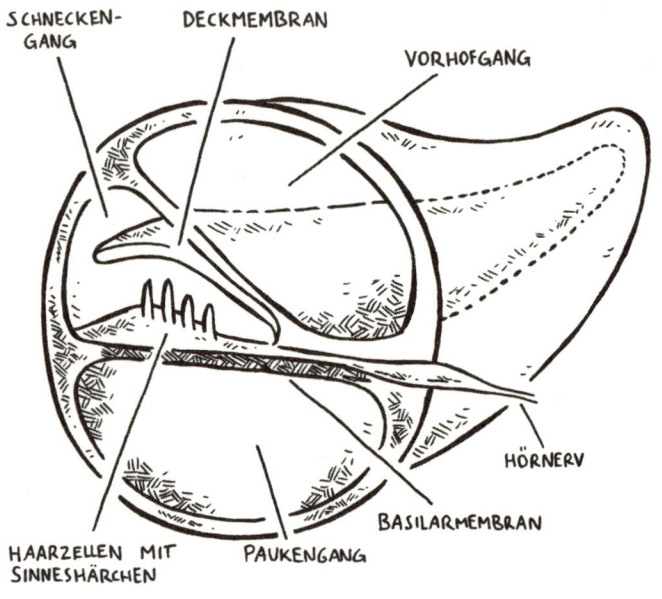

SCHNECKEN-GANG

DECKMEMBRAN

VORHOFGANG

HÖRNERV

BASILARMEMBRAN

HAARZELLEN MIT SINNESHÄRCHEN

PAUKENGANG

Die Hörschnecke mit dem Corti-Organ

Dank dieser Anordnung können die Schallwellen in elektrische Signale umgewandelt werden und verschaffen uns somit phantastische Hörerlebnisse: Durch die Druckwellen, die über den Vorhofgang zur Schneckenspitze und über den Paukengang zurücklaufen, entstehen gegenläufige Flüssigkeitsbewegungen, die die Basilarmembran und damit das Corti-Organ in eine Auf-und-ab-Bewegung versetzen. Die Sinneshärchen der *inneren Haarzellen* werden durch diese Druckwellen ausgelenkt. Die Deckmembran wiederum schwingt über den *äußeren* Haarzellen seitlich hin und her und aktiviert deren Sinneshärchen auf diese Weise.

Das Gehör ist damit das empfindlichste Sinnesorgan überhaupt. Diese Haarzellen sind super sensibel und reagieren auf kleinste Druckschwankungen. Bereits die Auslenkung der Flüssigkeit um ein Wasserstoffatom (und das ist wirklich nicht sehr viel) reicht aus, um einen elektrischen Impuls zu erzeugen. Komplexe chemische Vorgänge führen zur Ausschüttung von Neurotransmittern, und es findet eine synaptische Übertragung zwischen Haarzellen und Nervenfasern des Hörnervs statt: Es kommt zum Feuern, zur Weiterleitung eines Tones, einer bestimmten Frequenz.

Ähnlich wie bei einem Klavier, bei dem die tiefen Töne auf der linken Seite und die hohen auf der rechten Seite der Tastatur liegen, gibt es auch im Corti-Organ eine Abfolge der Wahrnehmung von tiefen zu hohen Tönen. Da sich die Basilarmembran zur Schneckenspitze hin verschmälert, werden die hohen Töne an der Schneckenbasis erfasst und die tiefen Töne an ihrer Spitze. Die verschiedenen Aktivitätsmuster der Haarzellen spiegeln somit jeweils die Frequenz eines Schallreizes wider, zum Beispiel den C-Dur-Akkord auf einer Gitarre oder den schiefen Ton beim Karaokeauftritt Ihres Liebsten. Alle von den Haarzellen ausgehenden Nervenfasern werden in der Basilarmembran zusammengeführt und bilden den Hörnerv, der die Informationen über mehrere Areale in den auditiven Cortex leitet.

Trotz der vergleichsweise geringen Anzahl an Rezeptoren arbeitet unser Hörsystem äußerst effizient, denn ihm gelingt es – solange wir jung sind –, alles zu hören, was im Bereich zwischen 20 und 20 000 Hertz liegt, also von raschelnden Blättern und Unterhaltungen über leise und laute Musik bis hin zum

Düsenflugzeug (wobei Letzteres meist schon an die Schmerzgrenze geht).[9] Am besten hören wir in dem Frequenzbereich, in dem eine normale Unterhaltung stattfindet. Wir sind nun mal soziale Wesen, und zwischenmenschliche Kommunikation ist für uns lebenswichtig. So, kurz durchatmen. Das waren ganz schön viele Informationen. Sind Sie wieder bereit? Dann weiter im Text.

WIR HÖREN MIT DEM HIRN

Der Weg des Hörens – von der Umwandlung der Schallwellen in elektrische Signale bis zur Wahrnehmung von Geräuschen, Sprache oder Musik – ist sehr kompliziert. Es gibt so viele Geräuschquellen, die eingeordnet werden wollen! Befinden wir uns in einem Büro, hören wir den von draußen kommenden Lärm, das Telefongespräch unseres Kollegen nebenan, das Fauchen und Zischen der Kaffeemaschine aus der Kaffeeküche hinter uns und natürlich den Chef, der vor uns steht und uns gerade zur Schnecke macht.

Alle auftretenden Schallereignisse werden gleichzeitig vom Ohr aufgenommen. Unserem Gehirn gelingt es, aus diesem Wust von Informationen unterschiedliche Frequenzen, den Schalldruck und damit die Lautstärke wahrzunehmen und zuzuordnen. Gleichzeitig bestimmt es die Richtung, aus der zum Beispiel das Zischen der Kaffeemaschine kommt. Jedes Quietschen, jede Stimme, jedes Geräusch können wir unterscheiden und meist seiner Quelle zuordnen.

Wie das Gehirn selbst ist auch die Funktionsweise des Hörens noch nicht vollends entschlüsselt. Doch der prinzipielle

Weg, den die beiden Hörbahnen bis zum auditiven Cortex und seinen einzelnen Bereichen nehmen, ist bekannt. Die erste Anlaufstelle sind die beiden Schneckenkerne im Hirnstamm.[10] Hier wird der Schall nach Lautstärke, Frequenz und Richtung, aus der der Ton kommt, sortiert. Danach kreuzen sich die Hörbahnen – ähnlich wie beim Sehen – und die Informationen gelangen in die sogenannten *Oliven*. Hier treffen die Informationen aus beiden Hörschnecken erstmals zusammen und werden ausgewertet. Aus der winzigen Zeitdifferenz, mit der die Schallwellen in den beiden Ohren eintreffen, kann herausgefiltert werden, wo sich ihre Quelle im Raum befindet.

Von den Oliven werden die Informationen ins Mittelhirn geleitet und dann über den Thalamus weiter in die Großhirnrinde zum primären *auditiven Cortex*. Dieser verteilt sie in viele weitere Areale, in denen eine spezielle Verarbeitung erfolgt. Die Aufbereitung der Hörinformationen im Gehirn ist so breit gestreut, dass es bei Verletzungen des Gehirns selten zu einem totalen Hörverlust kommt.[11]

Die Auswertung der Impulse erfolgt nach ihren «Charaktereigenschaften» – eine solche Spezialisierung der Zellen haben wir bereits beim Sehen kennengelernt. Manche Neuronen feuern, wenn ein Ton in einer bestimmten Frequenz erklingt, manche nur, wenn ein Ton beginnt oder wenn er aufhört. Andere sind lediglich dann aktiviert, wenn ganz bestimmte Muster auftreten, weitere sind für die Abstimmung beider Ohren zuständig. So werden im auditiven Cortex Frequenzen kombiniert und Muster herausgearbeitet.

Inzwischen geht man davon aus, dass es beim Hören, ähnlich wie beim Sehen, WAS- und WO-Ströme gibt, die die empfangenen Reizsignale bewerten und zusammenfassen. Um unseren 3D-Breitwandfilm abfahren zu können, müssen nicht nur alle von den Sinnen eingehenden Informationen zu einem großen Ganzen zusammengefasst werden, sondern alle Gehirn-areale auch reibungslos zusammenarbeiten – deshalb spricht man von einer *multisensorischen Wahrnehmung.*

Bisweilen sind «zu viele» Verbindungen zwischen den entsprechenden Gehirnstrukturen vorhanden, die zu un-erwünschten oder doch zumindest ungewöhnlichen Wechsel-wirkungen bei der Sinneswahrnehmung führen können. In der Wissenschaft spricht man von *Synästhesie.* Sie kann in unterschiedlichen Formen auftreten. Existieren zum Beispiel sehr ausgeprägte Verbindungen zwischen visuellem Cortex und denjenigen Arealen, die Sprache erzeugen, sehen die Be-troffenen jeden Buchstaben in einer bestimmten Farbe: Das A ist für sie blau und das E gelb.[12]

Relativ viele Synästhetiker verbinden Zahlen mit Farben, andere hören Töne in Farben und für manche «schmecken» Intervalle cremig oder sauer. Während des Musikhörens kön-nen ganze Bildergeschichten im Kopf entstehen. Der berühmte Maler Wassily Kandinsky nahm zum Beispiel Töne als Farben wahr, was sich auf seinen Bildern ausgesprochen gut nach-vollziehen lässt. Der Erfinder und Physiker Nikola Tesla hatte bei bestimmten Geräuschen einen ekelhaften Geschmack im Mund. Alles kann Vor- und Nachteile mit sich bringen …

MUSIK IN UNSEREN OHREN

Es ist beeindruckend, wie unser Gehirn aus der riesigen Kako-phonie leiser und lauter Geräusche nicht nur Stimmen, son-dern auch Musik herausfiltern kann. Wir erkennen Töne und Melodien, können einzelne Instrumente hören und den Klang einer Klarinette von dem eines Saxophons unterscheiden. Das braucht natürlich etwas Übung.

Musik entsteht, wenn wir harmonische Frequenzen hören, denen Tonhöhen zugeordnet werden können, was bei Geräuschen nicht der Fall ist. Nüchtern betrachtet ist das, was uns so viel bedeutet – die Musik –, nichts anderes als periodische Schwankungen des Luftdrucks, die nach mathematischen Gesetzmäßigkeiten ablaufen.

Klangempfinden und Musik entstehen im Kopf vor allem aus Beziehungen zwischen den Tönen, die dann im Zusammenspiel ganze Melodien ergeben. Dies ist ein sehr individueller Vorgang, der maßgeblich unseren Musikgeschmack mitbestimmt. Man geht davon aus, dass unsere Neuronen beim Musikhören in den verschiedenen Tonabfolgen nach denjenigen Mustern suchen, die eine Melodie ergeben. Das heißt, die Melodie selbst wird uns gar nicht präsentiert, sondern die Zellen suchen sie sich in gewisser Weise zusammen.[13]

Offenbar begeistert uns Musik vor allem dann, wenn unser auditiver Cortex zunächst nach einem noch unbekannten, versteckten Muster suchen muss, um es erstmals «herauszuhören». Wenn eine Melodie zu leicht zu erahnen oder zu eintönig ist, langweilt sich unser Gehirn schlicht und ergreifend, und wir haben sie schnell über. Sie kennen das sicherlich von der sogenannten Fahrstuhlmusik – sie ist meist so phantasielos, dass wir sie irgendwann gar nicht mehr wahrnehmen oder im schlimmsten Fall genervt von ihr sind. Musik zu hören ist für das Gehirn also etwas Ähnliches wie ein Puzzle zu legen: Es möchte Muster erkennen und die passenden Teile finden.

Jedes Gehirn hat seine speziellen Vorlieben, die sich allerdings ändern können: Immer wieder nach denselben Mustern zu suchen ist schließlich megalangweilig. Mit der Zeit findet unser Gehirn komplexere Muster spannender, selbst das Gefühl für Harmonie wandelt sich. Deshalb verändert sich der Musikgeschmack im Laufe unseres Lebens, und man fragt sich, was genau man damals mit acht Jahren nur an dem Lied *Barbie Girl* so toll gefunden hat. Obwohl – immer noch ein sehr guter Song!

Musik kann uns auf wundersame Weise entzücken. Bei dem einen passiert dies bei Pharell Williams' Song *Happy*, andere können sich nichts Schöneres vorstellen als Beethovens *Neunte*. Musik kann uns beruhigen, ermüden und berühren, uns überglücklich, melancholisch und traurig machen, ja selbst wach oder aggressiv. Und: Sie erzeugt Spannung. Stellen Sie sich einmal einen Fernsehkrimi ohne musikalische Untermalung vor – wahrscheinlich wäre er dann nur noch halb so aufregend.

Damit kommen wir zur Frage aller Fragen, die wohl so manchen Streit zwischen Eltern und Kindern provoziert haben dürfte: Stört Musik beim Lernen oder nicht? Eine Studie des Instituts für Musik und Musikwissenschaft der Technischen Universität Dortmund mit 15- bis 17-jährigen Schülern hat eine eindeutige Antwort gefunden: Musik stört dann nicht beim Hausaufgabenmachen, wenn man sie kennt und mag. Der Musikpsychologe Günther Rötter erklärt dies damit, dass sich bei Menschen aller Altersgruppen, vor allem jüngerer, das Rezeptionsverhalten beim Musikhören in den letzten Jahren stark verändert hat. Aufgrund des technischen Fortschritts ist Musik heute quasi omnipräsent. Dadurch haben sich die neuropsychologischen Verarbeitungsmuster angepasst, sodass die Musik von Jugendlichen kaum noch wahrgenommen wird.[14] Und was nicht wahrgenommen wird, stört auch nicht beim Lernen. Nur zu laut ist zu laut!

HÖREN UND DIE ANDEREN SINNE

Wir betrachten hier die Sinne zwar nacheinander, aber im Gehirn findet natürlich ein großes Zusammenspiel zwischen ihnen statt. Auch beim Hören unterstützen uns unsere anderen Sinne, wenn wir etwa die Lippenbewegung oder die erläuternden Gesten unseres Gesprächspartners verfolgen. Vor allem, wenn man einer fremden Sprache lauscht oder sich sogar in dieser unterhält, spielt das Sehen eine große Rolle: Man kann sein Gegenüber viel besser verstehen, wenn man ihn sieht. Das habe ich das erste Mal auf skurrile Art und Weise erfahren, als ich mit 17 Jahren nach London reiste, um dort mein auf Englisch erschienenes Buch in Radioshows zu promoten. Mein Schulenglisch war damals durchaus okay – dachte ich zumindest.

Am ersten Tag saß ich also mit Kopfhörern in einer kleinen abgerockten Sprecherkabine mit beigen Wänden im hippen London. Neben mir saß Judy, die mich zu jedem Termin begleitete. Wir hatten uns gerade erst kennengelernt, einen Kaffee getrunken und ein bisschen gesmalltalked. Nun warteten wir darauf, dass sich der Moderator des ersten Lokalsenders meldete. Und da sagte auch schon jemand «Hello!». Das verstand ich noch. Aber danach – nicht mehr viel. Ich hatte keine Ahnung, was dieser fremde Mann an meinen Ohren von mir wollte. Da ich seine Lippenbewegungen nicht sehen konnte und somit keine Interpretationshilfe zur Verfügung hatte, wusste mein Gehirn mit dem Gehörten nichts anzufangen. Also erzählte ich einfach irgendetwas, das mit Gedächtnistraining zu tun hatte, ich war schließlich vorbereitet. Aber ob ich auch nur eine seiner Fragen konkret beantwortet habe? Vielleicht landete ich ab und an einen Zufallstreffer.

Während des nächsten Interviews sollte ich mir Begriffe merken, die der Moderator in Sekundenschnelle aufzählte. Ich verstand wirklich kein einziges Wort. Als ich sie wiedergeben sollte – immerhin war ich damals noch amtierende Junioren-Gedächtnisweltmeisterin –, erstarrte ich total. Wie sollte das funktionieren? Da schob Judy mir einen Zettel rüber: Sie hatte meine Not bemerkt und die Begriffe mitgeschrieben – thank God! Alle hat sie jedoch nicht geschafft, weil der Moderator unglaublich schnell redete, aber immerhin blamierte ich mich dank ihrer Geistesgegenwart nicht bis auf die Knochen – sondern eigentlich nur bis auf den kleinen Steigbügel. Das Buch hat sich übrigens in England nicht ganz so gut verkauft.

Hören zu können, halten wir für selbstverständlich. Wenn wir sehen, dass etwas herunterfällt, erwarten wir das entsprechende Geräusch. Hören wir einen Knall aus dem Wohnzimmer, gehen wir hin, um nach der Ursache zu suchen. Ruft jemand «Vorsicht!», heben wir den Kopf, um die Gefahr auszumachen. Schreit das Kind auf dem Spielplatz, werden wir aufmerksam und schauen, ob es sich verletzt hat.

Doch wie still die Welt für gehörlose Menschen sein muss, können wir uns nicht vorstellen. Ich wollte mehr darüber erfahren und habe mich mit einem Kollegen meines Vaters unterhalten, dessen schwere Hörschädigung erst im Alter von vier Jahren erkannt worden war. Ohne Hörgerät kann er nur bestimmte obere Frequenzen wahrnehmen. So hört er zum Beispiel beim Wort «Kaugummi» nur das «K» und das «i». Die dazwischenliegenden Silben muss er sich aus dem Kontext erschließen, den man als Hörgeschädigter natürlich auch nur bruchstückhaft versteht. Selbst mit Hörgerät nimmt er nur etwa die Hälfte dessen wahr, was ein Hörender wahrnimmt, und muss sich daher den Sinn in Windeseile zusammenreimen. Beeindruckenderweise hat er trotzdem wunderbar sprechen gelernt. Das konnte nur gelingen, weil er beim Lernen die vier anderen Sinne nutzen konnte, vor allem das Sehen und Fühlen. Mensch und Gehirn vollbringen immer wieder kleine Wunder!

In einer Welt ohne Geräusche fehlen dem Gehirn wichtige Indizien zur Beurteilung von Ereignissen. Es ist zum Beispiel schwierig, den Zusammenhang von Ursache und Wirkung festzustellen: Ein kleines taubes Mädchen sitzt mit ihrer Familie am Küchentisch, als ihr Bruder versehentlich sein Glas umwirft, das auf den Boden fällt. Da das Mädchen ganz auf seinen Teller konzentriert ist, bekommt es davon nichts mit – das laute Geräusch «TSCHITTARATABUM», das die ganze Familie aufschreckt, fehlt als Erklärung. Wie soll es die ganze Aufregung verstehen, die plötzlich herrscht? Da unser Gehirn immer für alles eine Begründung möchte, denkt es sich im Zweifel etwas ganz Verrücktes und Abstruses als Erklärung für die Situation aus. Oft genug entstehen dadurch Verunsicherung und Fehlinterpretationen, und im Berufs- und Privatleben Hörgeschädigter kommt es häufiger zu Missverständnissen. Viele Betroffene empfinden deshalb nicht die Hörschädigung selbst, sondern vielmehr die damit verbundene Beeinträchtigung der Kommunikation als eigentliche Behinderung.

TRAININGSLAGER: GESCHICHTENTECHNIK UND VOKABELN

Sie wissen inzwischen, welche große Rolle das Sehen und damit Bilder für unseren Alltag im Allgemeinen und das Lernen im Besonderen spielen. Daher neigen wir dazu, das Hören zu unterschätzen und zu vernachlässigen. So ging es mir auch – bis ich eines Tages eines Besseren belehrt wurde.

Als ich für eine Theaterszene einen langen Text auswendig lernen musste, einen gefühlt 15-minütigen Monolog, wollte ich ausnahmsweise keine Merktechnik anwenden, um bei den Proben frei mit dem Text spielen zu können. Für die ersten Passagen brauchte ich wahnsinnig lang. Ich schrieb sie auf Karteikarten, lernte Satz für Satz und immer einen neuen hinzu. Das dauerte! Also nahm ich den Text auf meinem Smartphone auf und hörte die Textpassagen beim Geschirrspülen oder während der Bahnfahrt an. Mit durchschlagendem Erfolg: Plötzlich ging das Lernen fast wie von selbst. Und das, obwohl ich überzeugt war, nicht gut übers Hören lernen zu können!

Diese Variante des Lernens ist besonders für diejenigen geeignet, die ein wenig zu faul zum Auswendiglernen durch anstrengendes Wiederholen sind, die Muße haben, etwas einzusprechen, und außerdem Zeit und Lust mitbringen, sich den aufgenommenen Text wieder und wieder anzuhören.

Um schneller voranzukommen, muss man sich schon ein bisschen mehr anstrengen, um möglichst viele Sinne zu nutzen. Am Beispiel von «frittella» haben Sie bereits einen Eindruck gewinnen können, wie wir Verarbeitungstiefe und möglichst große Aktivitätsmuster vor allem dann erreichen, wenn wir

Wissen über unterschiedliche Wege erfahren. Allgemein gilt: Die Schritte «Inhalt selber formulieren – aufschreiben – laut vorlesen – anhören – Pause machen» erleichtern das Lernen und machen es abwechslungsreicher.

Unterschätzen Sie also nie die Rolle Ihrer Ohren beim Lernen! Da heutzutage jedes Smartphone eine Aufnahmefunktion hat, erleichtert dies das Lernen ungemein. Selbst wenn Sie sonst eher anderen Menschen Zeitungsartikel oder Briefe mit den Worten «Ich muss das selber lesen» aus der Hand reißen, ist es durchaus sinnvoll, den Fokus zwischendurch auf das Hören zu richten.

Vokabeln lernen – Assoziationen finden

Der lateinischen Sprache konnte ich in der Schule leider recht wenig abgewinnen und hatte alle Vokabeln, die wir jeden Morgen genau in der Reihenfolge des Buches auswendig können mussten, genau eine Minute danach schon wieder vergessen. Ich wollte meine geliebten Gedächtnistechniken einfach nicht im verhassten Lateinunterricht anwenden! Beides passte für mich (noch) nicht zusammen. Mit einer Ausnahme, dem Wort «cubare». Es bedeutet «liegen» und eignet sich wunderbar, um zu zeigen, wie man Sinne, Gefühle und Geschichten zum Lernen verwenden kann. Dank einer Eselsbrücke kann ich mich bis heute an die Bedeutung dieses Wortes erinnern.

Der Trick, den ich damals und bis heute fürs Vokabellernen nutze, ist folgender: Ich versuche, ein deutsches Wort zu finden, das sich so ähnlich anhört wie die Vokabel, die ich lernen will: Bei cubare stellte ich mir also eine «Kuh» vor, die lässig auf einer «Bahre» abhängt und rülpst. Das Rülpsen hat zwar nichts mit dem Wort zu tun, es macht das Bild aber lustiger und damit einprägsamer. Eine andere Möglichkeit wäre, an Kuba zu denken und sich vorzustellen, am Strand liegend einige Cuba Libre zu trinken.

In dem Bild oder in der Eselsbrücke muss nicht unbedingt die ganze Vokabel stecken. Oft reicht schon eine Anfangssilbe aus, um Ihre Erinnerung anzustoßen. Selbst, wenn Sie keine Assoziation finden, sondern nur intensiv über die Vokabel und ihre Bedeutung nachgedacht haben, aktivieren Sie bereits so viele Netzwerke, dass Sie sich die Vokabel bestimmt auch ohne perfektes Merkwort oder eine verrückte Geschichte einprägen können.

Ich habe im Folgenden ein paar Beispiele aus verschiedenen Sprachen für Sie zusammengestellt, um Ihnen Lust auf diese Merktechnik zu machen, bei der der Klang so eine besondere Rolle spielt. Bei diesen Eselsbrücken geht es nicht in erster Linie um die richtige Schreibweise, sondern eben nur um den Klang. Wenn Sie sich die Schreibweise eines Wortes partout nicht merken können, dann erweitern Sie Ihre Geschichte noch etwas. Und: Es gibt mittlerweile Wörterbücher, in denen Eselsbrücken direkt mitgeliefert werden.[15]

Italienisch:

divano – Sofa

Sie sehen, wie eine **Diva** lauthals eine Arie singt, die mit «**No**, no, no» beginnt, während sie auf dem *Sofa* liegt.

drappo – Tuch

Das *Tuch* wird schön **drap**iert, damit Sie im Cabri**o** elegant aussehen. Lauschen Sie dem Fahrtwind und fühlen Sie, wie sich das Tuch dabei um Ihren Hals schmiegt.

tappeto – Teppich

Sie **tape**zieren Ihr neues Wohnzimmer mit einem **To**maten-Motiv. Dummerweise haben Sie vergessen, den wunderschönen roten *Teppich* abzudecken, der nun mit Tapeten-kleister bekleckert ist.

saltare – springen

Sie *springen* den schönsten **Salt**o aller Zeiten, und dabei wehen Ihre Ha**are**. Alle bewundern Sie, weil Sie auch noch ganz sanft gelandet sind.

Englisch:

rag – Lappen

Stellen Sie sich vor, wie ein *Lappen* am **Reck** turnt. Obwohl der Lappen so leicht ist, ächzt das Reck, als ob es gleich unter seiner Last zusammenbricht. Vielleich tut es das auch!

meadow – Wiese

Die Schafe auf der *Wiese* machen «**Mea**» oder «**Mä**», weil sie es auf der Wiese langsam **do**of finden und wieder in ihren Stall wollen. Hören Sie es? «Mea – dow».

downstream – flussabwärts

Down heißt nach unten, und **stream** hat Ähnlichkeit mit dem **Strom** eines Flusses. Hören Sie das Rauschen dieses Stroms und sehen Sie den Baumstamm, der *flussabwärts* getrieben wird.

node – Knoten

Sie kommen aus dem Norden und «**nod**ieren» sich, wie der *Knoten* genau funktioniert, den Sie gerade knüpfen. Stellen Sie sich vor, dass die Seile beim Festziehen ein lautes Geräusch von sich geben. Vielleicht schreiben Sie etwas auf die Seile oder malen sie bunt an. Was fällt Ihnen ein?

Mit dem Vokabellernen beschäftigen wir uns noch mal ausführlich im Kapitel über das Tasten. So oder so ist es am wichtigsten, die Vokabeln immer im Kontext zu lernen und sich die Situation mit allen Sinnen auszumalen – es müssen natürlich nicht immer Geräusche vorkommen. Mein Tipp: Sie erinnern sich in jedem Fall besser an die Vokabel, wenn Sie sie nicht nur lesen, sondern auch hören. Nach jeder Lerneinheit sprechen Sie am besten alle Wörter mehrmals laut aus und bilden drei Sätze mit jedem Wort. Und was ist auch hier wieder am wichtigsten? Genau, das Wiederholen! Am besten direkt nach dem Lernen und am gleichen Abend noch mal, damit Hippo nachts seine Arbeit verrichten kann. Dann spätestens nach einer Woche wieder und nach einem Monat erneut. Wir vergessen nämlich schnell. Eine Faustregel besagt, dass wir Lernstoff etwa sieben Mal über mehrere Wochen hinweg wiederholen sollten, damit er sich wirklich gut in unserem Langzeitgedächtnis verankert. Viel besser noch als reines Wiederholen ist das direkte Anwenden des Gelernten.

Wie heißen noch mal unsere Bundesländer? – Die Geschichtentechnik

Um sich eine Reihenfolge von Begriffen zu merken, ist es sinnvoll, sich für jede Information ein Merkwort auszudenken. Das kann sich auf das Wort selbst reimen oder eine Assoziation hervorrufen. Die eigenen Ideen sind dabei, das wissen Sie inzwischen, die besten. Verknüpfen Sie alle Merkwörter zu einer möglichst lustigen Geschichte. Je verrückter, desto besser, und je mehr Sinneseindrücke in der Geschichte vorkommen, desto leichter wird die Geschichte hängenbleiben. Hier habe ich den Fokus auf Geräusche gelegt, denn schließlich geht es in diesem Kapitel um unseren Hörsinn.

Wenn Sie keine Lust darauf haben, sich selber eine Geschichte auszudenken, lassen Sie sich gerne von meiner Variante inspirieren.

Hier nun die 16 Bundesländer:

Bayern	Berlin
Baden-Württemberg	Brandenburg
Saarland	Sachsen-Anhalt
Rheinland-Pfalz	Bremen
Nordrhein-Westfalen	Niedersachsen
Hessen	Hamburg
Thüringen	Mecklenburg-Vorpommern
Sachsen	Schleswig-Holstein

Und hier meine Geschichte:

Ich stelle mir einen **Bayern** in seiner Lederhose vor, der das Oktoberfest besucht. Ich höre das Rattern und Geschrei der Fahrgeschäfte, Blaskapellen und Luftballons, die zerplatzen. Herzlich willkommen in *Bayern*. Da habe ich schon das erste Bundesland.

Auf dem Oktoberfest gewinnt der Bayer eine **Bade**hose und wandert mit ihr über einen Berg nach *Baden-Württemberg*. Er stellt sich vor, wie es platscht, wenn er mit der Badehose das erste Mal ins Wasser springt. Deshalb setzt er sich an einen **Sa**ndstrand *(Saarland)*. Der Sand knistert fast unter den Füßen. Jetzt ist es Zeit für Geplansche.

Er springt in den **Rhein** *(Rheinland-Pfalz)* und hört die Schiffe tuten, während er sich nach **Nord**en treiben lässt – *(Nordrhein-Westfalen)*. Am Ufer will er etwas **essen**, das reimt sich auch auf *Hessen*. Vor lauter Freude schmatzt er sogar. Neben seiner Picknickdecke öffnet sich plötzlich eine **Tür** nach *Thüringen*, und die quietscht ganz fürchterlich. Hinter der quietschenden Tür findet er ein gut klingendes **Sax**ophon *(Sachsen)*.

Er schnappt sich das Saxophon – «Badupidupadupudu» – und spielt so verdammt schief, dass er einen **Bär**en *(Berlin)* aufweckt, der furchterregend brüllt. Er flüchtet sich zurück in die **Brand**ung *(Brandenburg)* und hört, wie das Wasser schäumt. Er lässt sich wieder ein wenig treiben und lauscht dem Vogelgezwitscher, bis er sich entschließt, per **Anhalt**er (Sachsen-Anhalt) in die nächste Stadt zu fahren. Dort angekommen, hört er die **Breme**r Stadtmusikanten *(Bremen)*, wie sie laut und schief musizieren. Schon wieder schief! Die sehen alle ganz schön **nieder**geschlagen aus *(Niedersachsen)* und klagen ihm ihr Leid, denn sie haben großen Hunger. Das kann er natürlich nicht tatenlos hinnehmen und besorgt allen einen großen **Hamburg**er mit **Pomme**s *(Hamburg* und *Mecklenburg-Vorpommern)*. Dann setzt er sich zusammen mit den Musikanten auf einen **hohl**en **Stein** *(Schleswig-Holstein)*, um den Tag gemeinsam gemütlich ausklingen zu lassen.

Und, wie schaut es aus? Wahrscheinlich kennen Sie alle Bundesländer auch ohne Geschichte. Dann versuchen Sie es vielleicht mal mit den Staaten Amerikas? Dann wird die Geschichte natürlich etwas länger. Oder Sie denken sich ein paar kleine Episoden aus, die Sie miteinander verbinden.

Wer lernen will, lauscht

★ Das äußere Ohr nimmt die Schallwellen auf. Im Mittelohr werden sie verstärkt und im Innenohr – im Corti'schen Organ der Hörschnecke – findet die «Übersetzung» in elektrische Impulse statt, sodass im Gehirn Geräusche, Stimmen und Melodien entstehen.

★ Konzentrieren Sie sich beim Lernen auf den Hörsinn. Binden Sie je nach Situation nicht nur Ihre Gefühle, sondern auch andere

Sinne ein, um möglichst große Aktivitätsmuster zu kreieren, sodass Sie leichter Zugriff auf das Gelernte haben.

★ Nutzen Sie die Aufnahmefunktion Ihres Smartphones, um Lernstoff darauf zu sprechen, den Sie sich beim Joggen oder Bahnfahren einprägen können.

★ Unterschätzen Sie nicht, wie wichtig das laute Aussprechen von Lernstoff ist, gerade vor mündlichen Prüfungen.

★ Lernen Sie wenn möglich in Gruppen und tauschen Sie sich über den Lernstoff aus. Nutzen Sie Ihre Fähigkeit, Gedanken – auch laut – in Worte zu fassen!

KAPITEL 6

TASTEN – DAS MULTITALENT UNTER DEN SINNEN

> «Manche Menschen können den Regen
> spüren. Andere werden nur nass.»
>
> **Bob Marley**

Im Sehen und Hören sind wir nun schon kleine Experten. Aber stellen Sie sich bitte kurz vor, Sie wären ohne diese beiden Sinne auf die Welt gekommen. Wie hätten Sie die Welt überhaupt wahrgenommen und kennengelernt, wenn Sie niemanden sehen und hören können, der Ihnen die Welt erklärt? Kaum vorstellbar, oder? Wie ein blindes und taubstummes Mädchen es trotzdem schaffte, lesen und sogar sprechen zu lernen, werden Sie in diesem Kapitel erfahren. Sie stellte wie schon Immanuel Kant fest, dass nicht sehen zu können einen von den Dingen trennt und nicht hören zu können von den Menschen. Überlegen Sie kurz: Wenn Sie spontan wählen müssten – auf welchen Ihrer Sinne könnten Sie am ehesten verzichten? Die Vorstellung, nicht mehr sehen oder hören zu können, schreckt uns. Viele antworten deshalb spontan: auf den Tastsinn. Doch das wäre sehr vorschnell, denn mit ihm würden Ihnen mehr Fähigkeiten abhandenkommen, als Sie ahnen.

Anfang der 1970er Jahre verlor ein junger Amerikaner vom Hals abwärts die Berührempfindlichkeit seiner Haut. Zunächst hatte er lediglich über ähnliche Symptome wie bei einem grippalen Effekt geklagt, unter anderem über ein Kribbeln in seinen Gliedmaßen. Mit der Zeit verschlimmerten sich die Symptome immer mehr; der Mann war unter anderem nicht mehr in der Lage, seine Bewegungen zu kontrollieren oder zu spüren, wo sich seine Beine und Arme befanden. Schließlich entdeckten die Ärzte, dass er an einer Autoimmunreaktion litt. Sie hatte zur Zerstörung der meisten Neuronen geführt, die die Signale sowohl von der Haut als auch aus den Gelenken und Muskeln zum Gehirn weiterleiten. Der damit verbundene Wahrnehmungsverlust stellte den jungen Mann vor größte Herausforderungen im Alltag: Im Bett zu liegen fühlte sich zum Beispiel nicht nach Liegen an, sondern mehr nach einem beängstigenden Schwebezustand, jede Bewegung musste er überwachen. Deshalb vermied er es anfänglich, soweit es ging, sich überhaupt zu bewegen. Erst nach jahrelanger Übung konnte er mit Hilfe des Sehsinns wieder sitzen, stehen und schreiben.[1]

Stellen Sie sich vor, Sie müssten jede Ihrer Bewegungen mit den Augen verfolgen, um zum Beispiel die Greifkraft abzuschätzen, die Sie benötigen, um ein Buch in die Hand zu nehmen! Normalerweise heben wir ein Buch auf, ohne uns bewusst darauf zu fokussieren: Unsere Hände spüren, wo das Buch anfängt, und beim Hochheben geben sie automatisch weiter, wie viel Kraft unsere Muskeln dafür aufwenden müssen. Probieren Sie es aus: Merken Sie sich die Seitenzahl, klappen Sie das Buch zu, legen Sie es hin und nehmen es erneut in die Hand. Was wäre, wenn Sie nun nichts in den Fingern spüren würden?

DAS HAUT REIN! – AUFBAU DER HAUT

Sollten Sie sich einmal einsam fühlen, denken Sie an die gigantische Zahl der Bakterien und anderer Mikroorganismen, die sich auf Ihrer Haut tummeln! Schätzungen zufolge übertrifft die Zahl dieser winzig kleinen Mikroben auf unserem Körper sogar die Zahl unserer gesamten Körperzellen, und das sind schon etwa 100 Billionen Zellchen.[2] Wenn Sie sich also Haustiere wünschen, aber keinen Platz für sie haben – seien Sie nicht traurig, Sie bieten bereits einer ganze Menge Tierchen ein Zuhause. Wenn auch sehr kleinen! Dafür sind sie umso hilfreicher.

Unsere Haut, unser größtes Sinnesorgan, hält nicht nur unser Körperinneres zusammen, sondern schützt uns auch vor schädlichen Einflüssen wie Krankheitskeimen oder Schmutz. Ziemlich nett von ihr! Sie wird vielfach als die «Mutter aller Sinne», bezeichnet, da sie den Menschen seit Millionen von Jahren ermöglicht, wichtige Informationen aus der Außenwelt zu gewinnen und in (vorsichtigen bis groben) Kontakt zu ihrer Umwelt zu treten.

Wenn wir an «Haut» denken, fallen uns vielleicht trockene Hände, Sonnenbrand oder eine exotisch duftende Creme ein. Aber uns ist nicht unbedingt bewusst, welche Struktur unsere Haut hat und welche Aufgaben sie erfüllt. Sie ist so oder so immer für uns da! Werfen wir doch einen genaueren Blick darauf.

Prinzipiell werden drei Hauptschichten unterschieden: die *Oberhaut*, die *Lederhaut* und die *Unterhaut*. Ihre Stärke wird in Mikrometern (μm), also in Tausendstel Millimetern, gemessen. Dies zeigt, wie dünnhäutig wir alle im wahrsten Sinn des Wortes sind – und nicht nur besonders sensible Personen. Unsere Oberhaut ist etwa 0,03 bis 0,05 mm dick. Nur an der Handinnenfläche und unseren Fußsohlen ist sie deutlich stärker. Zum Glück, sonst hätten wir ständig Blasen an Händen und Füßen. Und trotzdem oder gerade deswegen lässt uns unsere Haut Phantastisches vollbringen: Wir können auf Oberflächen Unterschiede bis zu einem Zehntel Millimeter ertasten und einen Temperaturunterschied von nur einem Grad Celsius wahrnehmen.

Was von noch größerer Bedeutung ist: Die große Elastizität der Haut ermöglicht es uns, Bewegungen auszuführen. Schauen Sie sich kurz Ihre Hand von innen und außen an! Warum haben wir auf ihrer Oberseite an unseren zweiten Fingergliedern so viel gestauchte Haut? Das hat Mutter Natur hübsch arrangiert, oder? Denn nur diese «überschüssige» Haut ermöglicht uns überhaupt das Greifen. Von einer Botox-Behandlung an dieser Stelle sollte man also lieber Abstand nehmen.

AUA, DAS IST ABER HEISS! – DIE FUNKTIONEN DER HAUT

Die verschiedenen Sinneszellen der Haut werden in *Mechano-, Schmerz- und Thermorezeptoren* unterteilt, mit deren Hilfe wir Druck, Berührung und Vibration sowie – die Bezeichnungen lassen es bereits vermuten – Schmerz und Temperatur wahrnehmen. Die größte Anzahl bilden die Mechanorezeptoren. Sie befinden sich überall in unserer Haut, allerdings in unterschiedlicher Dichte. Die Funktionsweise der verschiedenen

Mechanorezeptoren werden wir im Trainingslager noch genauer kennenlernen. Gehen wir kurz auf die Bedeutung der Schmerzrezeptoren sowie die Arbeitsteilung zwischen den Schmerz- und Thermorezeptoren ein. Dann ist der Bio-Unterricht wieder vorbei!

Wie Sie aus eigener Erfahrung wissen, sind wir alle hervorragend darin, Schmerzen wahrzunehmen. Und das ist gut so. Denn nur durch die Rezeptoren in der Haut bekommt unser Gehirn überhaupt mit, ob uns eine Biene in den Nacken stechen will oder wir uns auf dem Sofa beinahe auf die Katze gesetzt hätten. Gut für Katze und Nacken, dass unser Gehirn so funktioniert und Gegenmaßnahmen einleiten kann: Wir wedeln die Biene weg und zucken zurück, wenn die Krallen der Katze uns treffen.

Fehlt die Fähigkeit zur Schmerzwahrnehmung, was wir uns bei der Blutabnahme mitunter wünschen, steigt das Verletzungsrisiko um ein Vielfaches: Wir würden zwar spätestens dann, wenn Blut fließt, aufmerksam werden, aber ohne Schmerzwahrnehmung würden wir nicht bemerken, wenn die Hand den heißen Topf anfasst oder es sonst am Körper zwickt und zwackt. Schmerz ist vor allem ein wichtiges Warnsignal. Freuen Sie sich also das nächste Mal wieder über den Piks beim Onkel Doktor oder wenn Sie sich zum wiederholten Mal das Schienbein an der Bettkante stoßen. Dieses Schmerzempfinden ist sehr, sehr gut für Sie!

Rezeptoren, die Schmerz ans Gehirn weiterleiten, werden *Nozizeptoren* genannt. Es handelt sich bei ihnen um verzweigte Enden von Nervenfasern, die auf drohende Gefahren oder akute Verletzungen durch Hitze, chemische Reize, Druck oder Kälte reagieren. Auch sie sind im Körper unterschiedlich dicht verteilt. Es gibt sogar Stellen, an denen wir gar keine haben. Kneifen Sie sich doch mal oben in die etwas schrumpelige Haut des Ellenbogens! Sie empfinden Druck, aber keinen Schmerz. Seltsam, aber es ist so.

Es gibt übrigens kein spezielles Schmerzzentrum im Hirn. Die Insula, die oft als solches bezeichnet wird, ist nur eine von vielen Regionen, die bei Schmerz im Gehirn aktiviert werden. Man spricht in diesem Zusammenhang eher von einer Schmerzmatrix, da Schmerz in weiten Teilen des Gehirns wahrgenommen wird. Hierzu zählen unsere alten Bekannten Thalamus, Hypothalamus und Amygdala, aber auch Teile des somatosensorischen und präfrontalen Cortex, um einige herauszugreifen.

Tröstlich dabei: Wir nehmen meist nur einen Schmerz zur selben Zeit wahr, die Experten nennen das Schmerzpriorität. Wenn Sie sich also das nächste Mal das Schienbein angehauen haben, klemmen Sie sich am besten noch Ihre Finger in der Tür – dann lässt zumindest der Schmerz am Schienbein nach.

Aber genug vom Schmerz, kommen wir zu den heißen Angelegenheiten: unserem Wärmeempfinden. Die dafür zuständigen *Thermorezeptoren* werden in Kalt- und Warmrezeptoren unterteilt. Ab Temperaturen über 45 Grad und unter 10 Grad werden unsere Schmerzrezeptoren aktiviert. Die Informationen der Kälte- und Wärmerezeptoren werden über das Rückenmark an den Hypothalamus weitergeleitet, und von hier aus kümmert sich dann unser Hausmann Herr Zwitscho darum, unsere Körpertemperatur zu regulieren. Wird's zu heiß, geht das große Schwitzen los. Der Wärmehaushalt ist für das Lernen weniger relevant, frieren oder schwitzen sollten Sie natürlich nicht dabei. Obwohl, Schwitzen, das durch Sport entsteht, kann schon eher helfen. Also nicht das Schwitzen, sondern der Sport. Aber darauf komme ich gleich zurück. Schnell weiter.

WAS KARTEN IM KOPF KÖNNEN

Wie wird ein Berührungsreiz in unser Gehirn geleitet? Bei der Wahrnehmung über die Haut messen die verschiedenen Rezeptoren der Haut physikalische Reize. Der Erregungszustand dieser Rezeptoren wird, wie Sie es schon vom Seh- und Hörsinn kennen, in elektrische Impulse umgewandelt. Die Reize werden von sensorischen Nervenfasern ins Rückenmark und dann in einem eigenen Nervenstrang über den Thalamus – Sie kennen Frau Zwitschi und das «Tor zur Großhirnrinde» – in den *somatosensorischen Cortex* geleitet.

Ein herausragendes Merkmal dieses Hirnareals ist seine Organisation und Lesbarkeit in Form von «Karten». Jedem Körperteil ist eine eigene Region zugewiesen, die im Wesentlichen der Anordnung in unserem Körper entspricht – nur auf den Kopf gestellt: Im oberen Bereich der Großhirnrinde werden die Nervenzellen von Beinen und Füßen stimuliert, und im unteren Bereich landen die Sinneswahrnehmungen unseres Kopfes. Diese sensorische Gehirn-Kartierung hat der kanadische Neurochirurg Wilder Penfield bereits 1950 nachgewiesen. Auf ihr nehmen die Hände und Lippen besonders viel Raum ein, da hier die Rezeptoren eng beieinanderliegen.[3] Das erklärt auch, warum Menschen sich so gerne küssen und anfassen: Wir können mit den Fingern und Lippen besonders gut fühlen.

In den somatosensorischen Arealen des Großhirns werden die Informationen immer von der gegenüberliegenden Gehirnhälfte verarbeitet. Ein Mückenstich auf dem linken Arm wird also in der rechten Großhirnhälfte gemeldet. Wieder mal ein ausgeklügeltes System, das uns die unterschiedlichsten Fähigkeiten ermöglicht.

Eine herausragende Leistung hat die Amerikanerin Helen Keller (1880–1968) erbracht, die im Alter von zwei Jahren aufgrund einer Krankheit erblindete und ihr Gehör verlor. Sie erinnern sich? Das Mädchen, das ich am Anfang des Kapitels erwähnt habe. In einer Welt aufzuwachsen, die wir nicht sehen und hören können, ist für uns nicht mal ansatzweise vorstellbar. Keller schreibt über ihre Kindheit: «Bevor meine Lehrerin zu mir kam, wusste ich nicht, dass ich vorhanden war.»[4]

Die finanzielle Situation der Familie Keller ermöglichte es, Helen ab ihrem achten Lebensjahr von einer Privatlehrerin unterrichten zu lassen. Ein großes Glück. Denn dieser gelang es, mit viel Geduld und Einfühlungsvermögen ihr Vertrauen zu gewinnen. Während sie mit ihr spielte, buchstabierte sie Helen mit Hilfe des Finger-Alphabets einige Bezeichnungen in die Hand, etwa für Puppe, und ließ sie die entsprechenden Gegenstände befühlen. Eines Tages begriff Helen den Zusammenhang zwischen den Fingerbewegungen ihrer Lehrerin, die sie in ihrer Hand spürte, und den Gegenständen, die sie danach abtastete. Dies geschah, als ihr an einem Brunnen kaltes Wasser über die Hand floss und ihre Lehrerin ihr das Wort für Wasser in die kleine Hand buchstabierte. Helen beschreibt den Moment so: «Das Geheimnis der Sprache lag plötzlich offen vor mir. Ich wusste jetzt, dass ‹Wasser› jenes wundervolle, kühle Etwas bedeutete, das über meine Hand strömte … Jedes Ding hatte eine Bezeichnung, und jede Bezeichnung erregte einen neuen Gedanken.»[5] Was für uns selbstverständlich ist, veränderte für Helen eine ganze Welt. Sie lernte die Braille-Schrift und sogar, über ihren Tast- und auch Geruchssinn zu «sehen» und zu «hören». Später erlangte sie einen Hochschulabschluss und schrieb zahlreiche Bücher.

Wer hätte gedacht, was Haut und Körper alles können! In der Großhirnrinde existiert übrigens nicht nur eine Karte für unsere sensorischen, sondern auch für unsere motorischen Fähigkeiten. Diese Areale sitzen direkt nebeneinander. Schauen wir uns die Zusammenarbeit von Tasten, Bewegung und Lernen doch einmal an. Inwieweit kann sie beim Lernen helfen? Es geht mit einer kleinen Sportstunde weiter.

BEWEGUNG MACHT SCHLAU

Wie in vielen psychologischen und neurowissenschaftlichen Studien nachgewiesen wurde, hat Bewegung in jeglicher Form einen viel größeren Einfluss auf das Denken und Lernen, als vor einiger Zeit noch angenommen. Eine Studie, an der über 4800 Kinder beteiligt waren, zeigt, dass sich regelmäßiger Sport nicht nur auf die Gesundheit, sondern auch positiv auf die Schulnoten und damit auf den Schulerfolg auswirkt. Bereits gute 15 Minuten mehr Sport am Tag genügen, um bessere Leistungen in der Schule zu erzielen. Mit fortschreitendem Alter und regelmäßiger sportlicher Betätigung wurden die Schulnoten der Kinder immer besser, und je früher mit dem Sport begonnen wurde, desto positiveren Einfluss hatte er auf die Noten. Besonders Mädchen profitierten von der Bewegung und zeigten besonders gute Noten in Naturwissenschaften und Mathematik.[6]

Lernen und Bewegung sind tatsächlich eng miteinander verknüpft, denn Ausdauersport – also Laufen, Turnen, Tanzen oder Schwimmen – führt zu einer besseren Durchblutung und Sauerstoffversorgung, was nicht nur unseren Körper, sondern auch unser Hirn erfreut.

Durch Ausdauersport entstehen im Hippocampus neue Gehirnzellen, die für neues Wissen genutzt werden können. Tatsächlich kann man durch Sport einem eventuellen Abbau von Synapsen vorbeugen. Wenn das mal keine Gründe sind, um Sport zu treiben, dann weiß ich's auch nicht – schrieb sie und legte sich auf die Couch ...

Doch im Ernst, durch Ausdauersport werden Botenstoffe ausgesendet, die uns glücklich machen, unsere Aufmerksamkeit und sogar unsere Lernbereitschaft und Erinnerungsfähigkeit erhöhen. Das kann man sich zwar kaum vorstellen, wenn man sich lange nicht mehr sportlich betätigt hat, aber Tatsache ist: Bewegung hilft! Und zwar bei fast allem! Christian Ankowitsch beschreibt den positiven Einfluss von Bewegung übrigens sehr eindrucksvoll in seinem Buch *Warum Einstein niemals Socken trug.*

Wie dem auch sei, Sport zu treiben ist in jedem Fall sinnvoll. Studien haben gezeigt, dass regelmäßige Bewegung, egal ob Volleyball, Badminton oder schnelles Spazierengehen, die Fähigkeiten zu Zielsetzung und Planung sowie zur Konzentration verbessern, ebenso profitiert das Arbeitsgedächtnis.[7] Und wenn Studien das sagen, dann wird das stimmen. Also rein in die Sportklamotten!

Aber nicht nur Sport hält das Gehirn fit. Bewegung in jeglicher Form kann das Lernen unterstützen. So belegen inzwischen an Volksschulen durchgeführte Studien, dass Bewegung im Raum sich u. a. positiv auf das Erfassen von Zahlen auswirkt. Zweitklässler, die im Unterricht Zahlen räumlich erleben – wenn beispielsweise ein Zahlenstrahl auf dem Boden liegt, den sie entlanggehen können –, entwickeln ein deutlich besseres Verständnis für Zahlen. Und das schlägt sich in ihren mathematischen Fähigkeiten nieder.[8]

Wir alle sind den ganzen Tag mehr oder weniger in Bewe-

gung. Selbst bei simplen Bewegungen wie nach einer Kaffeetasse zu greifen und zu trinken oder die Fernbedienung zu
schnappen und eine Taste zu drücken, sind neben zahlreichen
unserer etwa 650 Muskeln immer auch mehrere Bereiche des
Gehirns beteiligt.

Diese alltäglichen Bewegungen sind natürlich nicht so
komplex wie einen Elfmeter zu verwandeln oder mit einem
Flickflack anzugeben, aber sie müssen ebenfalls geplant und
ausgeführt werden. Alle an diesem Vorgängen beteiligten Hirnareale, also auch die, die unsere Muskeln steuern, müssen ihre
Arbeit exakt aufeinander abstimmen: Sie sind quasi mit einer
Schleife zusammengebunden bzw. bilden ein großes Aktivitätsmuster, eine sogenannte *Funktionsschleife*.

Warum sind ausgerechnet Bewegungen für das Lernen
so wichtig? Klar, als Kind helfen sie uns, Rechnen zu lernen,
indem beim Abzählen – eins, zwei, drei – erst mal die Finger
genommen werden. Das ist auf der ganzen Welt so. Doch auch
bei Erwachsenen spielen Fingerbewegungen noch eine bedeu-
tende Rolle. Haben Sie Ihren PIN-Code für den Bankautomaten
im Kopf? Oder führen Sie in Gedanken erst die Bewegung der
Finger aus, mit der Sie die Reihenfolge der Zahlen am Auto-
maten drücken?

Unabhängig davon, ob wir uns aktiv bewegen oder nur an
einen Freudensprung denken, entstehen entsprechende Aktivitätsmuster in unserem Gehirn. Bei allen Bewegungen wird
sowohl das Hirnareal aktiviert, das für unsere Motorik zuständig ist, als auch das, das die visuelle Wahrnehmung dieser
Bewegungen erfasst. Selbst wenn wir einen Hammer nur betrachten und ihn nicht in die Hand nehmen, wird der Teil im
Gehirn aktiv, der für die Hammer-Bewegung zuständig wäre.
Der Anblick allein reicht aus, um eine «motorische Gebrauchs-
anweisung»[9] aufzurufen. Das Hirn muss schließlich auf alle

Eventualitäten vorbereitet sein. Und es geht noch weiter: Wir müssen den Hammer noch nicht einmal sehen. Es braucht nur jemand das Wort «Hammer» zu erwähnen, und schon werden die für Bewegungsplanung zuständigen Areale und Netzwerke im Gehirn aktiv. Wir vergrößern durch Bewegungen beim Lernen also unsere Netzwerke, sodass Informationen besser hängen bleiben und abgerufen werden können. Wie das beim Lernen konkret aussieht, gucken wir uns nun an.

TRAININGSLAGER: RAUMROUTE, SPRACHEN UND TEXTE

Sie können Ihr Gehirn schon mit kleinen Übungen unterstützen. So zeigten die amerikanischen Psychologen Michael L. Slepian und Nalini Ambady, dass selbst banale Bewegungen großen Einfluss auf unsere Kreativität haben.[10] Sie ließen Probanden eckige oder runde Linien auf einem Blatt Papier mit einem Stift nachfahren. In einem darauf folgenden Kreativitätstest erreichten die Personen, die runde Linien nachgezogen hatten, tatsächlich bessere Ergebnisse. Also, wenn Sie Ideen brauchen oder konkrete Assoziationen zum Lernen, dann malen Sie vorher bloß nichts mit Ecken auf ein Blatt, sondern ein paar schön geschwungene Linien.

Viele Menschen können sich Informationen besser merken, wenn sie den bereits durchgearbeiteten Lernstoff in eigene Worte fassen und aufschreiben. Die Bewegung des Aufschreibens ist dabei wichtig: Studien haben gezeigt, dass es für das Lernen effektiver ist, sich handschriftliche Notizen zu machen, statt Informationen in den Computer zu tippen.[11]

Beim Aufschreiben beschäftigt man sich intensiver mit dem Stoff, man strukturiert ihn, setzt sich mit der Wertigkeit der Informationen auseinander und nimmt so Einfluss auf die Verarbeitungstiefe. Reines Abschreiben ist weniger effektiv. Wennschon, dennschon: Wählen Sie eigene Formulierungen und vergleichen Sie sie mit dem Originaltext – damit können Sie gleichzeitig überprüfen, ob Sie ihn verstanden haben.

Kleine Gesten – Vokabeln Vol. 2

Wie können wir zum Beispiel beim Vokabellernen unseren Tast- und Bewegungssinn nutzen und mit anderen Sinneswahrnehmungen verbinden? Katharina von Kriegstein vom Max-Planck-Institut, die sich mit dem multisensorisches Lernen beschäftigt, schlägt vor, man solle, wenn man das spanische Wort für Apfel lernen will, «eine Apfel-Geste machen, einen Apfel schmecken oder ein Apfelbild betrachten».[12] Wie um alles in der Welt sieht eine Apfel-Geste aus?

Apfel heißt auf Spanisch «manzana». Um mir dieses Wort zu merken, stelle ich mir als «Apfel-Geste» vor, wie ich einen schönen roten Apfel aus dem Obstkorb nehme, seine glatte Schale fühle, ihn mit der Hand zum Mund führe und voller Genuss in den Apfel beiße. Ich schmecke den säuerlichen Geschmack auf meiner Zunge, fühle, wie der Saft beim Abbeißen über meine Hand läuft und der Apfelduft in meine Nase steigt.

Jetzt habe ich mein «Apfel-Aktivitätsmuster» ordentlich in Schwung gebracht. Und wie kommt nun das spanische Wort manzana ins Spiel? Die Ideen hierzu sind natürlich sehr individuell. Haben Sie eine? Schreiben Sie sie gerne auf:

Hier zwei Vorschläge für diese Vokabel:

«**Man zahlt na**türlich für einen spanischen Apfel» und nimmt ihn nicht einfach im Vorbeigehen an einem Marktstand mit. Oder: «Ein **Mann** beißt in Spanien in einen Apfel und beißt sich dabei einen **Zahn a**us.»

Bei diesen Eselsbrücken oder Assoziationen geht es, wie Sie bereits wissen, nur um den Klang der Silben und den einprägsamen Satz. Wenn Sie dann den zu merkenden Begriff noch mit einer entsprechenden Geste unterstreichen oder eine haptische Verbindung herstellen, indem Sie sich daran erinnern, wie Sie in einen Apfel gebissen oder ihn geschält haben, sind Sie auf der sicheren Seite.

Noch ein weiteres kleines Beispiel, diesmal aus dem Englischen: «appreciation» bedeutet «Würdigung», «Verständnis» oder «Wertschätzung». Denken Sie sich eine kleine Geste aus! Sie könnten sich zum Beispiel gedanklich verbeugen oder den Hut ziehen.

In diesem Zusammenhang gibt es eine interessante Studie über das sogenannte szenische Lernen bei Fremdsprachen. Die Wörter werden bei dieser Methode nicht nur von Handbewegungen begleitet, sondern in der Klasse auch im Chor aufgesagt oder in spielerische Szenen integriert. Dadurch werden die Schüler emotional eingebunden, das Lernen macht mehr Spaß. Der Effekt dieser Art des Lernens zeigt sich vor allem nach längerer Zeit: Beim Abfragen kurz nach dem Einprägen sind die Kinder, die die Vokabeln auf dem «herkömmlichen Weg» gelernt haben, und die Kinder der szenischen Lerngruppe gleich gut. Nach drei und sechs Wochen können sich Kinder aus der szenischen Lerngruppe jedoch noch an etwa 15 von 20 Vokabeln erinnern, während die Kontrollgruppe nur noch etwa fünf wiedergeben kann.[13] Da muss man nicht gut in Mathe sein, um zu erkennen, dass sich der spaßige Aufwand lohnt.

Alles Lernen mit Sinnen hilft allerdings nichts, wenn Sie das Gelernte nicht anwenden: Nur dann macht sich das entsprechende Aktivitätsmuster richtig schön breit im Gehirn. Im Englischen gibt es dafür den prägnanten Satz: «Use it or lose it!» Schauen Sie also einen Spielfilm in der Originalfassung an, lassen Sie sich von einem Hörbuch berieseln oder lesen Sie ein Buch in der entsprechenden Sprache. Am besten: Bereisen Sie das Land, in dem die Sprache gesprochen wird!

Was wir daraus wieder einmal lernen? Die Gleichung ist ganz simpel: Wenige Nervenzellen lernen langsam und nicht so viel, viele Nervenzellen lernen schneller und deutlich mehr.[14] Logisch, oder? Diese Tatsache hat in der Neurobiologie den wunderschönen Namen «Superadditivität». Die Bezeichnung kann man sich leicht merken, Nervenzellen sind super und bei super kommt noch etwas dazu!

Übrigens können Sie Gesten selbst beim Merken von Namen und Gesichtern einsetzen. Lernen Sie einen Udo kennen, denken Sie an den Starfriseur Udo Walz und streichen Sie ihm in Gedanken kurz über die Haare. Allerdings dürfen Sie nicht vergessen, auch den Nachnamen des neuen Udo mit dieser Geste zu verbinden.

Gesten und selbst etwas Weiches zu kneten, zum Beispiel einen Stoffball, sollen das Lernen unterstützen. Wenn nichts Knetbares zur Hand ist, reicht es auch, die Hände in derselben Abfolge kurz zu einer Faust zu ballen. Probieren Sie es einfach mal aus. Mit den Fäusten lernen! Bud Spencer würde das gefallen.

Es empfiehlt sich, dieses Wissen bewusst zu nutzen. Gesten sind Alleskönner: Selbst in mathematischen Zusammenhängen sind sie hilfreich, wenn wir zum Beispiel beim Lernen von Formeln eine entsprechende Geste oder Handbewegung machen – etwa ein waagerechte Linie in der Luft ziehen, wenn es um Division geht.[15] Bewegungen scheinen vor allem dazu zu führen, dass Informationen langfristig in Erinnerung bleiben.

Das Lernen von Texten

Ich möchte Ihnen anhand des folgenden Beispiels zeigen, wie Sie Ihren Tastsinn außerdem für das Lernen nutzen können. Dazu verwenden wir einen kleinen Text zu den bereits erwähnten Mechanorezeptoren, die äußere mechanische Reize über die Haut wahrnehmen. Aufgepasst, jetzt kommt wieder ein wenig Biounterricht. Hier lernen Sie, wie Sie sich selbst solch faktengespickten Texte mit vielen Fremdwörtern mit Hilfe von Merktechniken einprägen können. Und nun der Text:

Grundsätzlich werden die Mechanorezeptoren in zwei Typen eingeteilt. Ich nenne sie einfachheitshalber Typ A und Typ B. Zellen von Typ A feuern auf Druck *kontinuierlich* und Typ B feuert nur beim *Beginn und Ende* eines Reizes. Man unterscheidet vier verschiedene Arten der Mechanorezeptoren: die *Merkel-Zellen*, die *Meissner-Körperchen*, die *Ruffini-* und die *Pacini-Körperchen*. Sie befinden sich überall in unserer Haut, allerdings in unterschiedlicher Dichte. Grob kann man sie so einteilen: In der **Oberhaut** befinden sich viele Merkel-Zellen (Typ A), die für die *Wahrnehmung feiner Details* zuständig sind. Die **Lederhaut** beherbergt vorrangig Meissner-Körperchen (Typ B), die auf leichte Berührungen reagieren und die *Greifkraft* steuern. Die Ruffini-Körperchen (Typ A) sind für die *Dehnung der Haut* zuständig. In der **Unterhaut** sind vorwiegend die Pacini-Körperchen (Typ B) für *Vibrationen* beim Tasten mit den Fingern verantwortlich.

Wie können Sie sich diese Fakten merken? Markieren Sie beim ersten Lesen die wichtigsten Informationen oder schreiben Sie sie heraus. Je nach Inhalt können Sie auch eine Skizze anfertigen. Zunächst müssen Sie den Text verstehen, dann geht es ans Erinnern. Inhaltlich alles klar? Dann kommen die Merktechniken ins Spiel. Zum Einprägen können Sie sich wieder eine kleine Geschichte ausdenken oder die Routenmethode nutzen, die ich Ihnen jetzt im Original vorstelle, denn die Körperroute, die Sie in Kapitel 3 kennengelernt haben, ist nur eine «abgespeckte» Variante.

Die *Routentechnik* wird auch als *Loci-Methode* bezeichnet. Sie ist über 2000 Jahre alt; schon die alten Griechen und Römer nutzten sie, um Reden frei vortragen zu können. Wir wollen uns zwar keine ganze Rede einprägen, sondern nur die Hautrezeptoren. Trotzdem benötigen wir dazu eine Route, anhand derer wir uns die Fakten merken können: Jeder Punkt dieser Route wird mit einem Detail aus dem Text verknüpft. Diese Technik hat den ungeheuren Vorteil, dass man einzelne Routen aneinanderhängen und sich so sehr, sehr viele Informationen merken kann. Ohne sie wären die Leistungen bei Gedächtnismeisterschaften gar nicht zu erbringen.

Los geht's! Stellen Sie sich eine Küche mit folgenden Routenpunkten vor:

1. Tür
2. Uhr an der Wand
3. Bild
4. Stuhl
5. Vase

6. Esstisch
7. Kühlschrank
8. Balkontür
9. Mülleimer

Die Raumroute

Und nun zurück zu unserem Text. Im Folgenden habe ich für Sie die wichtigsten Informationen zusammengefasst:

Typ A: Feuern auf Druck – *kontinuierlich*
Typ B: Feuern bei – *Beginn und Ende*
Oberhaut: Merkel-Zellen – *Wahrnehmung feiner Details (Typ A)*
Lederhaut: Meissner-Körperchen – *Greifkraft steuern (Typ B)*
  Ruffini-Körperchen – *Dehnung der Haut (Typ A)*
Unterhaut: Pacini-Körperchen – *Vibrationen (Typ B)*

Verbinden Sie nun jeden dieser Punkte mit einem Routenpunkt. Das mag Ihnen seltsam erscheinen, aber lassen Sie sich bitte auf diese Technik ein. Wenn Sie dann keine Lust mehr haben, ist das in Ordnung, aber einen Versuch ist es auf jeden Fall wert. Und der könnte zum Beispiel so aussehen:

1. Stellen Sie sich vor, Sie malen ein *A* auf die **Tür** und machen sie *kontinuierlich* auf und zu.
2. Die **Uhr an der Wand** läutet immer *am Anfang und Ende* einer Stunde – bim-bam!
3. Wie verknüpfen wir *Oberhaut* mit dem **Bild?** Das Bild zeigt einen eleganten *Ober*, dem gerade ein Stapel Teller aus der Hand fällt, so bringen wir ein wenig Bewegung ins Spiel.
4. Frau *Merkel* sitzt auf Ihrem **Stuhl** in der Küche. Das finden Sie 1 *A*! Obwohl Sie sich schon wundern, dass Frau Merkel *kontinuierlich* das Holz des Stuhls betastet und dabei auf jedes *feine Detail* zu achten scheint.
5. Stellen Sie sich die rote **Vase** vor, in der eine Blume aus *Leder* steht – als Bild für *Lederhaut*. Spüren Sie, dass Sie die Blume berühren und wie sich das Leder anfühlt?
6. Auf dem **Tisch** sitzt eine kleine *Meise* und trainiert ihre *Greifkraft*, genau wie die *Meissner-Körperchen*. Das abgefahrene Outfit der kleinen Meise beim Trainieren wirkt sich allerdings positiv auf die *B*-Note aus.
7. Mit dem **Kühlschrank** verbinden wir nun die *Ruffini-Körperchen*. Allerdings ist der Kühlschrank leer. «*Ruf Fini*!», denken Sie sich. Fini hatte nämlich eigentlich versprochen einzukaufen. Dehnen Sie das «Ruf» beim Aussprechen extrem in die Länge – Sie sind schließlich genervt. Denn *dehnen* kann die Haut sich auch. Sie sind so sauer, dass Sie Ihren Ärger mit einem langgedehnten *AAAAAAAAAAAA* rauslassen.
8. Weiter geht es an der **Balkontür** mit der *Unterhaut*. Das ist einfach! Stellen Sie sich vor, dass sich etwas Schönes unter Ihrem Balkon abspielt. Wie wär's zum Beispiel, wenn Ihnen jemand ein Ständchen vorträgt, das Ihnen *unter* die *Haut* geht?
9. Mit dem **Mülleimer** merken wir uns die *Pacini*-Körperchen. Die Pacini-Körperchen und ihre Funktion können wir uns einprägen, indem wir uns unsere «*Patsche-Finger*» vorstellen, wie sie den

Mülleimer schließen. Ein bisschen zu heftig, denn er fängt an zu *vibrieren*. Sie verzieren den Mülleimer mit den Patsche-Fingern und malen ein *B* darauf.

Es ist wichtig, die Bilder auszuschmücken, sie vor Ihrem inneren Auge lebendig werden zu lassen und sich die entsprechenden Sinneserfahrungen, wie in diesem Falle das Befühlen des Leders oder das kontinuierliche Abtasten des Stuhles, wirklich vorzustellen. Beim Ausdenken der Punkte sind Ihrer Phantasie keine Grenzen gesetzt. Wiederholen Sie diese Geschichte, während Sie vielleicht kurz auf und ab laufen. Denn Sie wissen ja jetzt, Bewegung hilft beim Lernen!

Die Information, dass in der Oberhaut vorrangig Merkel-Zellen und in der Lederhaut überwiegend Meissner-Körperchen sitzen, muss nicht unbedingt in das Bild mit einfließen. Wenn man den Inhalt verstanden hat, ergibt sich das beim Abrufen der Routenpunkte von selbst.

Immer, wenn Sie sich an den Aufbau der Haut erinnern wollen, gehen Sie nun im Geiste die Route ab – ich wette mit Ihnen, dass Sie auch nach ein paar Tagen noch wissen, wo die Zellen liegen und wie sie heißen.

Übrigens, mit Routen, die in Räumen entstanden sind, die man gut kennt, fällt einem das Merken leichter. Sie können die Routenpunkte aber natürlich auch in der Wohnung von Freunden, auf dem Weg zur Arbeit oder im Urlaub festlegen. Meine beste Route, die ich immer wieder nutze, habe ich vor vielen, vielen Jahren in einem kleinen Hotel irgendwo in Frankreich gefunden, und sie ist mir bis heute die liebste – wahrscheinlich, weil dieser Urlaub damals so schön war ...

Mit ein wenig Übung können Sie immer mehr Informationen mit einem einzelnen Routenpunkt verknüpfen, wenn Ihnen das liegt. Diese sollten allerdings alle zu demselben Thema gehören, damit Sie nichts verwechseln. Belegen Sie Routen nie doppelt, vor allem nicht, wenn Sie sich auf eine Prüfung vorbereiten, sonst kommen Sie durcheinander – und das ist ja nicht Sinn der Sache.

Denken Sie beim Lernen nicht nur daran, Gesten einzusetzen, sondern probieren Sie einfach aus, in welcher individuellen Form Ihnen Bewegung beim Lernen hilft. Musiker lernen zum Beispiel oft im Gehen ihre Stücke auswendig, da ihnen das Schrittmaß den Takt vorgibt. Und: Vergessen Sie den Sport nicht!

In der Schule heißt es meist immer noch, still zu sitzen, dabei kann Bewegung so viel mehr Spaß ins Schülerleben bringen, und nicht nur da. Auch im Job ist permanentes Stillsitzen eher kontraproduktiv, körperlich wie geistig.

Nutzen Sie Ihren Körper beim Lernen! Oft tun wir das schon unbewusst, wenn wir mit den Füßen wippen oder anderweitig rhythmische Bewegung ausführen – manchmal sehr zum Leidwesen anderer, wenn wir beim Meeting ununterbrochen mit unserem Kugelschreiber rumklicken. Bevor Sie Kritikern entgegenhalten: «Ich lerne so besser!», besorgen Sie sich netterweise etwas anderes zum Bearbeiten – vielleicht einen Stoffball oder auch ein Gummipferd zum Kneten. Nur mal so am Rande: Was bedeutete «appreciation»?

Ich hoffe, wir haben den Tastsinn genug gewürdigt. Mit unserer Haut können wir nicht nur fühlen, sie duftet auch. Und mit dem Riechen wollen wir uns im nächsten Kapitel befassen.

Wer lernen will, spürt

★ Unsere Haut ist die «Mutter aller Sinne» und sehr sensibel.

★ Nutzen Sie beim Lernen Ihren Tastsinn, indem Sie sich vorstellen, wie sich Ihre Merkbilder anfühlen, zum Beispiel ein Apfel.

★ Bewegung ist in vielerlei Hinsicht gut für uns; Sport sorgt für eine gute Durchblutung und kann das Lernen allgemein unterstützen.

★ Finden Sie heraus, welche Form von Bewegung Ihnen guttut, wenn Sie es nicht längst schon wissen.

★ Gesten helfen beim Lernen. Egal ob bei Matheformeln, Namen oder Vokabeln.

★ Routen können Sie überall festlegen. Zu Hause, auf dem Weg zur Arbeit, im Büro, im Urlaub. Die Welt ist voller Routenpunkte.

KAPITEL 7

RIECHEN – DER EMOTIONALE SINN

«Ein Geruch steigt auf, und jetzt
erinnert sich die Nase. Die hat das
beste Gedächtnis von allen.»

Kurt Tucholsky

Momente der Erinnerung können magisch und rätselhaft zugleich sein. Ausgelöst durch einen Duft oder einen Geschmack wird man plötzlich – und ungefragt – von Erinnerungen und den damit verbundenen Gefühlen regelrecht überflutet. Bei mir zaubert zum Beispiel der Duft von Kiefern eine Kindheitserinnerung an den Weg zu unserem kleinen Ferienhaus in Italien hervor, der von großen Pinien gesäumt war. Die dichten Zweige machten es den Sonnenstrahlen selbst bei wolkenlosem Himmel schwer, Licht auf den aufgeplatzten Asphalt zu werfen. Sofort sehe ich auch meine aufgeschlagenen Knie vor mir, weil ich auf dem unebenen Weg gestolpert bin, und erinnere mich an die frisch aufgeschnittenen Wassermelonen, die ich anschließend zum Trost bekam.

Ein einzelner Duft lässt einen durch Raum und Zeit reisen und eröffnet Zugang zu unseren autobiographischen Erinnerungen, die einen Großteil unserer Identität ausmachen.

Dieses durch einen Duft oder Geschmack ausgelöste Katapultieren in die Vergangenheit wird *Proust-Effekt* genannt, nach dem französischen Schriftsteller Marcel Proust, der seine durch spezielle Gerüche wieder auflebenden Erinnerungen besonders eindrucksvoll geschildert hat. In seinem berühmten Werk «Auf der Suche nach der verlorenen Zeit» beschreibt er auf mehreren Seiten seine Erinnerungen, die der Duft und der Geschmack von Madeleines – einem französischen Gebäck, das nach Zitrone und Rum riecht – bei ihm auslösen. Proust schildert diese Momente als ein unerhörtes Glücksgefühl und als etwas, das «sonst die Liebe vermag, gleichzeitig aber fühlte ich mich noch von einer köstlichen Substanz erfüllt: oder die Substanz war vielmehr nicht in mir, sondern ich war sie selbst. Ich hatte aufgehört mich mittelmäßig, zufallsbedingt, sterblich zu fühlen.»[1] Was für ein Effekt, einzig und allein ausgelöst durch einen Duft!

Natürlich rufen Düfte nicht nur Glücksgefühle, sondern ebenso negative Erlebnisse wieder ins Bewusstsein: Der Geruch von Desinfektionsmitteln kann innerhalb eines Wimpernschlags schmerzhafte Krankenhauserinnerungen aus den Tiefen des Gedächtnisses hervorholen.

Innerhalb von Sekundenbruchteilen entscheidet sich, ob wir einen Geruch als angenehm oder unangenehm empfinden. So gut wie nie stehen wir einem Duft neutral gegenüber. Kein Wunder, gegen Gerüche können wir uns kaum wehren, denn mit jedem Atemzug durch die Nase nehmen wir gasförmige Moleküle auf, die unsere Geruchsrezeptoren unweigerlich registrieren. Zu unserem Glück reagieren die Rezeptoren in der Nase nach einiger Zeit schlicht nicht mehr, um uns vor Gestank zu schützen. Eine sehr gute Einrichtung der Natur! Zunächst aber sind wir Düften ausgeliefert, bis wir uns die Nase zuhalten.

Warum aber bringen Gerüche vergangene und vergessen geglaubte Momente zu Tage und liefern die Gefühle von damals gleich mit?

UNSER SCHLÜSSEL ZUR VERGANGENHEIT

«Unser Gedächtnis kann fast alles wiedererstehen lassen, nur Gerüche nicht, obwohl die Vergangenheit durch nichts so vollkommen wieder auflebt wie durch einen Geruch, der einst mit ihr verbunden war.»[2] Mit diesem einen Satz hat Vladimir Nabokov unseren Geruchssinn treffend charakterisiert.

Der Bielefelder Neuropsychologe Hans Joachim Markowitsch wundert sich nicht über diese Fähigkeiten von Gerüchen, denn «das Gedächtnis entstand evolutionär als Geruchsgedächtnis».[3] Klingt einleuchtend! Wenn wir uns erinnern, passiert das selten, ohne etwas dabei zu empfinden: «Die Duftinformationen, die die Nase aufnimmt, werden direkt in jene alten Teile des Gehirns geleitet, die das Reich des Unbewussten ausmachen und für Instinkte, Emotionen und Erinnerungen zuständig sind.»[4]

Erinnern Sie sich, wovon die Rede ist? Natürlich: vom limbischen System! Von unserer Limbo tanzenden Familie, angeführt von Frau Amy. Im Kapitel über das Gehirn habe ich ja bereits erwähnt, dass unsere Nase einen speziellen Draht zum Hirn hat, während alle anderen Sinneseindrücke vorher noch einen Zwischenstopp bei Zwitschi einlegen.

Im limbischen System wird analysiert, was Düfte mit uns anstellen. Bekomme ich Angst? Droht Gefahr? Wer riecht denn da so gut? Was zieht mich magisch an? So übernimmt unsere

Nase eine wichtige Rolle bei der Partnerwahl. Wir empfinden den Geruch derjenigen Personen als angenehm, die große genetische Unterschiede zu uns aufweisen und damit gut für potenziellen Nachwuchs sind. Ein perfekter Schachzug der Natur. Uns kann keiner so leicht an der Nase herumführen!

Düfte beeinflussen darüber hinaus die Ausschüttung körpereigener Hormone, die unsere Motivation erhöhen, uns Schmerzen vergessen lassen und für ein wohliges Gefühl sorgen – das gilt nicht nur bei dem Geruch von Menschen, die man mag, sondern auch bei vergleichsweise profanen Dingen wie Kaffee. So reicht bei jedem, der regelmäßig Kaffee konsumiert, allein schon der Duft aus, um die positiven Effekte von Koffein auszulösen. Er macht uns wach, ohne dass wir den Kaffee getrunken haben!⁵

Düfte können zwar die lebhaftesten Erinnerungen hervorrufen, aber als Auslöser brauchen wir den realen Duft. Es ist sehr schwer – wahrscheinlich nahezu unmöglich –, solche Erinnerungen «künstlich», also mit reiner Vorstellungskraft, wieder aufleben zu lassen. Zumindest fehlt dann ein Großteil der Gefühle.

Leider kann der Geruchssinn nicht nur kurzzeitig bei einem ordentlichen Schnupfen verschwinden, sondern auch irreversibel verloren gehen, etwa durch ein schweres Schädel-Hirn-Trauma als Folge eines Unfalls. Es ist nicht nur der Verlust des Riechens, den die Betroffenen dann bedauern, sondern es ist der Verlust der Gefühle, die Verbindung zur Welt. «Keinen Geruchssinn zu haben, bedeutet, keine Heimat zu haben»⁶, beschreibt es Walter Kohl, der seinen Geruchssinn bei einem schweren Fahrradunfall verloren hat. Das eigene Zuhause wird nicht mehr mit einem Geruch verbunden, nichts riecht mehr vertraut.

GERUCH UND GESCHMACK SIND WIE ERNIE UND BERT

Die Nase steckt ihr Näschen auch in die Angelegenheiten des Schmeckens. Geruch und Geschmack gehören zusammen! Unsere beiden chemischen Sinne sind unser persönlicher Wachdienst: In freier Wildbahn war es lange Zeit enorm wichtig, seine Beute oder eine Gefahr, das schönste Weibchen oder den Feind zu riechen, bevor man überhaupt etwas von ihnen sah. Und noch heute warnt uns unser Geruchssinn: wenn wir die Milch auf dem Herd vergessen haben oder es angekokelt riecht, weil der Adventskranz in Flammen steht.

Geruchs- und Geschmackssinn übernehmen darüber hinaus wichtige Aufgaben bei der Sicherung unserer Ernährung und unserer Gesundheit. Sie ermöglichen uns, nahrhafte und damit überlebenswichtige Stoffe zu erkennen, aber auch schädliche, die man meiden sollte. Hierbei ziehen beide Sinne am selben Strang, denn kalorienreiche Substanzen nehmen wir meist als wohlschmeckend, wenn nicht sogar süß wahr, sie riechen für uns meist angenehm. Schädliche Stoffe schmecken dagegen fast immer bitter oder rufen durch ihren unangenehmen Geruch Abscheu und Ekel hervor. Leider ist auf unser Geruchswarnsystem nicht hundertprozentig Verlass: Giftige Pilze erkennt es zum Beispiel eher selten. Doch da wir unsere Nahrung heute sowieso bequem im Supermarkt oder auf dem Markt kaufen, hat der Geruchssinn für uns nicht mehr seine ursprünglich überlebenswichtige Bedeutung.

Sie können sich vorstellen: Geruchs- und Geschmackszellen sind im Dauereinsatz. Damit sie trotz ihrer fortwährend starken

Belastung, etwa durch eindringenden Schmutz oder Bakterien, ihren Job unser Leben lang erledigen können, erneuern sich die Riechsinneszellen in Zunge und Nase permanent. Bei den Riechrezeptoren dauert dieser Erneuerungszyklus etwa fünf bis sieben Wochen. Die Geschmackssinneszellen in der Zunge sind fixer: Sie schaffen das – notgedrungen – in etwa einer Woche, denn ihre Belastung ist durch das Kauen weitaus höher.

Doch nun zurück zur Nase. Der arme Zinken hat einen Fulltime-Job, 24 Stunden, sieben Tage die Woche. Außer zu riechen muss er täglich tausende Liter Atemluft auf eine angenehme und körpergerechte Temperatur erwärmen. Deshalb ruht sich ein Nasenloch immer aus. Wie bei Rechts- und Linkshändern haben wir tatsächlich ein Lieblingsnasenloch – oft ohne es zu realisieren. Mit unserem Favoriten riechen wir die meiste Zeit, während sich das andere einen faulen Lenz macht. Nur wenn wir bewusst etwas beschnüffeln wollen, riechen wir mit beiden Nasenlöchern. Wobei: Wirklich gerochen wird erst im Gehirn.

WIE FUNKTIONIERT UNSER FEINES NÄSCHEN?

Unsere Wahrnehmung von Gerüchen beginnt mit dem Einatmen. Jeder Gegenstand, jedes Lebewesen, jede Pflanze gibt winzige Moleküle ab, die durch die Luft schwirren. Weiche Gegenstände wie Kuscheltiere geben mehr Duftmoleküle ab als harte, zum Beispiel Holzstühle. Heiße Dinge geben mehr ab als kalte: Der frisch aufgebrühte Kaffee von heute riecht stärker als der kalte Kaffee von gestern, in der Hitze der Tropen duftet alles intensiver als in der Kälte der Arktis oder Antarktis.

Steine gehören zu den wenigen Dingen, die selbst überhaupt nicht riechen, sondern allenfalls den Duft ihrer Umgebung annehmen.

Diese Geruchsmoleküle gelangen mit dem Luftstrom zufällig in unsere Nasenlöcher. Dort wird die Luft aufgewirbelt, gewärmt und befeuchtet, bevor sie die *Riechzellen* aktivieren, die in der Nasenschleimhaut sitzen und auf ganz bestimmte Geruchsstoffe reagieren. Die *Nasenschleimhaut* ist etwa $5\,cm^2$ groß und sitzt weit oben in der Nasenhöhle, fast schon auf Augenhöhe und in direkter Nachbarschaft zum *Riechkolben*. Der Riechkolben ist so faszinierend, dass wir ihn uns gleich genauer anschauen.

Beim Sehen teilen sich vier verschiedene Rezeptorentypen den Job. Sie erinnern sich? Die Stäbchen und drei Zapfenarten. In der Nase finden wir indes 350 verschiedene *Geruchsrezeptoren*. Und zum Glück haben wir von jedem dieser 350 Typen nicht nur ein paar, sondern jeweils mehrere tausend.

Egal, wo wir geboren worden sind und mit welchen Gerüchen wir aufwachsen, wir verfügen alle über die gleichen Rezeptoren. Jede Riechsinneszelle spricht nur auf einen kleinen Bereich von Geruchsstoffen an.[7] Duftmoleküle von Vanille etwa docken nur an Riechzellen an, die für Vanillin zuständig sind. Vom Suchen und Finden des Dufts!

Bedeutet das, es gibt Andockstellen für Erdbeerkuchen und Chanel N° 5? Ganz so ist es nicht, denn die meisten Düfte setzen sich aus vielen verschiedenen Duftmolekülen zusammen, sodass mehrere Riechzellen gleichzeitig aktiviert werden. Allein ein Rosenduft kann sich aus mehreren hundert verschiedenen Molekülen zusammensetzen, und das sind natürlich nicht immer genau dieselben, weshalb Rosen unterschiedlich duften. Ähnlich ist es bei Erdbeeren. Wenn wir zum Beispiel an einem Erdbeerkuchen riechen, entsteht ein ganz bestimmtes Aktivitätsmuster, das sich aus der Aktivierung vieler verschiedener Rezeptoren zusammensetzt. Die Neuropsychologin und Duftforscherin Linda Buck, die 2004 mit ihrem Kollegen mit dem Nobelpreis in der Kategorie «Physiologie oder Medizin» ausgezeichnet worden ist, hat diesen Vorgang mit einem Duft-Alphabet verglichen.[8] Demnach verfügt unser Riechorgan über ein Alphabet mit 350 Buchstaben und kann damit «Duftwörter» bilden, die jeweils über 100 Buchstaben enthalten können. Aus den 350 Buchstaben lassen sich also die geschätzten 100 000 unterschiedlichen Düfte locker bilden.

Wenn sich Rezeptor und Molekül gefunden haben, ist das wie ein Schlüssel, der ins Schloss passt. Aus der Fülle an Duftmolekülen picken sich die Riechzellen genau diejenigen heraus, die aufgrund ihrer Form und ihrer chemischen Eigenschaften perfekt zu ihnen passen. Man muss sich dieses Schloss allerdings eher wie ein altes Schloss mit einem großen Schlüsselloch vorstellen, bei dem es nicht auf jede Feinheit der Schlüsselform ankommt. Dieser Vorgang hat also nichts mit einem modernen Präzisionsschlosssystem gemeinsam, erklärt der Duftforscher Hanns Hatt in seinem interessanten Buch *Das Maiglöcken-Phänomen*.[9]

Auch die Rezeptoren nehmen es nicht ganz so genau. Sie brauchen nicht ein einziges spezifisches Gegenstück, sondern ihnen reichen molekulare Teilstrukturen – der Rest des Duftmoleküls kann variieren. Hat unser Gehirn also einmal gelernt, wie Kaffee riecht, braucht es gar nicht das komplette Molekül wahrzunehmen, sondern kann sich den fehlenden Teil selbst zusammenreimen. Genauso, wie wir Wörter erknnen, bei denen Bchstben fhlen, knn unsre Nse Düfte widererknnn, wenn Teile von ihnen fehlen.

Diesen Umstand macht sich die Lebensmittelindustrie zunutze, um zu sparen: Für einen Erdbeerjoghurt zum Beispiel muss sie gar keine echten Erdbeeren verwenden, sondern nur einen Teil ihres Aromas künstlich herstellen. Unser Gehirn ist so nett und ergänzt den Rest, sodass Erdbeerjoghurt für uns trotzdem nach Erdbeeren riecht – und schmeckt, obwohl ein Teil des komplexen Aromas fehlt.[10] Damit kann man sich natürlich ein goldenes Näschen verdienen.

Kehren wir zum Date von Rezeptor und Molekül zurück. Wenn der Schlüssel einmal passt, dann zündet es tatsächlich, und der erkannte Duft wird durch viele Botenstoffmoleküle verstärkt. So werden selbst bei kleinsten Duftmengen so viele Botenstoffe in den zuständigen Riechzellen ausgeschüttet, dass die uns bereits bekannten elektrischen Impulse erzeugt und die Informationen an den *Riechkolben* weitergeleitet werden.

Schauen wir uns kurz an, was bei einer Zelle passiert, wenn sie ein passendes Molekül gefunden hat und feuert. Die Impulse werden auch hier in der Riechsinneszelle erzeugt, da bestimmte Botenstoffe winzig kleine Öffnungen in ihrer Membran öffnen. Durch diese sogenannten *Ionenkanäle* strömen positiv geladene Teilchen – Natrium und Kalzium – von außen in die Zelle. So wird die Zelle positiv aufgeladen, was zur Erregung der Zelle führt: Sie sendet elektrische Impulse. Das ist im Übrigen das Grundprinzip für die Arbeit aller Nervenzellen. Besser spät als nie erklärt ...

Nun kommen wir zum faszinierenden *Riechkolben*. Er spielt bei der Wahrnehmung von Gerüchen eine zentrale Rolle, denn in ihm landen zunächst alle Informationen des gleichen Rezeptortyps in sogenannten *Glomeruli*. Diese Glomeruli kann man sich wie die Kugeln in einer Lottotrommel vorstellen – allerdings nicht eine mit 49 wie am Samstagabend, sondern eine mit 350 Kugeln. Das heißt, alle Rezeptoren des gleichen Typs schicken ihre elektrischen Impulse an «ihre» entsprechende

Lottokugel, wo sie gesammelt werden. Weil wir 350 verschiedene Rezeptoren haben, gibt es etwa 350 dieser auf einen Duft spezialisierte Glomeruli. Da sich ein Duft aus zahlreichen Duftstoffen zusammensetzt, werden durch einen Geruch viele dieser Lottokugeln aktiviert, und so entsteht für jeden Duft ein ganz bestimmtes Muster. Nur die richtige Kombination – das spezielle Aktivitätsmuster aus den aktivierten Glomeruli – ergibt den speziellen Duft. Es ist wie beim Lotto: Einzelne Zahlen sind nix wert, erst gemeinsam ergeben sie den Gewinn. In diesem Fall den Duft.[11]

Im Riechkolben findet also die erste Stufe der Verarbeitung statt, bevor die Informationen über den sogenannten *Nervus olfactorius* an höhere Ebenen im Gehirn weitergeleitet werden.

Erst im Zusammenspiel des olfaktorischen Cortex mit anderen Gehirnregionen, wie der Amygdala, entsteht aus den Informationen das, was wir als Geruch wahrnehmen.[12] Hier entscheidet sich auch, ob man eine Person «gut riechen» kann oder nicht.

Sobald die Information entschlüsselt ist, wird entschieden, ob ein Geruch auf Gefahr hindeutet (Feuer! Gas!) oder nicht (Bratkartoffeln! Blumen!) – wie Sie wissen, liegt Amys Kernkompetenz im Bewerten und Wiedererkennen von Reizen.

Wie bei den anderen Sinneswahrnehmungen werden im limbischen System außerdem Emotionen zu den Düften hinzugefügt: Der Hypothalamus, Herr Zwitscho, mischt sich als Schaltzentrale über unsere Hormone ins Geschehen ein. Durch diese Zusammenarbeit aller Beteiligten kann ein Duft ein bestimmtes Gefühl und vielleicht sogar eine bestimmte Erinnerung in uns auslösen.

EIN DUFT KOMMT SELTEN ALLEIN

Schätzen Sie mal, wie viele Gerüche der Mensch mit seinen Millionen von Riechzellen unterscheiden kann. Theoretisch können wir über eine Billion unterschiedliche Gerüche ausmachen, auch in der Praxis dürften mehrere Milliarden Gerüche unterscheidbar sein.[13] So ganz ist sich die Wissenschaft da allerdings nicht einig. Neuere Untersuchungen zeigen, dass der Geruchssinn der mit Abstand vielfältigste ist. Das typische Kaffeearoma zum Beispiel besteht aus rund 300 verschiedenen Molekülen. Da sich viele der Moleküle ähneln, aktivieren sie die gleichen Rezeptoren.[14] Auch ein Parfüm kann sich aus mehr als 100 Duftstoffen zusammensetzen, und die Narzisse hat sogar ungefähr 900 Einzelkomponenten im Angebot. Wer hätte das gedacht! Kaum zu glauben, dass es uns manchmal schwer fällt, den Duft von Rosmarin und Thymian zu unterscheiden.

Oft überlagern sich verschiedene Gerüche in unserer Umgebung, was es schwerer macht, sie auf Anhieb einzeln herauszuriechen. Denken Sie nur mal an die Gerüche in Ihrer Küche, wenn es zum Mittagessen Sauerkraut mit Kassler gab, inzwischen der Apfelstrudel im Ofen ist und der Vanilletee schon seinen Duft verbreitet. Die Moleküle dieser vier Gerüche mischen sich mit vielen anderen im Raum vorhandenen Duftmolekülen. Trotzdem sind wir, wenn wir uns darauf konzentrieren, in der Lage, sie einzeln (Sauerkraut, Kassler, Apfelstrudel, Tee) wahrzunehmen.[15] Schon toll, unser Näschen!

Trotzdem stinken wir mit unseren 350 unterschiedlichen Riechrezeptoren ganz schön gegen viele andere Säugetiere ab, selbst Ratten und Mäuse verfügen über 1000 dieser Rezeptoren. Unser Geruchssinn hat nicht gerade eine große Lobby, wenn es darum geht, die Fähigkeiten unserer Sinne zu loben. Doch wie eine an der University of Berkeley durchgeführte Studie gezeigt hat, wird auch dieser Sinn gehörig unterschätzt.[16] Im Rahmen dieser Studie mussten die Probanden mit verbundenen Augen, Ohrstöpseln und Handschuhen eine zehn Meter lange Duftspur erschnüffeln – was ihnen zum Großteil gelang. Trotzdem bleiben uns Hunde um Nasenlängen voraus. Aber nur hinsichtlich Duftspektrum und Geschwindigkeit, nicht bezüglich Präzision. Da waren talentierte Testteilnehmer nach einem dreitägigen Training ähnlich gut. Unser Geruchsinn kann durch Üben also deutlich verbessert werden, wir nutzen ihn nur nicht entsprechend! Hunde hingegen schöpfen ihr Potenzial voll aus, während wir oft noch nicht mal Erdbeeren am Geruch erkennen können. Ich denke, da ist noch Luft und Duft nach oben!

Wo wir gerade bei Tieren sind: Eisbären besitzen über eine Milliarde Riechzellen und können es sich beim Jagen unter Wasser ziemlich gemütlich machen: Einfach die Augen schließen – und der Geruchssinn erledigt den Rest. Salzwasser brennt ja auch immer so in den Augen ...[17]

Interessanterweise sind Gerüche immer informationsabhängig. Angenommen, unsere Augen werden verbunden, jemand hält uns etwas unter die Nase und sagt, es sei Käse. Falls wir Käse mögen, gefällt uns der Duft wahrscheinlich gut, zumal unser Gehirn uns dazu wahrscheinlich das Bild eines hübschen, schmackhaften Käses liefert. Der riecht jedoch nur so lange gut und nach Käse, solange behauptet wird, es sei Käse! Wenn man denselben Geruch als «Stinkesocken» definiert und wir uns diesen dann auch noch vorstellen – dann ist das ... ja, widerlich!

Der Neurologe Jay Gottfried vom University College in London wies entsprechend nach, dass sowohl visuelle als auch geruchsrepräsentierende Areale im Gehirn aktiv sind, wenn wir ein Bild in Verbindung mit einem Geruch wahrnehmen. Die Testpersonen mussten sich einen Begriff – zum Beispiel «Ball» – in Verbindung mit einem konkreten Duft, zum Beispiel dem von Rosen, merken und sich dafür ein gemeinsames Bild ausdenken. Etwa, wie sie mit einem Ball spielten, der mit Rosenblättern gefüllt war und wie verrückt duftete. Nachdem die Studienteilnehmer etwa 130 Begriffe zusammen mit verschiedenen Düften gelernt hatten, wurden ihnen im Scanner verschiedene Bilder gezeigt, und sie sollten benennen, welche sie wiedererkannten. Selbst wenn sie ausschließlich das Bild sahen und den Duft nicht dazu rochen, waren dennoch auch diejenigen Areale im Gehirn aktiv, die für den Geruch zuständig sind. Obwohl uns der Duft zum Bild nicht bewusst ist, weiß das Gehirn also auf unbewusster Ebene über die Verknüpfung zwischen Bild und Duft Bescheid.[18] Das funktioniert auch andersherum: Wenn wir etwas riechen, ohne es konkret zu sehen, wird das mit dem Geruch verknüpfte Bild aktiviert, da beide Wahrnehmungen miteinander verknüpft sind und vermutlich zum selben Aktivitätsmuster gehören, in das auch unsere Emotionen eingebunden sind.

Wir brauchen offenbar unsere visuelle Erinnerung und die passende Bezeichnung des Geruchs, um den Duft «richtig» riechen zu können. Macht es Sie nicht auch wahnsinnig, wenn Sie einen Duft riechen, den Sie kennen, ihn aber partout nicht einordnen können? Erst, wenn Sie sich an das zum Duft passende Bild erinnern – oder Ihnen zum Beispiel eine Freundin sagt, woran er sie erinnert –, können Sie ihn richtig benennen. Und das ist ganz schön schwierig, wenn man ungeübt ist. Und das sind wir heutzutage fast alle. Nicht nur, weil wir keine Beute mehr erschnuppern müssen, sondern auch deshalb, weil

Geruch und Bild im Alltag oft nicht mehr gemeinsam auftreten und wir Gerüchen deshalb weniger Beachtung schenken (müssen). Es sei denn vielleicht, wir verschenken ein Parfüm, kaufen ein neues Duschgel oder sind frisch verliebt und ganz verrückt nach dem Duft der Liebsten.

MAG ICH, WAS ICH RIECHE?

Angesichts der Wichtigkeit unseres Geruchsinns und seiner vielfältigen Fähigkeiten ist es kaum verwunderlich, dass sich die Begriffe «Nase «und «Riechen» in zahlreichen Redensarten wiederfinden: Daniela hat den «richtigen Riecher», Oscar hat uns etwas «auf die Nase gebunden», etwas «stinkt uns» gewaltig, Felix soll sich «verduften», Sonja kann den neuen Kollegen «nicht riechen».

Wenn Letzteres nicht nur im übertragenen Sinne gemeint ist, haben wir leider ein Problem: Ist die Antipathie molekularen Ursprungs, können wir nichts dagegen unternehmen. Da helfen weder Seife noch Duftwässerchen.

Unsere Gene bestimmen, wie wir einen Duft wahrnehmen, und prägen darüber hinaus unseren ganz individuellen Körpergeruch. Wer ähnliche Gene hat, fühlt sich auch von denselben Gerüchen positiv angesprochen. Die Gerüche, die wir mögen, oder die Parfüms, mit denen wir uns schmücken, unterstreichen quasi unseren eigenen Duft.[19] Und wie gut wir riechen können, ist davon abhängig, wie bewusst und intensiv wir auf Gerüche achten.

Wie wir Gerüche bewerten, ist allerdings sehr subjektiv: Die Entscheidung darüber, was wir als positive oder negative

Gerüche wahrnehmen, also als angenehm oder unangenehm, wird bereits in früher Kindheit getroffen. Unsere persönlichen Duftvorlieben bilden sich individuell, in Abhängigkeit von unseren Erfahrungen aus und werden durch unser soziales Umfeld und die Kultur mitgeprägt. Japaner zum Beispiel mögen es eher süß, haben aber auch nichts gegen Fischgeruch einzuwenden. Dafür hassen viele Asiaten den Schimmelgeruch von Käse, während wir Deutschen ihn lieben – also, einige von uns.[20] Bei Nordamerikanern kommt Fischgeruch nicht allzu gut an, dafür riechen sie den Duft von Popcorn sowie von Zimt und Vanille besonders gern. Vanille ist übrigens weltweit konsensfähig: Die meisten Menschen mögen den Geruch, vermutlich, weil Muttermilch leicht nach Vanille duftet. Auch der Geruch von Orangen, Meer oder Wald ist auf der ganzen Welt beliebt. Alles Dinge und Orte, die uns wohl sehr guttun und von denen wir nie genug haben können!

VON DER SCHWIERIGKEIT, DÜFTE ZU BESCHREIBEN

Gerüche sind eine rätselhafte Welt. Da verwundert es nicht, dass es bisher keine Klassifizierung von Gerüchen gibt, so wie für Farben, die in Beziehung zu den Lichtwellenlängen gesetzt wurden. Sicherlich, man kann darüber diskutieren, ob die Farbe eines Sees türkis oder hellblau ist, aber dies ist eine Diskussion, die sich leichter austragen lässt, als über Düfte zu philosophieren.

Dafür gibt es zwei wesentliche Gründe: Zum einen ist es der Mangel einer spezifisch sprachlichen Bezeichnung für Geruchsqualitäten – wie schon erwähnt, sind Gerüche nur schwer allgemeingültig in Worte zu fassen: «Es riecht nach Wald, nein, nach Weihnachten, nein, nach Kindheit». Zum andern besteht die Schwierigkeit, Gerüche mit bestimmten Moleküleigenschaften in Verbindung zu bringen. Es gibt Moleküle, die sich in ihrer Struktur völlig unterscheiden, aber gleich riechen, zum Beispiel nach Ananas.[21] Warum das so ist, ist bisher noch nicht entschlüsselt.

Moleküle mit dem Duft von Ananas

Wie würden Sie zum Beispiel jemandem den süßlich-würzigen Geruch von Tomaten beschreiben, der noch nie im Leben Tomaten gegessen oder gerochen hat?

Es scheint außerdem so, dass die olfaktorischen Bereiche des Gehirns mit Arealen, in denen Sprachbildung und Wortfindung stattfinden, weniger gut vernetzt sind. Wahrscheinlich fällt uns deshalb das Erkennen und Beschreiben von Düften so schwer. Und es ist sicherlich auch eine Frage der Gewohnheit: Im Allgemeinen beschreiben wir selten Düfte – außer «es riecht gut» oder «nicht gut» fällt uns deshalb oft nichts ein.

Vor einigen Jahren hatte ich die Gelegenheit, durch den Parfümeur Geza Schön einen Einblick in den olfaktorischen und sprachlichen Kosmos dieses Berufsfeldes zu gewinnen und die Entwicklung eines Parfüms zu begleiten. Zu Beginn überzeugte mich die Idee eines gemeinsamen Projekts nicht, hatte ich doch den Roman «Das Parfum» allzu lebendig in Erinnerung. Aber nachdem ich eines Abends einen von Geza Schöns Düften trug und dreimal darauf angesprochen worden war – von einer Bedienung im Restaurant, einem Taxifahrer und von einem Mann in der Hotellobby, der sehr höflich nach dem Namen des Duftes als Geschenk für seine Frau fragte –, war ich doch sehr neugierig geworden, was es mit diesem Duft und der Entwicklung eines Parfüms auf sich hatte. Wenn ich im Nachhinein darüber nachdenke, hatte ich vielleicht an jenem Abend einfach etwas zu viel aufgetragen. Obwohl – diesem Parfüm sollen Menschen schon ganze Blocks weit in New York nachgelaufen sein, um den Träger nach dem Namen zu fragen.[22]

So lernte ich die Unterscheidung der Düfte von Rohstoffen und Parfüms kennen. Sie riechen citrusartig, fruchtig, floral, orientalisch, aromatisch oder holzig. Es ist erstaunlich, wie schnell man seine Nase trainieren kann und anhand des Duftvokabulars lernt, Düfte immer spezifischer zu beschreiben. Auch andere Berufe, wie die Sommeliers, haben ihre eigene Sprache entwickelt, um sich über die unterschiedlichen Aromen und Bouquets von Weinen auszutauschen, die ein «Anfänger» nicht unbedingt auf Anhieb versteht. Aber auch das ist erlernbar. Zu Beginn der Zusammenarbeit mit Geza Schön hatte ich Schwierigkeiten, selbst die einfachsten Düfte zu unterscheiden. Zitrone oder Limette? Das hat mich wahnsinnig gemacht. Eine Freundin erzählte mir mal, sie habe bei einem Weinseminar an einem Geruchstest teilgenommen, bei dem von Butter über Oregano bis hin zu Öl Riechproben zusammengestellt worden waren. Ihr kamen alle Gerüche vertraut vor, aber sie konnte in vielen Fällen nicht sagen, um was es sich handelte. Das geht wohl den meisten von uns so.

Das Parfüm, an dem ich mitarbeiten durfte, trägt übrigens den kurzen und prägnanten Titel «The Beautiful Mind Series Vol. I –Intelligence and Fantasy».

DIE GROSSE WEITE WELT DES WOHLGERUCHS

Früher waren Duftstoffe – etwa feinstes Rosenöl – teurer als Gold, und noch heute zählt Rosenöl zu einem der kostbarsten Rohstoffe bei der Parfümherstellung. Dennoch haben sich die Zeiten geändert. Die Parfümindustrie verfügt inzwischen über bis zu 4000 natürliche sowie synthetisch hergestellte Duftstoffe. Den Düften der großen weiten Welt sind keine Grenzen mehr gesetzt. Es gibt kaum noch Produkte, die nicht riechen. Und alle wollen den Duft von Reinheit versprühen. Waschmittel, Weichspüler, Haarshampoos und Putzmittel riechen nach Gras, Sommerbrise, Zitrone, Gänseblümchen oder Rosen. Deos und Duschgels schmücken sich mit dem Duft von Pfefferminz oder Eukalyptus: frisch und rein. Lippenstifte riechen vanillig, Taschentücher «gesund» und neue Elektrogeräte riechen … – ja, wie? Nach Plastik?

Sie ahnen: Düfte und Gerüche haben nicht nur riesigen Einfluss auf unsere Erinnerungen, sondern sie können uns darüber hinaus manipulieren oder zum Kauf verführen, da wir sie oft gar nicht bewusst wahrnehmen.

Wichtig für das Thema dieses Buches: Düfte können das Lernen unterstützen! Eine Studie an der britischen Universität Northumbria in Newcastle zeigt, dass Shakespeare recht hatte, als er Ophelia in Hamlet sagen lässt: «There's rosemary, that's for remembrance: pray, love, remember» – also übersetzt «Hier ist Rosmarin: Er steht für das Erinnern, ich bitt Euch, Liebster, erinnert Euch.» Zur Zeit Shakespeares wurde Rosmarin tatsächlich als Mittel für die Stärkung des Gedächtnisses angesehen und daher bei Hochzeiten für die Erinnerung an die Treue und bei Beerdigungen zur Erinnerung an die Verstorbenen verwendet.

In der entsprechenden Studie konnten sich Probanden, die Rosmarinduft ausgesetzt waren, bestimmte Aufgaben bis zu 75 Prozent besser merken als die Kontrollgruppe. Sie sollten sich an Dinge erinnern, die im sogenannten *prospektiven Gedächtnis* abgespeichert werden. Mit prospektivem Gedächtnis bezeichnet man das Gedächtnis, das beim Merken von zukünftigen Aufgaben aktiv ist, wenn wir uns also zum Beispiel an einen Banktermin, das Schreiben einer Geburtstagskarte oder an das Einnehmen von Medikamenten erinnern wollen.

Eine weitere Studie zeigte einen ähnlichen Effekt bei Aufmerksamkeit, Genauigkeit und Schnelligkeit des Gedächtnisses. Rosmarin hilft unserem Gehirn tatsächlich auf die Sprünge! Schon die alten Griechen verließen sich auf die Wirkung dieser Pflanze: So trugen Schüler bei Prüfungen einen Rosmarinkranz, um bessere Ergebnisse zu erzielen.

Übrigens gibt es darüber hinaus noch weitere interessante Einsatzmöglichkeiten für Düfte: Blumige Duftnoten in der Nase des Betrachters verführen ihn dazu, sein Gegenüber um 6 Kilo leichter einzuschätzen, und der Duft von Pampelmusen schafft es sogar, Damen 6 Jahre jünger wirken zu lassen.[23]

TRAININGSLAGER: FORMELN UND DATEN

Bringen Sie, wenn Sie sich neue Informationen einprägen wollen, immer wieder Gerüche mit ins Spiel. Sie wissen ja inzwischen: Durch die zusätzlichen Reize werden größere Netzwerke im Gehirn aktiviert, was dazu beiträgt, Gelerntes besser im Gedächtnis zu verankern.

Bauen Sie sich Ihr eigenes Duftlabor

Bevor ich auf konkrete Merktechniken eingehe, möchte ich Ihnen empfehlen, Ihren Riechsinn grundsätzlich etwas zu trainieren, da am Riechvorgang viele Gehirnareale beteiligt sind – und mit jeder Aktivierung unser Gehirn fitter wird. Überlegen Sie doch mal, welche Gerüche bereits besondere Erinnerungen wachrufen. Es lohnt sich bestimmt, Zettel und Stift zu holen. Mir fallen spontan ein: Zuckerwatte, Schule, frische Erde, Bibliothek, Meer ...

Sie können sich im Alltag ganz leicht für Gerüche sensibilisieren: Riechen Sie an frischen Lebensmitteln, die Sie gerade eingekauft haben, an Früchten und Gemüse, an Kräutern oder frischem Brot! Schnuppern Sie an den Blumen auf Ihrem Balkon, an Wildblumen auf Wiesen, blühenden Büschen auf einem Spaziergang oder an Schnittblumen im Winter. Genießen Sie den Duft nach frischen Brötchen, der Ihnen schon von weitem aus der Bäckerei entgegenweht.

Jeder Ort hat seine eigenen Gerüche: die U-Bahn, die Pommesbude, der Blumenladen auf dem Weg zur Arbeit, die Tankstelle – es finden sich immer Möglichkeiten, Gerüche und Düfte ganz neu und bewusst wahrzunehmen.

Riechen Sie an Ihren Shampoos, Cremes, Deos oder Seifen, aber auch an Papier, Zeitschriften und Büchern. Atmen Sie dabei tief ein oder schnüffeln Sie mehrmals kräftig. Die Moleküle werden dadurch auf dem Weg zu den Riechzellen ordentlich herumgewirbelt und verteilen sich gleichmäßiger auf der Nasenschleimhaut. Schließen Sie die Augen, damit Sie sich besser auf den Duft konzentrieren können. Denken Sie bewusst darüber nach, ob und welche Erinnerungen und Gefühle Sie mit den einzelnen Düften verbinden.

Geben Sie Kräuter oder Gewürze in verschiedene, nicht einsehbare Gefäße, und versuchen Sie anhand des Duftes, die verschiedenen Substanzen zu erkennen. Wenn Sie eine gewisse Übung beim Schnuppern haben, können Sie den Schwierigkeitsgrad erhöhen, sich die Augen verbinden, die Gefäße hin- und herschieben und erst dann eines auswählen. Sie können auch einen Wettbewerb mit Freunden veranstalten, wer am meisten Düfte erkennt – oder wie wär's mit einer kleinen privaten Weinprobe?

Fangen Sie an, die Düfte in Worte zu fassen. Probieren Sie verschiedene Formulierungen aus. Vielleicht finden Sie Trainingspartner in der Familie oder im Freundeskreis.

Formeln – Die Mitternachtsformel

Kommen wir zum konkreten Lernen. Ob Sie es glauben oder nicht: Gerüche helfen sogar beim Lernen abstrakter Dinge wie einer mathematischen Formel.

Erinnern Sie sich an die sogenannte *Mitternachtsformel* aus dem Mathematikunterricht? Mehr schlecht als recht, oder?

Manche haben sie auch als *pq-Formel* nicht verstanden, doch eigentlich soll sie dabei helfen, quadratische Gleichungen zu lösen. Zugegeben, die meisten von Ihnen sehen sich vermutlich nicht gerade täglich der Aufgabe gegenüber, quadratische Gleichungen lösen zu müssen. Aber die folgende Merktechnik mit Geruchsunterstützung kann Ihnen auch beim Erinnern von Passwörtern, PIN-Nummern, Geburtsdaten oder Türcodes helfen. Hier ist sie also, die Mitternachtsformel:

$$x_{1,2} = \frac{-b \pm \sqrt{b^2 - 4ac}}{2a}$$

Selbst diese Monsterformel kann man in eine kleine, lustige Geschichte verpacken, damit sie weniger bedrohlich wirkt. Los geht's:

Sie sind auf dem Jahrmarkt, es duftet überall nach Zuckerwatte und Bratwurst. Stellen Sie sich nun ein Karussell vor, das wie ein X aussieht und an dem zwei kleine Gondeln hängen, nämlich die 1 und die 2 ($x_{1,2}$). Ein Startschuss ertönt, es geht los (=). Haben Sie ihn gehört? Erschrocken steigt ein kleiner Bär aus dem Karussell aus und läuft rückwärts, damit er sich das Karussell noch mal anschauen kann (-**b**). Dabei fällt Ihnen auf, dass er wohl ein wenig zu viel Rasierwasser aufgetragen hat, da ihn eine Duftwolke umgibt, die Sie bis zu Ihrem Platz riechen können.

Dem Bären ist nach der Karussellfahrt doch etwas schwindelig, er torkelt vor und zurück (±) und stolpert dabei prompt über eine Wurzel ($\sqrt{\ }$). Riechen Sie den modrigen Duft dieser nassen Wurzel, die nach dem gestrigen Sturm mit dem heftigen Regen auf dem Boden herumliegt? Also, der Bär fällt hin und sieht vor Schreck alles doppelt (**b**^{2}). Und weil ihm so furchtbar schwindelig ist, wird ihm auch noch schlecht. Er muss sich übergeben und spuckt alle 4 Ananas und die kleine Clementine aus, die er vor der Fahrt gegessen hat (**−4ac**).

Weil er nun einen schlechten Geschmack im Mund hat, nimmt er 2 frische Ananas, teilt sie durch und genießt ihren frischen, saftigen Geruch (**geteilt durch 2a**). Nun geht es ihm besser!

Zugegeben: Eine sehr skurrile Geschichte, aber genau deswegen kann man sich diese Formel innerhalb von Minuten merken, bei der man im ersten Moment keine Verankerungspunkte entdeckt. Sie bleibt lange hängen, auch wenn man die Formel nicht täglich nutzt.

Geburtstage merken

Natürlich können wir uns auch Geburtstage, Hochzeitstage oder andere Daten mit Hilfe von Gerüchen merken. Schreiben Sie doch einmal auf, welche Gerüche Sie mit den einzelnen Monaten verbinden. Wenn Ihnen kein Duft einfällt, können sie selbstverständlich Begriffe mit den gleichen Anfangsbuchstaben oder ähnlich klingende Wörter verwenden. Diese Bilder können Sie nutzen, um sich später in Verbindung mit den Ziffern von 0 bis 9, die Sie ja inzwischen bestimmt schon beherrschen, lustige Geschichten zu Geburtstagen oder anderen wichtigen Daten auszudenken. In Klammern finden Sie meine Duftvorschläge zu den Monaten.

Januar _____ (Bratapfel)

Februar _____ (Faschingskrapfen)

März	_____	(Narzissen/Märzenbecher)
April	_____	(Alpenveilchen)
Mai	_____	(Maiglöckchen)
Juni	_____	(Lavendel)
Juli	_____	(Erdbeeren)
August	_____	(Sonnenöl)
September	_____	(Duftkerze)
Oktober	_____	(Frische Brezel)
November	_____	(Glühwein)
Dezember	_____	(Zimtsterne)

Nutzen Sie die Techniken ganz individuell! Denken Sie sich eigene Assoziationen oder Eselsbrücken zu Ziffern aus.

Melina hat am 7. Mai Geburtstag:

_____

Melina bekommt zum Geburtstag von den **Sieben Zwergen** (7) einen Strauß **Maiglöckchen** geschenkt – oder genau **7 Maiglöckchen**: Die duften wunderbar!

Stefan hat am 24. August Hochzeitstag.

An seinem Hochzeitstag schenkt Stefan seiner Frau einen **Schwan** und ein **Schaf**. Die schmiert die beiden gleich mit **Sonnenöl** ein, damit sie keinen Sonnenbrand bekommen!

Bevor ich mir nun weitere sinnlose Beispiele ausdenke, schnappen Sie sich lieber Ihren Kalender, und lernen Sie reale Geburtstage und andere Daten!

Wer lernen will, schnuppert

★ Der Geruchssinn ist ein wichtiger Schlüssel zu unseren Erinnerungen.

★ Er arbeitet eng mit dem Geschmackssinn zusammen.

★ Gerüche sind immer informationsabhängig und werden individuell interpretiert.

★ Sie haben einen VIP-Zugang zum limbischen System und lösen deshalb starke Gefühle in uns aus.

★ Sprach- und olfaktorische Bereiche sind im Gehirn weniger gut vernetzt – ein Grund dafür, dass wir uns bei der Beschreibung von Düften so schwer tun. Riechen Sie an frischen Lebensmitteln und überlegen Sie, wie Sie diese Gerüche in Worte fassen können.

★ Unser Geruchssinn lässt sich trainieren. Bauen Sie sich ein kleines Duftlabor und erraten Sie Düfte. Achten Sie einen Tag bewusst auf alles, was Sie riechen. Auch schon beim Frühstück und Mittagessen!

★ Nutzen Sie Düfte und Gerüche, um Merkbilder und Geschichten auszuschmücken und sich zum Beispiel wichtige Daten zu merken.

KAPITEL 8

SCHMECKEN – DER UNTERGEBUTTERTE SINN

«Schmecken bedeutet eigentlich
riechen während des Essens.»

Hanns Hatt

Können Sie sich vorstellen, eine Baumrinde abzulecken, um sich besser an etwas erinnern zu können? Nein? Ich auch nicht, aber mein Gedächtnistrainer hätte dies durchaus in Erwägung gezogen, um sich auf eine Gedächtnismeisterschaft vorzubereiten. Dr. Gunther Karsten leitete Ende der 90er Jahre den Kurs «Gedächtnistraining und Naturphänomene», der zufällig in der Straße, in der ich wohnte, stattfand und mich zum Gedächtnistraining brachte. Schon damals war ihm, dem späteren Gedächtnisweltmeister, bewusst, wie wichtig all unsere Sinneseindrücke und damit auch der Geschmack für das Erinnern sind. Zum Glück hat er uns dieses Wissen vermittelt, von dem ich bis heute profitiere.

So brachte er uns nicht nur die Loci-Methode bei – Sie erinnern sich an die kleine Route in der Küche und die Meise auf dem Tisch? –, sondern entwickelte zur Vorbereitung auf die Gedächtnismeisterschaften die interessantesten Techniken, damit wir lernten, uns zuverlässig an diese Routen und die mit ihnen verknüpften Fakten zu erinnern. Ihm genügte es nie, einfach «Baum» als ersten Routenpunkt festzulegen, «Eingang zum Kino» als zweiten, «Eisdiele» als dritten oder «Regenrinne» als vierten Routenpunkt. Nein, als wir eines Tages gemeinsam mit dem gesamten Kurs eine neue Route festlegten, leckten wir an Baumrinden, kauften Kinokarten, aßen Eis – und kletterten Regenrinnen hoch. *Ich* hatte mit all dem natürlich nichts zu tun. Na gut, zugegeben: mit dem Eis wahrscheinlich schon! Vielleicht hat auch niemand wirklich an Baumrinden geleckt, und es ist nur ein Hirngespinst meiner Erinnerung ...

Apropos Eis, erinnern Sie sich an das Beste, das Sie je gegessen haben? Und an die Lasagne mit frischen Kräutern, die Ihre Tante als Kind immer für Sie gemacht hat? Die Butterstulle nach der anstrengenden Wanderung in den Bergen? Essen! Wie großartig es doch sein kann! Ich muss sofort an die selbstgemachten Waffeln aus dem orangen Waffeleisen mit Puderzucker-Doppelschichten denken. Ich kann die Waffeln geradezu schmecken und ihren leckeren Duft wahrnehmen, denn: Riechen und Schmecken gehören untrennbar zusammen. Wie Waffeln und Puderzucker. Das merken Sie auch bei einer guten Tasse Kaffee oder Tee sehr deutlich. Zuerst steigt der charakteristische Duft in die Nase, dann folgt der typische Geschmack auf der Zunge. Hierbei gelangen Moleküle – feste und flüssige – von außen in unseren Körper und stimulieren die Geschmackssinneszellen in unserer Zunge und die Riechrezeptoren in der Nase.

Die Riechzellen haben sogar einen größeren Anteil am Geschmack als die eigentlichen Geschmackszellen, etwa 80 Prozent des Geschmacks nehmen wir über unseren Geruchssinn wahr, denn beim Zerkauen der Nahrung gelangen Duftmoleküle über Mundhöhle und Rachenraum in unsere Nase zu den Riechrezeptoren. Dieser Vorgang wird auch als *retronasale*

Aromawahrnehmung bezeichnet. Manche Moleküle brauchen übrigens etwas länger, bis sie freigesetzt werden. Gut zu kauen lohnt sich also! Schlingen Sie das nächste Mal Ihre Burger und Pommes oder die Schokolade nicht ganz so schnell runter. Vielleicht haben Sie am Ende noch ein unerwartetes Geschmackserlebnis?!

Das, was wir als Geschmack bezeichnen, ist das *Aroma*, das durch das Zusammenwirken unseres Geschmacks- und Geruchssinns entsteht. Erst durch unser feines Näschen und natürlich durch unser liebes Hirn können wir Geschmacksnuancen wahrnehmen. Kein Wunder also, dass wir bei verschnupfter Nase plötzlich nichts mehr von dem leckeren Mittagessen haben. Vielleicht schmecken wir noch, dass etwas süß oder sauer ist, aber mehr nicht.

Und das kennen Sie vielleicht aus eigener Erfahrung: Je glücklicher wir sind, desto größer ist der Genuss und desto besser ist unser Geschmacksempfinden.

Wie ein spezieller Geruch kann auch ein Geschmack Erinnerungen auslösen und als Schlüssel zur Vergangenheit dienen, die wir verschüttet glaubten. Ein Beispiel? Ich bin mir nahezu sicher, dass der Geschmack von Spekulatius oder Glühwein bei Ihnen Erinnerungen oder zumindest Assoziationen zu Weihnachten auslöst.

Schmecken ist wie Riechen eine höchst individuelle Angelegenheit: Manche Menschen lieben Spinat, andere nicht. Manche lernen den bitteren Geschmack von Bitter Lemon, Campari oder Aperol zu schätzen, andere nicht. Manche gewöhnen sich an den Geschmack von Koriander, für andere bleibt er das absonderlichste Gewürz. Warum das so ist, ist noch ein großes Rätsel. Apropos Koriander: Inzwischen ist tatsächlich ein Gen gefunden worden, das dafür verantwortlich ist, wie «seifig» man den Koriandergeschmack empfindet. Allerdings kann man diese Vorliebe oder Abneigung nicht ausreichend erklären, da dieses Gen angeblich nur zu einem halben Prozent die Geschmackswahrnehmung von Koriander beeinflusst. Wie man überhaupt auf die Spur dieses halben Prozents gekommen ist, ist mir ein Rätsel – aber bisher wusste ich ja noch nicht einmal, dass Koriander «seifig» schmecken kann.[1]

AUGEN, OHREN UND NASE ESSEN MIT!

Der Geschmack wird in anderen Arealen des Gehirns verarbeitet als der Geruch. Unser Gehirn erkennt also ganz genau, ob wir nur riechen oder tatsächlich schmecken. Uns schmeckt nicht jedes Essen gleich gut, und das gleiche Essen schmeckt dem einen gut, dem anderen weniger. So lässt sich nicht nur über Geschmack, sondern auch über das Schmecken trefflich streiten.

Unsere Geschmackswahrnehmung hängt nicht nur davon ab, was wir konkret schmecken, sondern sie wird auch stark durch äußere Faktoren beeinflusst. Es ist zum Beispiel ganz entscheidend, *wo* wir etwas riechen, trinken oder essen. Im Urlaub schmeckt das Wasser aus der am Strand gerade frisch aufgeschlagenen Kokosnuss ganz hervorragend. Im kalten und regnerischen Zuhause stellen wir enttäuscht fest, dass wir den Geschmack doch eher fad finden. Auch die Feigenmarmelade schmeckt auf Samos delikater als die, die wir nach dem Urlaub auf dem heimischen Sofa essen. Es fehlen einfach das Urlaubsgefühl, die Palmen, die Hängematte, die Freunde, der alte Feigenbaum und das Farbenspiel des Sonnenuntergangs.

Apropos: Licht spielt eine entscheidende Rolle beim Schmecken. Erfahrbar macht das Ulrich Allendorf auf seinem Weingut im Rheingau. Der Winzer hat einen speziellen Raum gestaltet, der in verschiedenen Farben erstrahlen kann. Seine Gäste empfinden den Geschmack desselben Weines immer anders, je nachdem, welches Licht im Raum herrscht. Ist es zum Beispiel rot, schmeckt der Wein süßlich, und die Gäste haben Assoziationen wie Himbeere oder Erdbeere. Bei grünem Licht empfinden sie denselben Wein als sauer, fast ungenießbar. Erst im sonnengelben Licht schmeckt der Wein für sie wieder nach Riesling.[2]

Wenn Sie demnächst also Freunde zum Essen einladen, können Sie sich das Geld für den Dessertwein sparen und Ihren Weißwein mit roter Lebensmittelfarbe etwas «süßlich» färben – Sie können ja mal ausprobieren, ob sich Ihre Gäste aufs Glatteis führen lassen.

Was lässt sich daraus schlussfolgern? Schmecken ist ein multisensorisches Erlebnis, das von unserer Erwartungshaltung und unserer Erfahrung geprägt wird: Ein wenig rote Farbe unter den Naturjoghurt gerührt, und schon schmecken wir Erdbeere, Waldfrucht oder Kirsche heraus. Eine Studie bestätigte das: Probanden bekamen Geschmacksproben auf die Zunge geträufelt, die mit unterschiedlichen Bezeichnungen wie «lecker» oder «verdorben» charakterisiert wurden. Obwohl es sich immer um denselben Geschmack handelte, wurde er in Abhängigkeit von den Bezeichnungen unterschiedlich wahrgenommen. Achten Sie also demnächst mal darauf, wenn Ihnen Ihre Freundin die Chipstüte mit den Worten «total lecker» unter die Nase hält. Schmecken Ihnen die Chips wirklich?

Nicht nur Licht, Erwartungshaltung oder das Umfeld beeinflussen, wie wir Geschmack wahrnehmen, sondern auch die Geräuschkulisse. In Studien wurde das für Flugzeuglärm untersucht: Die typische Geräuschkulisse während eines Fluges

lässt uns Süßes weniger süß und Herzhaftes herzhafter empfinden. Wahrscheinlich ist das ein Grund dafür, dass Tomatensaft in erster Linie in luftiger Höhe konsumiert wird. Wenn
Ihnen der Tomatensaft also bisher ausschließlich im Flugzeug
gemundet hat und Sie den Geschmack vermissen, dann besorgen Sie sich einfach ein paar Kopfhörer und schöne laute Auf-
nahmen von Fluggeräuschen – und schon fühlen Sie sich mit
Tomatensaft, Salz und Pfeffer auf dem Weg in den Kurzurlaub.
Also wirklich kurz. Glas leer – Urlaub vorbei.

Eine Intensivierung des Geschmacks findet generell immer
dann statt, wenn wir großen Hunger haben: Salziges schmeckt
salziger und Süßes süßer, denn unser Körper ist brennend daran interessiert, seine Energiereserven so schnell wie möglich
wieder aufzufüllen. Mit dem intensiveren Geschmackserlebnis
will er uns zum Weiteressen animieren.

GESCHMACKSREZEPTOREN UND CO.

Wie alle unsere Sinneswahrnehmungen ist auch der Vorgang
des Schmeckens im sogenannten *gustatorischen System* hochkomplex. Da es sich um ein chemisches System handelt, ist es
sogar hochkomplex[2]. Die Zunge besitzt neben verschiedenen
Geschmacksrezeptoren auch Tast-, Schmerz- und Temperatur-
sinneszellen. Über unsere Geschmacksrezeptoren sind wir in
der Lage, fünf Geschmacksqualitäten zu schmecken. Bekommen Sie alle zusammen? Überlegen Sie mal: süß – sauer – salzig – bitter – und? 1907 entdeckte der japanische Chemiker Ike-
da Kikunae die fünfte Geschmacksrichtung, und erst im Jahr
2000 fanden US-amerikanische Forscher die Rezeptoren für

diese Geschmacksqualität[3]: umami. Sie wird mit «fleischig», «würzig» oder «wohlschmeckend» beschrieben. Umami wird über den Eiweißbaustein Glutamat vermittelt, der unter anderem in Fisch, Käse oder reifen Tomaten zu finden ist. Kurz: umami schmeckt herzhaft – so wie Suppenwürfel. Da jedoch synthetisch hergestelltes Glutamat möglicherweise gesundheitsgefährdend ist, muss es inzwischen auf Lebensmittelverpackungen als «Geschmacksverstärker Mononatriumglutamat» oder «E 620 bis E 625» angegeben werden.

Unabhängig von der kontrovers geführten medizinischen Diskussion verwendet die Lebensmittelindustrie Glutamat sehr häufig, da es geschmackliche Nuancen betont und alles würziger schmecken lässt. Inzwischen ist man sogar einer sechsten Geschmacksqualität, nämlich «fettig», dicht auf den Fersen.

Uns kann das im Alltag relativ wurscht sein, denn wir schmecken immer das, was wir schmecken, unabhängig davon, wie viele unterschiedliche Rezeptoren nachgewiesen werden. Was für ein Glück! Ich bin jedenfalls sehr zufrieden mit dem, was da ist.

Und was ist das genau? Der Prozess des Schmeckens beginnt, indem Geschmacksreize die Rezeptoren der Zunge stimulieren. Die sind ehrlich gesagt relativ dürftig, schließlich kann die Zunge – ohne Unterstützung der Nase – gerade mal ein Stück Kuchen von einer Essiggurke unterscheiden. Machen Sie den Test! Halten Sie sich mal beim Trinken oder Essen die Nase zu. Was schmecken Sie? Können Sie den Unterschied zwischen einem Apfel und einer rohen Kartoffel schmecken? Ohne unseren Geruchssinn ist Schmecken einfach nicht das, was es eigentlich ist! Allerdings würden wir ohne Geschmacksrezeptoren überhaupt nichts schmecken. Insofern sollten wir ihre Leistung nicht zu gering schätzen.

Unsere Zunge weist durch ihre verschiedenen *Papillen* – winzige Ausstülpungen der Haut – eine sehr unterschiedliche Struktur auf. Diese Papillen lassen sich entsprechend ihrer Form vier Typen zuordnen. Die *Fadenpapillen*, die wie Zapfen geformt sind, kommen auf der gesamten Zungenfläche vor, konzentrieren sich aber in der Zungenmitte. Sie sind für den Transport der Nahrung zuständig und haben Rezeptoren für die Tast-, Tiefen-, Temperatur- und Schmerzempfindung. In der Mitte der Zunge befinden sich kaum Geschmacksrezeptoren, deshalb schmecken wir hier nichts.[4] Auch deshalb ist es sinnvoll, gut zu kauen, damit sich die Geschmacksmoleküle gut im Mund verteilen.

Die drei übrigen Papillentypen der Zunge unterscheiden sich nur in ihrem Aussehen und ihrer Lage auf der Zunge. Sie sind die Träger der Geschmacksknospen, die aus mehreren Geschmackszellen gebildet werden. Gleichmäßig auf der Zunge verteilt, reagieren sie aber unterschiedlich auf die verschiedenen Geschmacksqualitäten wie süß und sauer. Die menschliche Zunge besitzt etwa 10 000 solcher Geschmacksknospen.

Was unsere Geschmacksvielfalt angeht, liegen wir im guten Mittelfeld von Fleisch- und Pflanzenfressern. Mit Pferden, die nur Pflanzen mampfen, können wir zum Beispiel nicht konkurrieren. Sie verfügen über mehr als 30 000 Geschmacksknospen, haben allerdings auch eine größere Zunge als wir. Sie sind nicht nur Grasgourmands, sondern ebenfalls Grasgourmets, denn sie können mehrere hundert verschiedene Grassorten unterscheiden. So hat jedes Pferd bestimmt sein Lieblingsgras.

Kurzes, aber unnützes Wissen: Katzen haben etwa 400 Geschmacksknospen, können aber keinen Zucker schmecken. Deshalb ist es recht geschmacklos, von einer Naschkatze zu sprechen. Dafür hat so ein Kätzchen an frischem Fleisch umso mehr Vergnügen.

AUF DEN SPUREN DES GESCHMACKS

Kommen wir zum Geschmack. Die Moleküle lösen in den Sinneszellen, in ihren Geschmacksknospen, ein Signal aus, das als elektrischer Impuls – Sie kennen das inzwischen schon – an das Gehirn weitergeleitet wird. Diese Impulse besuchen Zwitschi, den Thalamus und Areale, die für Emotionen zuständig sind, sowie die sensomotorischen Felder für Mimik.[5] Ja, Sie haben richtig gelesen. Beißen Sie doch mal wieder in eine Zitrone! Das Einbeziehen der Mimik war für unsere Vorvorvorfahren durchaus praktisch: Auf diese Art war es möglich, die Mitglieder der Gruppe vor ekligen, sauren oder giftigen Lebensmitteln blitzschnell und ohne viele Worte zu warnen.

Die Signale aus der Zunge werden darüber hinaus an Bereiche weitergeleitet, die für Schmerz, Brechreiz und Temperatur zuständig sind. Auch dies ist evolutionär sinnvoll: Wir zucken vor zu heißer Nahrung zurück, die uns Verbrennungen zufügen könnte, und uns stülpt sich sofort der Magen um, wenn wir verdorbene Nahrung essen.

Im Anschluss haben Geruchs- und Geschmacksinformationen noch ein Tête-à-Tête in höheren Regionen des Gehirns, wie der Insula, in denen unser Geschmackserlebnis vollendet wird.

Im Laufe der Evolution haben wir eine Vorliebe für drei sogenannte *Makronährstoffe* entwickelt: Kohlenhydrate (ursprünglich in Form von Honig und Früchten), Eiweiße und Fette. Sie alle liefern besonders schnell Energie und sind so gut wie nie giftig. Deshalb haben wir noch heute ein Faible für kalorienhaltige Lebensmittel!

Schon Babys und Kleinkinder lieben Süßes. Interessanterweise nehmen sie es viel weniger intensiv wahr als Erwachsene. Das kann man sich leicht erklären: Kinder brauchen für das Wachstum besonders viel Energie und essen sich deshalb nicht so schnell satt an Süßem. Einem achtjährigen Kind reicht die Hälfte der Menge, die ein dreijähriges Kind zu sich nehmen muss, um den Geschmack von «süß» wahrzunehmen. Wenn in fortgeschrittenem Alter dieser Hang zum Süßen noch immer vorhanden ist, dann ist die riesige Auswahl köstlicher Süßigkeiten im Supermarkt natürlich nicht hilfreich, wenn man einigermaßen seine Linie halten möchte. Kleine Notiz am Rande: Dermatologen empfehlen als bestes Rezept gegen Falten, keinen Zucker zu konsumieren, da dieser Schlingel die Kollagenfasern in der Haut schädigt. Ganz schön bitter.

Apropos: Kommen wir zu den Bitterstoffen. Wir haben mindestens 25 verschiedene Rezeptoren, die auf «bitter» reagieren. Sie sind um ein Tausendfaches empfindlicher als jene, die auf süß ansprechen. Kinder meiden Bitteres intuitiv, da hier die Möglichkeit größer ist, auf Giftiges zu stoßen. Kein Wunder also, dass man Kinder mit Chicorée und Grünkohl meist nicht glücklich machen kann. Wenn Ihnen das nächste Mal also der Grünkohl im Gesicht landet, ist Ihr Kind nicht wählerisch oder unerzogen, sondern aktiviert lediglich einen jahrtausendealten Schutzmechanismus.

Machen Sie sich keine Sorgen, wenn Ihr Kind einseitige Essensvorlieben hat, etwa Spaghetti mit Ketchup – mit der Zeit verändern sie sich. Probieren wir ein Nahrungsmittel öfter, kommen wir im Laufe der Jahre im wahrsten Sinne des Wortes auf den Geschmack.

Obst und Gemüse kann man Kindern im Übrigen leichter unter die Nase jubeln, wenn man ihnen verbietet, Obst zu essen. Das klappt zumindest in Studien, in denen Kinder nach einem ausgesprochenen Verbot spontan zu Ananas und Banane griffen, obwohl Schokolade im Angebot war.[6] Also besser Neugier wecken, als Druck auszuüben.

Auch die Rezeptoren für Salziges haben einen evolutionären Ursprung, denn sie verraten uns, ob die Nahrung Mineralstoffe oder eben Salz enthält. Natriumchlorid – Sie kennen es als Kochsalz – können wir nicht speichern, brauchen es aber permanent für unseren Stoffwechsel. Darüber hinaus ist es für die Erregbarkeit von Nerven und Muskeln sowie für die Regulierung unseres Wasserhaushalts unerlässlich.[7] Nehmen wir zu viel Salz zu uns, werden die Rezeptoren, die für den Geschmack von bitter und sauer zuständig sind, aktiviert, und wir empfinden das Essen als ungenießbar. Auch das ist ein Schutzmechanismus. Zu viel Salz steht außerdem in Verdacht, eine tragende Rolle bei Herz-Kreislauf-Erkrankungen zu spielen. Weniger ist mehr!

UNSER HIRN BESTIMMT, WAS WIR SCHMECKEN

Allen Geschmacksrezeptoren zum Trotz bestimmt am Ende wieder einmal unser Gehirn, was wir schmecken. Die Psychologin Linda Bartoshuk vom Zentrum für Geruch und Geschmack der Universität von Florida zeigte dies sehr eindrucksvoll durch ein Experiment mit Tomaten. Für die Probanden schmeckte die Tomatensorte «Matina» doppelt so süß wie die Tomatenart «Yellow Jelly Bean», und das, obwohl «Matina» viel weniger Zucker enthält als diese. Der Grund: Die zuckerärmere «Matina» enthält sechs Aromastoffe, die im Gehirn unsere Wahrnehmung für Süßes aktivieren und somit die Süße verstärken, obwohl diese Sorte objektiv weniger Zucker enthält.[8] Interessanterweise gibt es kaum etwas, das wirklich nach nichts schmeckt. Unser Gehirn findet immer einen Geschmack. Selbst Wasser schmeckt ganz unterschiedlich. Es gibt sicher ganze Philosophien über weiches, hartes, kaltes, warmes und salziges Wasser.

Unser Geschmack gewöhnt sich an Gegebenheiten; er kann sich verfeinern, aber auch abstumpfen. Sind wir es zum Beispiel gewohnt, sehr salzig zu essen, kommt uns Ungesalzenes fad vor – umgekehrt können wir auch wieder sensibler werden, indem wir das Salz langsam reduzieren. Nach einer gewissen Zeit schmeckt uns dann «normal» gesalzenes Essen ausreichend salzig. Ähnliches gilt für scharfes Essen.

Wie sinnvoll es ist, sich intensiver mit natürlichen Lebensmitteln zu beschäftigen und selbst zu kochen, statt ein Fertiggericht aufzureißen, zeigt eine Studie: Sie ergab, dass ein Viertel der Kinder zwischen 10 und 14 Jahren nicht in der Lage ist, den Unterschied zwischen süß, sauer, bitter und salzig zu benennen. Für sie schmeckt alles gleich. Kein Wunder: Im Durchschnitt nehmen wir Europäer pro Jahr etwa 19 kg Industriekonzentrate zu uns, also künstliche Aromastoffe in Form von Geschmacksverstärkern.[9] Das ist das Gewicht eines vollen Urlaubskoffers!

Um Ihren Geschmack zu trainieren, können Sie versuchen, auf Getränke oder Essen mit Geschmacksverstärkern zu verzichten. So kann sich Ihr Geschmacksinn mit der Zeit regenerieren.

WAS DIE ZUNGE AUSSERDEM KANN

Obwohl unsere Zunge zum Schmecken die Nase braucht, vermag sie selbst kleine Wunder zu vollbringen. Sie ist so sensibel, dass man mit ihr sogar sehen kann. In den letzten Jahren wurde in einem Projekt des renommierten amerikanischen National Eye Institutes in Bethesda bei Washington ein Gerät namens «BrainPort» entwickelt, mit dem Blinde Umrisse über die Zunge erkennen können. Das hört sich aberwitzig an, funktioniert aber tatsächlich. Unsere Zunge schafft es aufgrund ihrer extremen Empfindlichkeit, Informationen in Form fühlbarer Zeichen ins Gehirn zu leiten

Der US-Amerikaner Erik Weihenmayer, der mit 13 Jahren erblindete, durfte den BrainPort 2009 als einer der Ersten testen: Er trägt auf der Stirn oder versteckt in einer Sonnenbrille eine winzige Kamera, die ihre Bilder in elektrische Signale umwandelt und diese Informationen an ein kleines Blättchen mit ca. 600 Elektroden weiterleitet, das er sich wie ein Lutschbonbon auf die Zunge legt. Mit viel Übung gelingt es dem Gehirn, die von der Zunge eintreffenden Informationen tatsächlich in ein Bild zu verwandeln.

Wie kann man sich das vorstellen? Erik Weihenmayer beschreibt das so: «Erst prickelt es auf der Zunge, und dann siehst du Bilder im Kopf, wie du sie nie mehr für möglich gehalten hättest.»[10] Inzwischen kann der Amerikaner «Schere, Stein, Papier» mit seiner kleinen Tochter spielen. Er sieht Schwarzweißbilder und findet, dass sie eine perfekte Ergänzung zu seinen anderen Sinneswahrnehmungen sind. Dabei vergleicht er das BrainPort-Sehen mit dem Erlernen einer neuen

Sprache. Es sind also viel Arbeit und Anstrengung damit verbunden.

Da vor allem Helligkeitsunterschiede übermittelt werden, ist der BrainPort draußen nur bedingt anwendbar. Die meisten Blinden sagen, sie würden ein parkendes Auto viel schneller hören als es mit dem Gerät erkennen, somit hat es sich in der Praxis noch nicht richtig bewährt. Doch Weihenmayer ist glücklich über dieses Gerät, denn dank ihm (und der Unterstützung eines Freundes) war er 2011 in der Lage, den Castleton Tower zu besteigen, einen 120 Meter hohen Sandsteinturm mit zig Spalten in der Wüste von Utah.[11]

TRAININGSLAGER: LÄNDERKUNDE

Gehen Sie auf geschmackliche Entdeckungsreise! Kaufen Sie doch Mal Obst oder Gemüse ein, das Sie noch nie probiert haben, und entdecken Sie neue Gerichte, um Ihren Geschmackssinn zu trainieren. Das funktioniert vor allem, wenn Sie beim Essen gezielt darauf achten, was Sie schmecken, und ab und zu versuchen, einen Geschmack zu beschreiben. Sie können ein Weinseminar belegen, um Ihren Geschmackssinn zu verbessern, oder ein Restaurant auswählen, dessen kulinarisches Angebot aus einem Kulturkreis kommt, den Sie nicht kennen. Probieren Sie noch einmal bewusst Koriander – oder mögen Sie keinen? Dann testen Sie, ob Sie diesem Geschmack nach einigen Versuchen nicht doch etwas abgewinnen können. Sie können natürlich auch andere Nahrungsmittel verwenden.

Geht es vielleicht einfacher? Können wir etwas zu uns nehmen, das uns konkret beim Lernen unterstützt? Einer Studie zufolge kann man sich besser erinnern, zumindest detaillierter an gelernte Bilder, wenn man nach dem Lernen Kaffee trinkt, etwa 200 mg, das entspricht zwei bis drei Tassen Kaffee. Übrigens haben 100 mg mehr oder weniger Kaffee nicht mehr diesen Effekt.[12] Viel hilft also nicht unbedingt viel! Schokolade schreibt man ebenfalls einen positiven Einfluss zu. Ihr Verzehr aktiviert tatsächlich opiumähnliche Endorphine, die positive Gefühle auslösen.[13] Und wenn man gut drauf ist, lernt man leichter! Doch auch hier gilt: In Maßen genießen, sonst wird das Glücksgefühl beim Schritt auf die Waage wieder jäh zerstört. Vielleicht hilft auch diese Information, sich den regelmäßigen Verzehr von Schokolade abzugewöhnen: Forscher fanden insgesamt 600 Einzelkomponenten, die den bekannten Schokogeschmack ergeben, darunter Aromen wie die von Pfirsich, Gurke, Kartoffelchips und: den von Schweiß! Wie schön! Wenn Sie wollen, können Sie ja beim nächsten Mal versuchen, diese Anteile herauszuschmecken. Viel Spaß.

Die Geschichtentechnik – Der Rest vom Speck

Die europäische Küche hat viel zu bieten. Aber in welcher Währung zahle ich nun das köstliche Essen im ach so wunderschönen Urlaub? In welchen EU-Ländern können wir nicht mit Euro bezahlen? Prägen wir uns diese neun Länder mit Hilfe einer kurzen Geschichte ein. Wenn dies bereits zu Ihrem Wissensrepertoire gehört – machen Sie ruhig den Versuch mit, denn es geht hier ja darum, wie man sich solche Informationen leichter einprägen kann. Denken Sie sich zunächst ein Merkwort zu jedem der folgenden Länder aus. Vielleicht eine lokale Köstlichkeit?

Dänemark _____

Vereinigtes Königreich _____

Schweden _____

Tschechische Republik _____

Polen _____

Ungarn _____

Bulgarien _____

Rumänien _____

Kroatien _____

Versuchen Sie nun, eine Geschichte mit Ihren Merkwörtern zu erfinden. Wenn Sie Anregungen brauchen, schauen Sie sich meine Idee an. Die Geschichte beginnt in der dänischen Hauptstadt Kopenhagen:

Eine kleine Meerjungfrau (Dänemark) sitzt in Kopenhagen auf einem Felsen an der Uferpromenade. Gut, die kann man nicht essen, aber sie ist ein eindrucksvolles Bild. Sie betrachten sie lange, bis Sie hungrig werden. Bei dem Gedanken an ein **English Breakfast** (Vereinigtes Königreich) läuft Ihnen das Wasser im Mund zusammen. Doch dann stehen Sie plötzlich vor einem **Möbelhaus** (Schweden), in dem es köstliche vegane Köttbullar gibt. **Cha-Cha-Cha** tanzend (Tschechische Republik) gehen Sie hinein und schauen sich vor lauter Freude über das Essen alles an. Ihr **Puls** (Polen) ist nun sehr hoch. Nur **ungern** (Ungarn) legen Sie eine Pause ein, doch dann werden Sie eingeladen, **Boule** zu spielen (Bulgarien), und man kredenzt Ihnen ein ordentliches Glas **Rum** (Rumänien), das Sie allerdings müde macht. Sie schlafen ein und träumen, an einem schönen Strand zu liegen, mit einem Glas **kroatischen Wein** (Kroatien) in der Hand.

Falls Ihnen die Assoziationen nicht eindrucksvoll genug waren, zum Beispiel beim kroatischen Wein, können Sie nachlegen und sich vorstellen, dass Ihnen zum Wein noch **Krokant** kredenzt wird. Denken Sie bei Ihren Geschichten an Ihre Restaurantbesuche in den entsprechenden Ländern zurück.

Nun sind unsere fünf Sinne komplett. Diderot sagt über sie: «Und ich fand, dass das Auge von allen Sinnen der oberflächlichste war, das Ohr der stolzeste, der Geruch der wollüstigste, der Geschmack der abergläubischste und unbeständigste, der Gefühlssinn der tiefste und philosophischste.»[14] Was meinen Sie? Und wo wir schon beim Fühlen sind – was ist eigentlich mit dem vielzitierten «sechsten Sinn»? Wir sind nun bereit, uns der so schwer fassbaren Intuition zu nähern.

Wer lernen will, probiert

★ Das gustatorische System ist kompliziert! Es beruht auf komplexen chemischen Prozessen.

★ Schmecken und Riechen können sich gut riechen.

★ Schmecken ist ein multisensorisches Erlebnis, das von unserer Erwartungshaltung und unserer Erfahrung geprägt wird.

★ Letztlich bestimmt unser Hirn, was wir schmecken.

★ Auch ein Geschmack kann Erinnerungen auslösen.

★ Genießen, riechen und schmecken Sie gezielt frische Zutaten.

★ Kommen Sie auf den Geschmack und verzieren Sie Ihre Merkgeschichten mit kulinarischen Genüssen!

KAPITEL 9

DER SECHSTE SINN – UNSERE VERFLIXTE INTUITION

«Alles was zählt, ist Intuition.»

Albert Einstein

B isher ging es darum, mit Hilfe unserer fünf Sinne konkrete Dinge zu lernen, sie uns zu merken und wieder abrufen zu können. Dafür haben wir die einzelnen Sinneskanäle regelrecht «herangezoomt». Nun wollen wir wieder einen Schritt zurücktreten und dat Janze in seiner Gesamtheit betrachten: Wir wollen uns mit dem sechsten Sinn beschäftigen. Intuition, Eingebung, Bauchgefühl, Erkenntnis, Geistesblitz, Spontanität – es gibt viele Begriffe, mit denen wir versuchen, dieses Phänomen zu fassen. Was steckt dahinter? Und können wir uns diesen Sinn ebenfalls zunutze machen?

Neulich am Flughafen Tegel in Berlin: Ich bin spät dran, und mein Flug wird bereits zum zweiten Mal aufgerufen. Vor mir an der Sicherheitskontrolle ist eine Riesenschlange. Eine Mitarbeiterin fragt, ob noch Gäste da sind, die nach München wollen. Ich rufe «Ja!», lege meinen silbernen Laptop in die graue Box und werfe den Rest hinterher. Hastig eile ich durch die Kontrolle, hole Koffer, Handtasche und Jacke vom Band. Danach kommt schon das Gepäck eines anderen Fluggasts. Ich packe meine Siebensachen und laufe zum Gate. Kurz bevor ich mich auf meinen Platz im Flugzeug setze, habe ich plötzlich ein komisches Gefühl. Was ist los? Mir ist so, als hätte ich etwas vergessen. Ich schaue in meine Tasche. Damned! Mein Laptop! Ich mache auf dem Absatz kehrt, sage einer Flugbegleiterin Bescheid und eile das kurze Stück – ich liebe Tegel! – zurück zur Sicherheitskontrolle. Der Laptop ist noch da. Zum Glück. Der Security-Mann lacht mich aus und sagt: «Schön, dass das einer Gedächtnisweltmeisterin auch passiert. Aber keine Angst, ich verrate es keinem!» Ich sage danke, grinse erleichtert und weiß, dass ich es selbst verraten werde: Schon lange war ich auf der Suche nach einem guten Beispiel für Intuition!

Wenn man viel zu tun hat, im Stress ist, übersieht man schnell die kleinen Signale, die einem der eigene Körper mitteilen möchte. Auch wenn ich nicht immer so viel Glück habe wie am Flughafen – und mir recht schnell einfällt, dass ich etwas vergessen habe – so habe ich immerhin gelernt, besser auf meinen Laptop zu achten. Intuition hilft also beim Lernen!

Ganz sicher kennen Sie ähnliche Situationen. Wir haben dann so ein gewisses Bauchgefühl, wissen aber nicht immer genau, woher es kommt und was es zu bedeuten hat. Ab und zu beachten wir es, ein anderes Mal wieder nicht. Das liegt häufig daran, dass wir gestresst sind und uns vielleicht sogar von den vielen Ereignissen und Informationen überfordert fühlen. Manchmal ist einem in solchen Situationen allerdings intuitiv klar, was zu tun ist – wenn wir das Gefühl richtig deuten können. Wir treffen eine Entscheidung «aus dem Bauch heraus», die, Sie ahnen es, letztlich natürlich doch im Kopf getroffen wird. Im Nachhinein stellt man häufig fest, dass es gut war, auf das eigene Gefühl zu hören.

DAS BAUMHAUS

Es wundert nicht, dass in den letzten Jahren das Interesse an Yoga, Meditation und Achtsamkeitstraining gestiegen ist, da diese Methoden Wege eröffnen, wieder mehr zu sich selbst zu finden, indem man zur Ruhe kommt oder sich auf seine Sinneswahrnehmungen konzentriert. Denn es ist für jeden sehr erholsam – nicht nur für Elfi und Elef und die vielen kleinen, flitzenden Elefanten –, die eigene Projektionsfläche unbespielt zu lassen. Arbeiten wir den ganzen Tag konzentriert (mitunter an verschiedenen Aufgaben gleichzeitig) und hetzen von einem Termin zum anderen, bleibt für Pausen oft keine Zeit. Doch gerade die sind hilfreich, nicht nur, um Stress abzubauen, sondern auch, um seine Intuition wahrzunehmen.

Der renommierte Kommunikationsexperte und Mediations-Coach für Führungskräfte, Paul J. Kohtes, beschreibt den Zustand, wenn zu viel auf der Projektionsfläche los ist, mit folgender Metapher: «Das Hirn produziert ständig Gedanken, und wenn wir den Gedanken immer nachgeben, ist das so, wie wenn wir auf einem PC alle Programme offen ließen. Der Computer läuft und läuft, und was passiert? Irgendwann stürzt er ab. Das ist bei uns genau dasselbe. Wenn wir dem Hirn freien Lauf lassen, stürzen wir irgendwann ab. Die Batterie ist leer.»[1]

Frische Energie können wir zum Beispiel durch ausreichend Pausen, Meditation, Urlaub oder auch Achtsamkeitstraining bekommen und somit gute Voraussetzungen für stressfreies Lernen schaffen.

Bringen wir Elfi, Elef und den Rest der Rasselbande ins Spiel.

Das Baumhaus

So erkennen wir nämlich, dass die «Projektionsfläche», auf der die kleinen Elefanten die Puzzleteile für Gedanken und Erinnerungen zusammensetzen, das Wohnzimmer von Elfi und Elef ist. Und nur in dieses Wohnzimmer und damit auf unsere Projektionsfläche fällt Licht! Licht und Helligkeit symbolisieren unser Bewusstsein. Alle anderen Vorgänge liegen im Schatten und laufen unbewusst ab. Aber Elfi und Elef wohnen natürlich nicht irgendwo, sondern auf einem Baumhaus. Auf dem Baum sitzen auch Zwitschi und Zwitscho. Sie erinnern sich noch an den Hirnstamm? Er bildet die Basis. Das Kleinhirn sitzt rechnend auf einem Ast und sorgt dafür, dass alles reibungslos abläuft.

Schleppen die kleinen Elefanten neue Sinneswahrnehmungen heran, müssen sie erst Zwitschi gezeigt werden. Gerüche gehen direkt an Limbo. Bauen sie Erinnerungen mit ihren Fundstücken aus dem Dschungel zusammen, müssen sie vorher zu Hippo rennen. Von ihm bekommen die kleinen Elefanten die passenden Zugangscodes, damit sie wissen, wohin sie rennen müssen.

Lernen wir etwas Neues, merkt und notiert sich Hippo, in welchen Aktivitätsmustern das Neue gespeichert wird. Amy springt währenddessen nervös auf und ab und macht alle ganz wahnsinnig, wenn wieder etwas neues Aufregendes oder Angsteinflößendes passiert. Vor allem Limbo ist der Leidtragende. Limbo koordiniert das Ganze von unten und versucht, den Überblick zu behalten. Falls sich irgendetwas Besonderes ereignet, versucht er, es an Elfi weiterzugeben, um ein neues bewusstes Gefühl auszulösen. Wenn auf der Projektionsfläche oben auf dem Baumhaus zu viel los ist, bekommen wir das, was Limbo uns sagen möchte, aber nicht mit, zumal seine Hinweise nicht immer eindeutig sind und Elfi und Elef sich parallel mit vielen anderen, «wichtigeren» Dingen beschäftigen.

Aber Limbo kann blitzschnell auf eine riesige Menge an Informationen zurückgreifen.

Dieses Bild verdeutlicht noch mal, wie viel im Gehirn los ist! Wer könnte da nicht mal eine Pause gebrauchen? Lassen Sie ab und zu Ruhe auf der Projektionsfläche einkehren und konzentrieren Sie sich ganz auf eine einzige Sache. Das kann die Wahrnehmung des eigenen Körpers, die Fokussierung auf einen bestimmten Sinn oder die Beobachtung des Atems sein. Konzentration und Entspannung liegen nah beieinander! Erst wenn wir uns fokussieren und in uns hineinlauschen, bekommen wir mit, was sich außerhalb des Wohnzimmers, also außerhalb unseres sonstigen Wahrnehmungsfokus tut.

Alles, was im Schatten liegt, läuft unbewusst ab. Hier hüpfen nicht nur Hippo, Amy und Co. herum: Im riesigen Dschungel sind auch unsere Erinnerungen und unser Faktenwissen im expliziten Gedächtnis und ebenso unser «Können» im impliziten Gedächtnis gespeichert.

LIMBO UND DAS IMPLIZITE WISSEN

In den vorangegangen Kapiteln haben wir gesehen, wie unsere Sinne uns die Welt zeigen. «Unser Gehirn speichert im Laufe unseres Lebens eine ungeheure Menge an Sinnes- und Gefühlseindrücken. Dazu kommt noch eine Art intuitives Grundwissen, das schon in unseren Genen festgeschrieben ist. Es determiniert, wie wir denken und der Welt gegenüberstehen»[2], meint der Neurophysiologe Wolf Singer. Um uns nicht zu überlasten, finden nur etwa 20 Prozent den Weg ins Bewusstsein und damit auf unsere Projektionsfläche.

Das Aussortierte landet also nicht im neuronalen Mülleimer. Ganz im Gegenteil: Unbewusst sammelt unser Gedächtnis viele Informationen, die es uns zu gegebener Zeit in Form eines Gefühls oder Gedankens zur Verfügung stellt. Dies ist der Moment, in dem unsere Intuition ins Spiel kommt.

Der riesige, unbewusste Erfahrungsschatz ist im impliziten Gedächtnis gespeichert, von dem wir in Kapitel 2 schon gehört haben, als es um den Unterschied zwischen «Können» und «Wissen» ging. Sie erinnern sich bestimmt. «Implizites Wissen» steht allgemein für den individuellen Erfahrungsschatz, der uns zur Verfügung steht, ohne dass wir uns explizit mit ihm über anstrengende Denkprozesse auseinandersetzen müssen. Das Wissen ist einfach da! Das heißt aber nicht, dass es das schon immer war, sondern dass wir es täglich durch unsere Lebenserfahrung vergrößern, etwa durch interessante Unterhaltungen, ja, selbst durch Aufräumen oder häufiges Führen von Kundengesprächen. All unsere Erfahrungen tragen zum impliziten Wissen bei, ohne dass wir bewusst davon etwas mitbekommen. Dieses Wissen wächst darüber hinaus durch das Erlernen motorischer Bewegungsabläufe wie Fußball- oder Klavierspielen, also durch bewusstes Trainieren und Üben. Einmal verinnerlicht, können wir es quasi «automatisch» ablaufen lassen.

Führen wir uns noch mal kurz den Unterschied zwischen explizitem und implizitem Wissen vor Augen: Vom expliziten Wissen spricht man, wenn von unserem Faktenwissen die Rede ist, also von allem, das sich in Worten, Zeichen oder Formeln schriftlich darstellen und somit dokumentieren lässt. Daher kann dieses Wissen leicht durch Lehrbücher weitergegeben und mitgeteilt werden, ohne dass allzu große Schwierigkeiten auftreten.[3] Das explizite Wissen lässt sich ohne Probleme mit Worten beschreiben. Implizites Wissen kann hingegen vor allem gezeigt und nur schwer erklärt werden. Hier geht es um das Können, also das Wissen, das uns sagt, was und wie etwas zu tun ist. Wir können Skateboard fahren, aber es fällt uns schwer zu erklären, wie die Tricks in der Halfpipe funktionieren. Jemand, der sie lernen will, schaut also besser erst mal einem Könner bewusst zu und muss dann üben, üben, üben. Nach einiger Zeit automatisieren sich die Abläufe und werden als implizites Wissen gespeichert.

Der «Entdecker» des impliziten Wissen ist der ungarischbritische Philosoph und Chemiker Michael Polanyi, der es als *tacit knowledge* bezeichnete. Er war der Meinung, «dass wir mehr wissen, als wir zu sagen wissen».[4] Dieses stille oder stumme Wissen hat dennoch großen Einfluss auf unser Verhalten und ist untrennbar von der Welt unserer Gedanken und Erfahrungen. Es zeigt sich aber meist nur in einem Gefühl, das unterhalb unserer Bewusstseinsschwelle entsteht. Deshalb fällt es uns so schwer, dieses Wissen in Worte zu fassen.

Nehmen wir an, Sie möchten Ihre Tochter – aus gutem Grund – zu einer weiteren Trainingsrunde für ihren Tanzauftritt motivieren, doch sie winkt nur ab: «Ich hab doch schon gestern geübt.» Wie können Sie sie trotzdem von der Wichtigkeit des Wiederholens überzeugen, gerade in Hinblick auf das implizite Wissen? In einer solchen Situation lässt sich die Tatsache, dass einmal Üben nicht ausreicht, wunderbar am Bild einer Zimmerpflanze verdeutlichen. Es bringt nämlich nichts, die Pflanze nur einmal zu gießen, weil man gerade Lust oder Zeit hat, sondern man muss sich regelmäßig um sie kümmern, damit sie gedeihen kann.

Mit einem einzigen Bild kann also viel Wissen vermittelt werden, ohne es groß erläutern zu müssen. Und, viel wichtiger: Wir können beim Erinnern über Bilder ganze Assoziationsketten auslösen und Wissen finden, von dem uns gar nicht bewusst war, dass es in unserem Gedächtnis existiert. Denn wenn wir etwas lernen, dann immer in einem speziellen Kontext oder in einer bestimmten Situation.

Ich möchte Ihnen das anhand eines Beispiels verdeutlichen: .Stellen Sie sich vor, Ihr Freund Andreas erzählt Ihnen von seiner Arbeit in einer Aufzuchtstation von Meeresschildkröten auf Bali, als plötzlich im Radio der Song *The River* gespielt wird und Andreas seine Erzählung unterbricht: «Hey, das ist doch Bruce Springsteen, guter Song!» Danach sprechen Sie über seinen Zwischenstopp in Singapur, den aktuellen Präsidenten des Landes, Tan Keng Yam Tony, und darüber, dass man in Singapur besser keinen Kaugummi auf die Straße werfen sollte, weil das unter Strafe steht.

Diese einzelnen Fakten werden verknüpft und irgendwo tief in Ihrem Gedächtnisdschungel gespeichert – und erst einmal wieder «vergessen».

Nehmen wir an, Sie würden nun in einer Quizsendung oder von einer neuen Freundin gefragt, von wem der Song *The River* ist. Dann erinnern Sie sich möglicherweise plötzlich an das Gespräch mit Andreas über die Schildkröten. Und vielleicht fallen Ihnen dann auch Singapur, der Kaugummi und der Satz «Das ist doch Bruce Springsteen!» ein. Kurz gesagt: Durch Überlegen, bewusstes Erzählen oder die Erinnerung an eine Situation kann man mit etwas Glück Assoziationsketten abrufen, die einen auf die richtige Spur bringen.

Wie tritt dieses implizite Wissen aber, etwa in Form einer kreativen Idee, in unser Bewusstsein? Meist intuitiv, in Abhängigkeit vom Kontext und ganz plötzlich.

INTUITION

Doch was ist nun Intuition? Wolf Singer bezeichnet Intuition als «den Teil des Wissens, der im Unbewussten bleibt. Er ist durch keinen Denkvorgang gefiltert, weder analysiert»[5] noch im expliziten Gedächtnis gespeichert. Wir erinnern uns nicht bewusst daran. Wenn unsere Intuition uns etwas sagen möchte, dann geschieht das schnell. Im Bewusstsein entsteht ein Gefühl, dessen tiefere oder detaillierte Gründe im Verborgenen bleiben. Die Gefühle sind aber so stark, dass sie uns zum Handeln bewegen können, denn Intuition ist das unbewusste Erkennen von vertrauten, implizit abgespeicherten Mustern, die uns durch unsere Gefühle vermittelt werden. Sie sind die «Überbringer» und spielen mit uns Flüsterpost. Das Lieblingsspiel von Limbo!

Erinnern Sie sich an die *somatischen Marker*? Diesen von Antonio Damasio geprägten Begriff haben Sie bereits in Verbindung mit dem limbischen System kennengelernt. Bei seiner Theorie handelt es sich um die «Etikettierung» unserer Erfahrungen mit diesen somatischen Markern. Unbewusst fragt unser Gehirn permanent die aktuelle Lage ab. Wenn ihm etwas neu oder seltsam vorkommt, schaltet es entweder das Bewusstsein hinzu oder eben Limbo. Er kann aber meist nicht in Worte fassen, was genau los ist – sondern flüstert allenfalls.

Im Alltag ist unsere innere Stimme oder unser Gefühl deshalb oft diffus. Wir stehen unserer Intuition häufig mit einer gewissen Portion Skepsis gegenüber, da wir nicht auf gesichertes Wissen für unsere Einschätzung zurückgreifen können. Es handelt sich bei ihr um ein subjektives Gefühl, nicht um eine subjektive Gewissheit. Unsere innere Stimme gibt uns bestenfalls einen Hinweis. So kann manchmal selbst implizites Wissen ein fragwürdiger Ratgeber sein, zum Beispiel am Roulettetisch, wenn man ein unerfahrener Spieler ist und unser Gefühl uns sagt, dass nach fünfmal Rot beim nächsten Mal «ganz sicher» Schwarz dran sein muss. Doch das bleibt Zufall.

Oft genug führt uns unsere Intuition aber in die richtige Richtung. Man kann ihr vor allem dann vertrauen, wenn man über viel Erfahrung in dem entsprechenden Bereich verfügt. So spielt sie, wenn sie auf jahrelang trainierten Bewegungsabläufen beruht, vor allem bei sportlichen Erfolgen eine Rolle: Ohne sie ließe sich kein Tor erzielen, kein Ass nach dem anderen schlagen oder ein Aufschlag gekonnt retournieren.

Auch in Kunst oder Wissenschaft ist Intuition nicht wegzudenken. Der ehemalige Direktor des Max-Planck-Instituts für Physik, Professor Dr. Hans-Peter Dürr, beschrieb dies so: «Wenn du das Gefühl hast: ‹Jetzt weiß ich nicht mehr weiter›, dann ist das die große Chance für die Intuition. Dann kann es passieren, dass man auf etwas ganz Neues stößt, vielleicht einen Gedanken denkt, den noch nie jemand zuvor gedacht hat.»[6]

Denken Sie daran, wie Einstein auf die allgemeine Relativitätstheorie gekommen ist. «Ich saß auf meinem Sessel im Berner Patentamt, als mir plötzlich folgender Gedanke kam: Wenn sich eine Person im freien Fall befindet, dann spürt sie ihr eigenes Gewicht nicht. Ich war verblüfft. Dieser einfache Gedanke machte auf mich einen tiefen Eindruck. Er trieb mich in Richtung einer Theorie der Gravitation.»[7]

Die Intuition ist ein unverzichtbarer Teil unseres Alltags: In jeder Situation, in der wir über kein explizites Wissen verfügen, greifen wir auf unser implizites Wissen zurück, das sich über unsere Gefühle manifestiert und uns entscheiden lässt, ob wir zum Beispiel mit dem Fahrrad oder doch lieber mit dem Auto zur Arbeit fahren.

TRAININGSLAGER: ACHTSAMKEIT UND WAHRNEHMUNG

Wir können die Aktualisierung unseres impliziten Wissens und damit unser Können verbessern, indem wir bewusst versuchen, aus unseren Fehlern zu lernen. Der Schlüssel zum Besserwerden ist nicht nur die Auseinandersetzung mit den eigenen Erfolgen, sondern auch die Beschäftigung mit den Fehlern: Denselben Fehler begeht man nämlich nicht ein weiteres Mal. Wenn es gut läuft.

Möchte man sein Vertrauen auf die eigenen Erfahrungen und Gefühle stärken, hilft es, seine Achtsamkeit zu verbessern und seine Gefühle und den eigenen Körper bewusster wahrzunehmen. Mit ein paar einfachen Übungen lässt sich das trainieren.

Drei-Minuten-Übung

Diese Übung ist so einfach wie sinnvoll. Ganz nebenbei schulen Sie Ihre Sinne. Nehmen Sie sich jeden Morgen drei Minuten Zeit und setzen Sie sich gemütlich hin, egal ob auf den Boden, einen Stuhl oder Sessel, und horchen Sie in sich hinein. Nehmen Sie nun bewusst sechs tiefe Atemzüge und zählen Sie während des Einatmens bis vier. Spüren Sie in Ihren Körper hinein, und nehmen Sie ihn von den Füßen bis zu Ihrem Kopf wahr. Zwickt und zwackt es irgendwo?

Konzentrieren Sie sich im Anschluss kurz auf Ihre einzelnen Sinne. Scheint die Sonne? Was hören Sie? Was riechen Sie gerade? Ist Ihnen warm oder kalt? Tauchen ablenkende Gedanken auf, lassen Sie sie einfach wie Wolken an sich vorbeiziehen, ohne sie zu bewerten. Richten Sie Ihren Fokus zum Schluss wieder nur auf Ihre Atmung.

Diese Übung ist ein grandioser Start in den Tag, um kurz innezuhalten und sich auf sich selbst zu konzentrieren. So gelingt es Ihnen vielleicht auch im Alltag mehr auf die Signale Ihres Körpers zu achten.

Die Liste

Eine Pro-und-Contra-Liste kann Ihnen helfen, sich Ihrer eigenen Intuition bewusst zu werden. Zeichnen Sie in der Mitte eines Blattes einen senkrechten Strich und beschriften Sie die Spalten mit «Positiv» und «Negativ». Beobachten Sie sich in den nächsten Tagen, und tragen Sie alle Erfahrungen und Entscheidungen, bei denen Intuition im Spiel war, in die jeweilige Spalte ein. So bekommen Sie allmählich ein besseres Gefühl für Ihre Intuition, und mit der Zeit wird sich die Zahl der positiven Erfahrungen, die Sie mit Ihrer Intuition machen, erhöhen.

Das Gute an dieser Übung ist, dass Sie bewusst über die Ereignisse eines Tages reflektieren und sie sich erneut vor Augen führen. Denn wir wissen: Übung macht den Meister, auch in Sachen Intuition.

Der Gegenstand

Die folgende Übung hört sich ein wenig absurd an, wurde aber sogar wissenschaftlich untersucht.[8] Ihr Ziel ist es, einen Gegenstand zu skizzieren oder ihn mit Worten zu beschreiben, den Sie nicht sehen können. Sie brauchen eine weitere Person zur Unterstützung, sie muss sich aber noch nicht mal in Ihrer Nähe befinden.

Die Übung funktioniert so: Sie bitten eine Person, einen beliebigen Gegenstand – es kann wirklich alles sein, von Teller bis Plüschtier – auf einen ganz bestimmten Platz in einem Zimmer zu legen, während Sie sich mit einem Blatt Papier und einem Stift in einem anderen Raum befinden. Sie müssen den Platz kennen, aber Sie dürfen nicht wissen, was dort liegen wird.

Die Person sucht nun einen Gegenstand aus, legt ihn auf den vereinbarten Platz und gibt Ihnen darüber Bescheid. Nun schließen Sie die Augen und konzentrieren sich auf diesen Ort. Sie sehen ihn vor Ihrem geistigen Auge, hören aber auf, bewusst darüber nachzudenken oder zu spekulieren, was dort liegen könnte, sondern fühlen nur in Ihren Körper hinein. Wahrscheinlich reichen schon ein paar Sekunden, sonst warten Sie einfach ab, bis Sie das Gefühl haben, etwas taucht aus Ihrem Körper auf. Eine Eingebung! Natürlich nichts Genaues. Zeichnen Sie es schnell und nur in Umrissen auf. Selbst wenn nichts auftaucht, nehmen Sie den Stift und lassen Sie Ihre Hand tun, was sie will.

Es ist wirklich spannend, was dabei passiert. Ich habe es mit meiner guten Freundin Julia ausprobiert. Am Telefon! Ich legte einen Gegenstand auf meinen Esstisch, rief sie an und bat sie, zu fühlen, was vor mir lag. Sie malte etwas, das wie eine Blume in einem Topf aussah, und schickte mir ein Foto davon. Die Blume hatte Ähnlichkeit mit einem Krokodil, das aus einem Blumentopf guckt – ich hatte tatsächlich ein Spiel-zeug-Krokodil ausgewählt. Ich hingegen malte einen Kreis, der Ähnlichkeiten mit einer Kartoffel aufwies – Julia hatte einen kleinen Globus auf ihren Küchentisch gelegt.

Diese lustige Übung dient dazu, ganz bewusst auf seine Gefühle zu achten und Vertrauen zu ihnen aufzubauen. Keine Sorge, es klappt auf jeden Fall. Denn irgendeine Ähnlichkeit erkennt man immer zwischen der Zeichnung und dem Objekt. Hört sich seltsam an, ist aber so. Probieren Sie es mal aus! Es macht irre Spaß und ist ein wenig verrückt, außergewöhnlich und *merk-würdig*.

Wer lernen will, spürt

★ Unsere Intuition greift auf unseren riesigen Erfahrungsschatz, unser implizites Wissen, zurück.

★ Je mehr Erfahrungen wir in einem bestimmten Bereich gesam-melt haben, desto eher können wir unserer Intuition vertrauen.

★ Achten Sie darauf, wie sich Ihre Intuition äußert. Versuchen Sie somatische Marker zu identifizieren.

★ Schreiben Sie eine Pro-und-Contra-Liste, um sich ein Bild von Ihrer Intuition machen zu können.

★ Besuchen Sie einen Meditations- oder Achtsamkeitskurs, um mehr über Ihre persönliche Wahrnehmung zu erfahren.

★ Hören Sie bei wichtigen Fragen immer auch auf Ihr Gefühl. Überprüfen Sie es anschließend rational und bewusst.

KAPITEL 10

AUF DIE SCHNELLE – DAS GROSSE FINALE

«Zum zehnten Mal wiederholt,
wird es gefallen.»

Horaz

Zum Schluss möchte ich kurz Revue passieren lassen, was uns beim Lernen helfen kann. Wir haben – nicht nur einmal – gesehen, wie wichtig unsere Gefühle und Sinne sind. Aber ein zehntes Mal geht noch. Grundsätzlich gilt beim Lernen: Je mehr Sinne Sie nutzen, also je mehr Sie sehen, hören, tasten, riechen, schmecken, laut sprechen, sich unterhalten, leise wiederholen, aufschreiben, üben, in neuen Kontexten anwenden, ausprobieren, je mehr Bilder Sie mit Sinneseindrücken verzieren, desto effektiver werden Sie vorankommen.

Darüber hinaus sollten Sie Ihre Gefühle beim Lernen bewusst einsetzen, da Sie so die Aktivitätsmuster vergrößern und gleichzeitig Signale aussenden, was Sie persönlich als wichtig erachten. Mehr Input bedeutet mehr Output, auch beim Lernen – solange nicht zu viele Informationen auf einmal eingehen, denn unser Gehirn braucht Zeit, um sie zu verarbeiten.

In diesem letzten Kapitel möchte ich Ihnen weitere Tipps

geben, die Sie beim Lernen mit allen Sinnen unterstützen können. Die kleinen Elefanten haben ihre Arbeit vorerst getan. Was können nun Elef und Elfi, also unser Arbeitsgedächtnis und unsere bewussten Gefühle, in Bezug auf das Lernen noch alles beisteuern? Wie können Sie sich motivieren? Und warum sind Pausen so wichtig beim Lernen?

WER LERNEN WILL, KONZENTRIERT SICH

Um unsere Projektionsfläche vor Chaos zu bewahren, ist es wichtig, sie schön aufgeräumt zu halten. Es sollten also nicht zu viele kleine Elefanten auf einmal dort herumwuseln. Die Fähigkeit, sich auf etwas Bestimmtes fokussieren zu können und anderes auszublenden, wird als *selektive Aufmerksamkeit* bezeichnet. Konzentration erfordert ein wenig Anstrengung, vor allem dann, wenn wir uns mit etwas beschäftigen, das wir nicht sehr interessant finden – oder wenn es etwas gibt, das im Moment gerade spannender ist, wie der Kauf eines neuen Pullovers, während wir eigentlich eine Präsentation fertigstellen sollten. Je besser man sich konzentrieren kann, desto leichter erledigt man eine Aufgabe und desto effektiver kommt man voran.

Sind wir konzentriert, ist der präfrontale Cortex besonders stark eingebunden. Hier werden Signale von spezialisierten Schaltkreisen entweder verstärkt, um uns genau auf diese eine Aufgabe konzentrieren zu können, oder gehemmt, damit wir nicht abgelenkt werden. Die Fähigkeit, sich zu konzentrieren, hängt davon ab, wie gut wir Reize und auftauchende Gefühle ausblenden oder ignorieren können.

Damit das Arbeitsgedächtnis und der gute Elef Konzentration aufbringen, müssen Elfi und Limbo ihn vorübergehend in Ruhe lassen. Es gilt, zwei wichtige Gegner zu bekämpfen, nämlich die *sensorischen* und die *emotionalen* Ablenkungen. In einem ruhigen Raum lässt es sich wesentlich leichter arbeiten, als wenn man dem Lärm einer nahe gelegenen Baustelle ausgesetzt ist, es nach Baustaub riecht und am Rande des Blickfelds viel Bewegung durch Bagger oder Bauarbeiter stattfindet. Noch schwieriger ist es jedoch, die uns gedanklich ablenkenden Gefühle kurz «auszuschalten», um uns auf die konkrete Aufgabe oder den entsprechenden Lernstoff zu konzentrieren. Bewusste Gefühle, die das Lernen unterstützen, sind davon natürlich ausgenommen. Elfi darf also ruhig mitlernen, solange sie einen nicht nur für den neuen blauen Pullover begeistern möchte.

Doch nur allzu häufig geht uns die gute alte Aufmerksamkeit flöten. Die brauchen wir allerdings dringend fürs Lernen, denn ohne sie passiert nicht allzu viel Produktives im Wohnzimmer von Elef und Elfi. Dann sind wir zwar physisch anwesend – im Klassenraum, in einer Vorlesung, im Café mit einem Freund oder im Büro des Chefs –, bekommen aber trotzdem nichts mit von dem, was gesagt oder erzählt wird. Stattdessen denken wir darüber nach, ob wir unseren Kindern tatsächlich Meerschweinchen kaufen sollen oder doch lieber einen Hund in unsere Familie aufnehmen, mit dem wir dann jeden Morgen spazieren gehen könnten ...

Vielleicht kennen Sie das «Mmh, mmh, ja»-Gemurmel, wenn Sie mit jemandem telefonieren, der parallel bei Facebook zugange ist oder im Internet ein günstiges Flugticket nach Rom sucht. Sie könnten Ihrem Gegenüber in solchen Momenten quasi alles erzählen, selbst, dass Sie im Lotto gewonnen haben – es würde nicht ankommen.

Wenn unsere Gedanken auf die Reise gehen und wir uns nicht auf das Wesentliche konzentrieren, spricht man von schweifenden Gedanken. Das ist eine, wenn nicht gar *die* Lieblingsbeschäftigung unseres Gehirns, sie stellt im Prinzip seinen Grundzustand dar. Die entsprechenden Regionen werden immer dann aktiv, wenn wir nichts tun – wollen wir uns konzentrieren, müssen sie deaktiviert sein. Deshalb wird dieser Modus auch *Default Mode Network* genannt – also *Ruhezustandsnetzwerk, Standardnetzwerk* oder, böser ausgedrückt: *Leistungsstörungs-Netzwerk.*

WER LERNEN WILL, SETZT SICH ZIELE

Sind wir aber im «Hier und Jetzt» und konzentrieren uns auf eine ganz bestimmte Aufgabe – ohne abzuschweifen –, dann befinden wir uns im sogenannten *Direkterfahrungsmodus.*[1] Damit Sie den erreichen, formulieren Sie am besten konkrete Ziele, die Sie innerhalb einer festgesetzten Zeit erreichen möchten. So geben Sie Ihrem Gehirn einen Hinweis, dass Sie seine volle Aufmerksamkeit benötigen. Sie können auch den Timer Ihres Smartphones auf eine halbe Stunde stellen, dann «weiß» Ihr Gehirn: «In einer halben Stunde habe ich Pause und darf wieder über etwas anderes nachdenken.» Gehen Ihnen innerhalb dieser Zeit trotzdem Gedanken durch den Kopf, schreiben Sie sie kurz auf. So sind sie gebannt, Sie können sich wieder auf das eigentliche Thema konzentrieren und sich später um die anderen Dinge kümmern. Wäre es brandeilig gewesen, hätten Sie schließlich nicht zum Stift, sondern zum Telefon gegriffen.

Ansonsten kann Sport helfen, die Konzentration zu verbessern. Inzwischen gibt es außerdem viele Online-Anbieter wie *Neuronation* oder *mybraintraining*, mit denen Sie Ihre Konzentration und Ihr Arbeitsgedächtnis trainieren können. Mir hilft es zumindest sehr, ein kurzes Konzentrationsspiel zu spielen, bevor ich mich einer komplexen Aufgabe widme.

WER LERNEN WILL, BELOHNT SICH

Wir wissen bereits: Unser Belohnungszentrum, das mesolimbische System, springt immer dann an, wenn etwas ein wenig besser als erwartet eintrifft. So wirken Glücksgefühle beim Lernen wie ein Turbo und können es erheblich beschleunigen. Mit Begeisterung, Spaß und Humor geht das Lernen einfacher von der Hand. Früh genug mit dem Lernen anzufangen, kann Stress ersparen. Achten Sie also drauf, dass Sie sich in Lernphasen ein möglichst entspanntes Umfeld schaffen. Das fängt bei einem aufgeräumten Ort und ansprechenden Arbeitsmaterialien an, kann aber natürlich auch Entspannungstechniken miteinbeziehen. Und, ganz wichtig: Acht Stunden am Stück kann kein Gehirn konzentriert lernen. Machen Sie immer wieder Pausen, damit sich neu Gelerntes setzen kann. Oft bringt eine halbe Stunde Pause viel mehr, als eine weitere Stunde «hoch»konzentriert zu arbeiten. Hören Sie auf Ihr Gefühl: Machen Sie alle 30 Minuten eine kurze und allerspätestens nach zwei Stunden eine etwas größere Pause. Betrachten Sie Pausen als Belohnung! Machen Sie sich einen schönen Tee, gehen Sie einmal um den Block oder hören Sie Ihr Lieblingslied.

In den Pausen kann sich Ihr Gehirn ausruhen und Sie vielleicht sogar auf neue Ideen bringen, wie Sie das Lernen spannender oder entspannter gestalten können. Teilen Sie sich den Weg zum großen Ziel in kleinere Etappen ein, denn jeder neue Etappensieg motiviert.

WER LERNEN WILL, UNTERHÄLT SICH

Lernen muss kein einsamer Prozess sein. Kommunikation hilft! Unterhalten Sie sich mit anderen über das Gelernte, diskutieren Sie, und wenden Sie es in unterschiedlichen Kontexten an. Bilden Sie Lerngruppen. Die haben den Vorteil, dass man korrigiert, also das Gelernte anwendet, und auch selbst korrigiert wird und so Fehler vermeidet. Trotzdem macht es meist mehr Spaß als das langweilige Wiederholen im einsamen Kämmerchen.

Außerdem nehmen wir bei einer Unterhaltung ständig Emotionen wahr, die in Mimik, Gestik und Stimme der Gesprächspartner als Gefühle zum Ausdruck kommen. Wir wissen ja, sie geben unserem Gehirn die Informationen über die Wichtigkeit und entscheiden mit, was gespeichert wird. Der ausschlaggebende Punkt ist dabei das Sprechen selbst und die Wahrnehmung der am Gespräch beteiligten Personen. Wir erinnern uns zum Beispiel an einen Film besser, wenn wir uns über ihn unterhalten haben.

WER LERNEN WILL, BEGEISTERT SICH

Wenn Sie Zeitung lesen, überfliegen Sie wahrscheinlich alle Überschriften und bleiben nur bei den Artikeln hängen, die Sie interessieren. Im Internet klicken wir das an, was uns interessant erscheint, beim Fernsehen zappen wir so lange durch alle Kanäle, bis irgendetwas unser Interesse weckt. Dafür kann es tausend Gründe geben: Wir haben vielleicht schon mal davon gehört, wollen mehr darüber wissen, es klingt verblüffend oder lustig. Unsere Konzentration bleibt leichter dort hängen, wo Spannendes vermutet wird.

Solche Dinge können wir uns gefühlt ewig merken. Und das fast ohne Anstrengung!

Solange ein neues Buch ein unbeschriebenes Blatt in meinem Kopf ist, habe ich keine große Lust, daran zu arbeiten. Doch sobald es zur bunten, mit Bildern und Geschichten gespickten Wundertüte wird und mir zum Beispiel Elfi und Elef einfallen, möchte ich gar nicht mehr aufhören, weiterzuschreiben.

Finden Sie also Wege, sich für etwas zu begeistern! Wollen Sie eine neue Sprache lernen, zum Beispiel Japanisch, schauen Sie Ihre Lieblingsserie in dieser Sprache oder suchen Sie sich Freunde, die nur Japanisch mit Ihnen sprechen. Malen Sie sich aus, wie Sie auf Ihrer nächsten Geschäftsreise nach Japan Ihren Vortrag nicht auf Englisch, sondern in perfektem Japanisch halten, und welche Begeisterung das auslöst. (Man wird ja noch träumen dürfen!)

Manchmal muss man sich einfach lange genug mit einem Thema beschäftigen, um ihm etwas abgewinnen zu können.

Selbst ein in meinen Augen dröges Gebiet wie Verwaltungsrecht, zu dem ich während meines Diploms in Politikwissenschaften eine mündliche Prüfung ablegen musste, konnte nach anfänglichem Horror kleinere Begeisterungsstürme bei mir auslösen. Gut, die hielten nur so lange an, bis ich den Prüfungsraum wieder verlassen hatte. Aber denken Sie daran: Wenn es möglich ist, Verwaltungsrecht etwas abzugewinnen, dann muss das eigentlich bei jedem Thema funktionieren. Wussten Sie zum Beispiel, dass ...? Nein, lassen wir das. Ich habe wirklich alles wieder vergessen. Und warum? Weil ich es nie mehr gebraucht habe.

WER LERNEN WILL, WIEDERHOLT

Damit kommen wir zum nächsten Punkt: Wollen wir etwas behalten, müssen wir es anwenden oder wiederholen (diese Tatsache habe ich ja selbst oft genug wiederholt in diesem Buch). Unser Gehirn ist die ganze Zeit im Umbau begriffen und gestaltet seine Netzwerke möglichst effizient. Wird etwas nicht mehr gebraucht, wird es praktischerweise entsorgt. So schützt uns unser Gehirn vor unnötigem Ballast, um seine Hauptaufgabe, unser Leben zu sichern, bestmöglich zu erledigen. Durch zu viele Informationen wird es schnell unübersichtlich. Vergessen kann also auch eine sehr feine Sache sein!

Wenn wir aber etwas im Oberstübchen parat haben wollen, müssen wir diese Informationen nach dem ersten Lernen öfter wiederholen. Je mehr Wissen wir uns zu einem Thema aneignen, desto größer wird unser Wissensnetz in diesem Bereich – je öfter wir etwas hören, wiederholen, anwenden oder darüber nachdenken, desto leichter bleibt es hängen. Und warum ist das so? Sie können es wahrscheinlich inzwischen auswendig: Weil unser Gehirn in Aktivitätsmustern arbeitet, die gepflegt und gefestigt werden müssen, damit wir zukünftig viele Möglichkeiten haben, auf dieses gespeicherte Wissen zurückzugreifen.

Stellen Sie sich die kleinen Elefanten vor: Beim ersten Lernvorgang müssen sie sich regelrecht durch den Dschungel kämpfen. Nach dem ersten Wiederholen kennen sie sich bereits besser aus, und mit jeder weiteren Wiederholung wird der Weg breiter, bis es ein richtiger Trampelpfad geworden ist, den der Dschungel nicht mehr überwuchern kann. Bleibt er ungenutzt, wächst er wieder zu.

WER LERNEN WILL, FÜHLT

Versuchen Sie beim Lernen positive Gefühle zu nutzen, und hören Sie auf die kleinen Hinweise von Limbo. Wollen Sie Ihr Wissen erweitern und sich an möglichst viel erinnern? Dann gehört neben viel Gefühl auch ein wenig Anstrengung dazu. Das ist leider so. Bewusstes Lernen wird immer arbeitsaufwendig bleiben, aber mit den vorgestellten Merktechniken können Sie die Informationen mit mehr Spaß an der Sache behalten!

Wenn dem mal nicht so ist, lassen Sie sich von eventuell auftauchenden negativen Gefühlen nicht beirren. Manchmal gibt man einfach zu früh auf und denkt: Ich kann das nicht; ich habe kein Talent; ich werde das nie verstehen. Damit liegen Sie falsch! Bleiben Sie dran, und nutzen Sie bereits erworbenes Wissen, um darauf aufzubauen! Übung macht den Meister!

Folgende Geschichte, die mir mein guter Freund Sascha nach einem Vortrag erzählte, möchte ich Ihnen noch mit auf den Weg geben: Sascha trainierte als Kind einmal die Woche Kung-Fu und gehörte immer zu den talentiertesten Schülern in der Gruppe. Ohne viel Übung. Die Sportart lag ihm einfach. Bis ins Teenager-Alter bewunderten ihn alle für seine Künste, doch dann verlor er das Interesse daran. Max war in derselben Kung-Fu-Gruppe und derjenige, auf den immer alle warteten. Jemand, der bestimmt auch des Öfteren gehört hat: «Mann, Max, jetzt check's doch mal!» Jahre später kehrte Sascha zufällig zu dem Verein zurück und traf auf Max. Sascha konnte es nicht fassen. So eine Präzision hatte er vorher noch nicht gesehen! Max konnte alles – jeden Dreh-Kick, jeden Angriff – in einer Perfektion, die Sascha förmlich umhaute. Max hatte seine Leidenschaft entdeckt und war drangeblieben, er war begeistert, übte sich in Geduld und Beharrlichkeit. Kurz gesagt: Max hat es einfach gefühlt! Und das wünsche ich Ihnen auch. Fühlen Sie es!

HERZLICHEN DANK!

Ganz herzlich bedanke ich mich bei Barbara, Julia und Ansa! Ohne euch – kein Buch! Meiner Lektorin Julia gilt ein extra großer Dank, denn sie ist über alle Steine gehüpft, die frecherweise immer wieder im Weg lagen.

Ich bedanke mich auch bei Geza für das Mittagessen, bei dem die erste Idee zu diesem Buch entstand. Henning Beck danke ich 10^{241} Billionen Mal für seine äußerst qualifizierten und amüsanten Kommentare zu neurowissenschaftlichen Inhalten. Der gleiche Dank geht auch an Max Bachmeier für seine phänomenalen Zeichnungen, die genau das zeigen, was in meinem Kopf herumspukt. Merci Anja und Kathi, dass ihr immer da seid und mir den Rücken freihaltet.

Ganz besonders bedanke ich mich bei Max Dimpflmeier, David Schedl, Thomas und Uwe für ihre fachliche Expertise und die Beantwortung all meiner Fragen. Oliver Polak danke ich für die Krapfengeschichte sowie seine Inspiration, genauso Julia Gerecke für ihre vielen superguten Ideen! Das gilt auch für Fabian, Katharina, Chuck, Daniela, Nina, Lisa, Henrik, Sonja, Antje, Toni, Ilona, Lena und Lena. Ein großes Dankeschön geht auch an Antje, Bruni, Gil, Wolfi, Ale, Geo, Julia, Annemarie, Sandra, Dani, Marjatta, Katrin, Nadine, Zafer und die gesamte MFA. Jetzt müssten aber alle beisammen sein. Wenn ich doch jemanden vergessen habe, dann denke ich an ihn an dieser Stelle! Thank you!

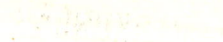

ANMERKUNGEN

Kapitel 1: Was wären wir ohne unsere Sinne und Gefühle?

1 Schüle, Christian: Im Bann der Erinnerung, www.zeit.de/zeit-wissen/
2011/02/Erinnerung-Forschung (Zugriff: 07.01.2016)

Kapitel 2: Das Gehirn – Ein Dschungel voller Informationen

1 Beck, Henning: Hirnrissig, München 2014, S. 191.

2 Hüther, Gerald: Bedienungsanleitung für ein menschliches Gehirn, Göttingen 2013, S. 25.

3 Roth, Gerhard: Persönlichkeit, Entscheidung und Verhalten, Stuttgart 2011, S. 60 ff.

4 Die Anregung zu dieser Zeichnung basiert auf der Abbildung in Lang, Rudolph E.: Sehen, Stuttgart 2014, S. 77.

5 Es gibt verschiedene Auffassungen vom Gedächtnis. Diese Graphik basiert auf der Abbildung in Roth, Gerhard: Bildung braucht Persönlichkeit, Stuttgart 2015, S. 115.

6 Roth, Gerhard / Strüber, Nicole: Wie das Gehirn die Seele macht, Stuttgart 2014, S. 82.

7 Spitzer, Manfred: Lernen, Heidelberg 2014, S. 31 f.

8 Beck, S. 31.

Kapitel 3: Das Limbische System – Angst und Wut tanzen Limbo

1 Damasio, Antonio: Selbst ist der Mensch, München 2011, S. 122.

2 Ekman, Paul: Gefühle lesen, Heidelberg 2010, S. 14.

3 Carter, Rita: Das Gehirn, München 2010, S. 124.

4 Damasio, Antonio: Descartes' Irrtum, Berlin 2015, S. 237.

5 Goleman, Daniel: Emotionale Intelligenz, München 2015, S. 27.

6   Roth, Persönlichkeit, S. 65 ff.

7   Beck, Henning: Biologie des Geistesblitzes, Berlin 2013, S. 23 f.

8   Roth, Persönlichkeit, S. 68 ff.

9   Roth, Bildung, S. 51.

10   Roth, Persönlichkeit, S. 188.

11   Spitzer, S. 163 f.

12   LeDoux, Joseph: Das Netz der Gefühle, München 2012, S. 177.

13   Goleman, S. 35.

14   Spitzer, S. 25.

15   Moyner, Hannah/Gessmann, Martin: Das geniale Gedächtnis, München 2015, S. 83 ff.

16   ebd.

17   Hüther, Gerald: Begeisterung ist Doping für Geist und Hirn, www.geraldhuether.de/populaer/veroeffentlichungen-von-gerald-huether/texte/begeisterung-gerald-huether/index.php (Zugriff 07. 01. 2016)

18   Pashler, Harold et al., Learning Styles: Concepts and Evidence, In: Psychological science in the public interest, Volume 9 (3), 2008, S. 105 ff.

Kapitel 4: Sehen – Der oberflächliche und edle Sinn

1   Spitzer, S. 440 f.

2   Madeja, Michael: Das kleine Buch vom Gehirn, München 2012, S. 61.

3   Eagleman, David: Inkognito, Frankfurt am Main 2012, S. 33.

4   Lang, S. 36.

5   Fischer, Ernst Peter: Wie kommt die Welt in den Kopf oder die Macht der Sinne, München 2013, S. 57; Lang, S. 40 f.

6   Goldstein, Bruce: Wahrnehmungspsychologie, Berlin 2015, S. 83 f.

7   Lang, S. 60.

8   Junod, Tom, Brad Pitt: A Life So Large, www.esquire.com/entertainment/movies/interviews/a22679/brad-pitt-cover-interview-0613/ (Zugriff 07. 01. 2015) und Grüter, Thomas: Merkblatt Prosopagnosie, www.prosopagnosie.de/infos.html (Zugriff 07. 01. 2015)

9   Lang, S. 71 ff.

10   Goldstein, S. 88 f.

11   Goldstein, S. 89.

12   Lang, S. 130.

13 Heinen, Nike: Die Illusion von Wirklichkeit, www.faz.net/aktuell/wissen/
mensch-gene/ein-mann-lernt-sehen-die-illusion-von-wirklichkeit-174
3936-p3.html?printPagedArticle=true»pageIndex_3 (Zugriff 07.01.2016)
und Dworschak, Manfred: Eingriff ins Hirn: Der Blinde, der sehen kann,
www.spiegel.de/spiegelspecial/a-273550.html (Zugriff 07.01.2016)

Kapitel 5: Hören – Der raffinierte Sinn

1 Ebert, Vince: Bleiben Sie neugierig!, Reinbek 2013, S.19.
2 Kitz, Volker/Tusch, Manuel: Warum das Denken nicht in den Kopf will,
München 2014, S.47 f.
3 ‹Mozart effect›: can classical music really make your baby smarter?,
www.telegraph.co.uk/news/health/children/11500314/Mozart-effect-
can-classical-music-really-make-your-baby-smarter.html (Zugriff 07.
01.2016)
4 Müller-Jung, Joachim: Lebenslanges Lernen ist wie eine Muskelübung,
www.faz.net/aktuell/feuilleton/f-a-z-serie-gehirntraining-lebenslanges-
lernen-ist-wie-eine-muskeluebung-1512195.html (Zugriff 07.01.2016)
5 Faller, Adolf/Schünke, Michael: Der Körper des Menschen, Stuttgart
2012, S.642.
6 Goldstein, S.268.
7 Fischer, S.179.
8 Yogeshwar, Ranga: Warum klingt die eigene Stimme auf einer Aufnahme
so anders?, www.daserste.de/information/wissen-kultur/wissen-vor-
acht-ranga-yogeshwar/sendung-ranga-yogeshwar/2010/warum-klingt-
die-eigene-stimme-auf-einer-aufnahme-so-anders-folge-349-100.html
(Zugriff 07.01.2016)
9 Goldstein, S.261; Fischer, S.170.
10 Carter, S.93.
11 Madeja, S.71.
12 Fischer, 216 f.
13 Fischer, S.172.
14 Goertz, Wolfram: Lesehilfe Hip-Hop, www.zeit.de/2010/34/C-Musikschue
ler (Zugriff 07.01.2016)
15 Geisselhart, Oliver: Schieb das Schaf, München 2012.

Kapitel 6: Tasten – Das Multitalent unter den Sinnen

1 Goldstein, S. 332.
2 Fischer, S. 148.
3 Carter, S. 101.
4 Pieper, Werner: Blind, taub und optimistisch, Löhrbach 2015, S. 49.
5 Pieper, S. 62.
6 Ankowitsch, Christian: Warum Einstein niemals Socken trug, Berlin 2015, S. 170 f.
7 Siefer, Werner: Das Genie in mir, Frankfurt am Main, 2009, S. 123.
8 Weigmann, Katrin: Educating the brain. In: EMBOreports, 2013/14, S. 136 ff.
9 Weigmann, Katrin: Die Intelligenz des Körpers. In: Gehirn und Geist 1-2 2013, S. 26 ff.
10 Weigmann, Intelligenz, S. 28.
11 Klöckner, Lydia: Tipps, die das Lernen leichter machen, www.zeit.de/studium/uni-leben/2012-11/Manfred-Spitzer-Lernmythen/komplettansicht (Zugriff 07. 01. 2016)
12 Lernen mit allen Sinnen, www.mpg.de/8930937/vokabel-lernen-gesten (Zugriff 07. 01. 2016)
13 Schlesack, Anita: Hirnforschung trifft Schule – Das Transfer-Zentrum für Neurowissenschaften und Lernen in Ulm, www.swr.de/blog/diedurchblicker/2010/12/13/hirnforschung-trifft-schule-transfer-zentrum-fur-neurowissenschaften-und-lernen-in-ulm/ (Zugriff 07. 01. 2016)
14 Stein, Barry E./Meredith, Alex: The merging of the senses. In: MIT Press, Cambrige 1993.
15 O'Block, Robert, Hand Movements May Assist the Learning Process, www.annalsofpsychotherapy.com/articles/news/10/15/Hand-Movements-May-Assist-the-Learning-Process (Zugriff 07. 01. 2016)

Kapitel 7: Riechen – Der emotionale Sinn

1 Proust, Marcel: Auf der Suche nach der verlorenen Zeit, Band 1, Frankfurt 1954, S. 70 ff.
2 Hatt, Hanns/Dee, Regine: Das kleine Buch vom Riechen und Schmecken, München 2012, S. 36.

3 Stollorz, Volker: Auf der Suche nach der Madeleine-Region. In: Frankfurter Allgemeine Sonntagszeitung, 30. 05. 2004, Nr. 22, S. 67.

4 Hatt, Das kleine Buch, S. 35.

5 Hatt, Das kleine Buch, S. 103 f.

6 Kohl, Walter: Wie riecht Leben?, Wien 2009.

7 Goldstein S. 369 f.

8 Hatt, Hanns/Dee, Regine: Das Maiglöckchen-Phänomen, München 2011, S. 52.

9 Hatt, Maiglöckchen-Phänomen, S. 50 f.

10 Hatt, Maiglöckchen-Phänomen, S. 54.

11 Hatt, Maiglöckchen-Phänomen, S. 53 ff.

12 Goldstein, S. 369.

13 Bushdid C, et al.: Humans can discriminate more than 1 trillion olfactory stimuli. In: Science 2014, 343(6177), S. 1370 ff.

14 Hatt, Maiglöckchen-Phänomen, S. 53 f.

15 Goldstein, S. 369.

16 Porter, Jess, et al., Mechanisms of scent-tracking in humans, In: Nature Neuroscience, 2007 10, S. 27 ff.

17 Hatt, Maiglöckchen-Phänomen, S. 47.

18 Stollorz, S. 67.

29 Hatt, Das kleine Buch, S. 107.

20 Hatt, Maiglöckchen-Phänomen, 98 ff.

21 Goldstein, S. 368.

22 Der Duft heißt Escentric 01.

23 Hatt, Das kleine Buch, S. 111 f.

Kapitel 8: Schmecken – Der untergebutterte Sinn

1 Zündel, Wolfgang: Was beeinflusst unseren Geschmack?, www.tagesspiegel.de/wissen/essen-und-wissenschaft-forscher-erkunden-das-geheimnis-des-geschmacks/8422330.html (Zugriff 07. 01. 2016)

2 Hatt, Das kleine Buch, S. 65 f.

3 Brand, Joseph G.: Receptor and transduction processes for umami taste. In: JN. Nutrition 130, 2000, S. 942 ff.

4 Goldstein, S. 359.

5 Hatt, Das kleine Buch, S. 208.

6 Hatt, Das kleine Buch, S. 57 ff.

7 Charisius, Hanno: Rettung des guten Geschmacks, www.sueddeutsche. de/wissen/ernaehrung-rettung-des-guten-geschmacks-1.1602854 (Zugriff 07. 01. 2016)

8 Kupferschmidt, Kai: Forscher erkunden das Geheimnis des Geschmacks, www.tagesspiegel.de/wissen/essen-und-wissenschaft-forscher-erkunden-das-geheimnis-des-geschmacks/8422330.html (Zugriff 07. 01. 2016)

9 Hatt, Maiglöckchen, S. 226 ff.

10 Passenheim, Antje: Neues Gerät lässt Blinde über die Zunge sehen, www. welt.de/gesundheit/article3997223/Neues-Geraet-laesst-Blinde-ueber-die-Zunge-sehen.html (Zugriff 07. 01. 2016)

11 The blind rock climber who sees with his tongue, www.bbc.co.uk/news/health-13358608 (Zugriff 07. 01. 2016)

12 Weimer, Sophia: Kaffee macht nicht nur wach – sondern auch schlau, www.welt.de/wissenschaft/ernaehrung/article123792749/Kaffee-macht-nicht-nur-wach-sondern-auch-schlau.html (Zugriff 07. 01. 2016)

13 Hatt, Das kleine Buch, S. 41 f.

14 Hatt, Maiglöckchen-Phänomen, S. 24.

Kapitel 9: Der sechste Sinn – Unsere verflixte Intuition

1 Gonschior, Thomas: Auf den Spuren der Intuition, München 2013, S. 207 f.

2 Singer, Wolf: Ein neues Menschenbild?, Frankfurt am Main 2003, S. 120.

3 Schanz, Günther: Implizites Wissen, München und Mering 2006, S. 11 f.

4 Polanyi, Michael: Implizites Wissen, Frankfurt am Main 1985, S. 14.

5 Singer, S. 120.

6 Gonschior, S. 10.

7 Vaas, Rüdiger, Jenseits von Einsteins Universum, Stuttgart 2015, S. 110.

8 Auf den Spuren der Intuition, In: BR alpha, Folge 11, www.br.de/mediathek/video/sendungen/auf-den-spuren-der-intuition/auf-den-spuren-der-intuition-120.html (Zugriff 07. 01. 2015)

Kapitel 10: Auf die Schnelle – Das große Finale

1 Rock, David: Brain at Work, Frankfurt am Main 2011, S. 129 ff.

LITERATURVERZEICHNIS

Bücher, Zeitungen und Zeitschriften:

Ankowitsch, Christian: Warum Einstein niemals Socken trug, Berlin 2015.

Ariely, Dan: Denken hilft zwar, nützt aber nichts, München 2010.

Beck, Henning: Biologie des Geistesblitzes, Berlin 2013.

Beck, Henning: Hirnrissig, München 2014.

Brand, Joseph G.: Receptor and transduction processes for umami taste. In: JN. Nutrition 130, 2000, S. 942 ff.

Buchdid, C., et al.: Humans can discriminate more than 1 trillion olfactory stimuli. In: Science 343, 2014, S. 1370 ff.

Carter, Rita: Das Gehirn, München 2010.

Carter, Rita: Gehirn und Geist, Heidelberg 2011.

Damasio, Antonio: Descartes' Irrtum, Berlin 2015.

Damasio, Antonio: Selbst ist der Mensch, München 2011.

Draaisma, Douwe: Das Buch des Vergessens, Köln 2012.

Eagleman, David: Inkognito, Frankfurt am Main 2012.

Ebert, Vince: Bleiben Sie neugierig!, Reinbek 2013.

Ekman, Paul: Gefühle lesen, Heidelberg 2014.

Faller, Adolf / Schünke, Michael: Der Körper des Menschen, Stuttgart 2012.

Fischer, Ernst Peter: Wie kommt die Welt in den Kopf oder die Macht der Sinne, München 2013.

Geisselhart, Oliver: Schieb das Schaf, München 2012.

Gigerenzer, Gerd: Risiko, München 2013.

Goldstein, Bruce: Wahrnehmungspsychologie, Berlin 2015.

Goleman, Daniel: Emotionale Intelligenz, München 2015.

Gonschior, Thomas: Auf den Spuren der Intuition, München 2013.

Hatt, Hanns/Dee, Regine: Das kleine Buch vom Riechen und Schmecken, München 2012.

Hatt, Hanns/Dee, Regine: Das Maiglöckchen-Phänomen, München 2011.

Hüther, Gerald: Bedienungsanleitung für ein menschliches Gehirn, Göttingen 2013.

Kahneman, Daniel: Schnelles Denken, langsames Denken, München 2012.

Kast, Bas: Wie der Bauch dem Kopf beim Denken hilft, Frankfurt am Main 2007.

Keysers, Christian: Unser empathisches Gehirn, München 2013.

Kitz, Volker/Tusch, Manuel: Warum das Denken nicht in den Kopf will, München 2014.

Knapp, Natalie: Kompass neues Denken, Reinbek 2013.

Knapp, Natalie: Der Quantensprung des Denkens, Reinbek 2011.

Kohl, Walter: Wie riecht Leben?, Wien 2009.

Küstenmacher, Werner Tiki: Limbi, Frankfurt am Main 2014.

Lang, Rudolph E.: Sehen, Stuttgart 2014.

LeDoux, Joseph: Das Netz der Gefühle, München 2012.

Lieury, Alain: Die Geheimnisse unseres Gehirns, Berlin/Heidelberg 2013.

Madeja, Michael: Das kleine Buch vom Gehirn, München 2012.

Moyner, Hannah/Gessmann, Martin: Das geniale Gedächtnis, München 2015.

Pashler, Harold, et al., Learning Styles: Concepts and Evidence, In: Psychological science in the public interest, Volume 9 (3), 2008, S. 105 ff.

Pieper, Werner: Blind, taub und optimistisch, Löhrbach 2015.

Polanyi, Michael: Implizites Wissen, Frankfurt am Main 1985.

Porter, Jess, et al.: Mechanisms of scent-tracking in humans, In: Nature Neuroscience, 10, 2007.

Proust, Marcel: Auf der Suche nach der verlorenen Zeit, Band 1, Frankfurt am Main 1954.

Rock, David: Brain at Work, Frankfurt am Main 2011.

Rosenzweig, Rainer: Nicht wahr?!, Paderborn 2009.

Roth, Gerhard: Bildung braucht Persönlichkeit, Stuttgart 2015.

Roth, Gerhard: Persönlichkeit, Entscheidung und Verhalten, Stuttgart 2015.

Roth, Gerhard/Strüber, Nicole: Wie das Gehirn die Seele macht, Stuttgart 2014.

Schanz, Günther: Implizites Wissen, München 2006.

Schiebener, Johannes/Brand, Matthias: Allgemeine Psychologie I, Stuttgart 2014.

Siefer, Werner: Das Genie in mir, Frankfurt am Main 2009.

Singer, Wolf: Ein neues Menschenbild?, Frankfurt am Main 2003.

Spitzer, Manfred: Lernen, Heidelberg 2014.

Stein, Barry E./Meredith, Alex: The merging of the senses, Cambrige 1993.

Stollorz, Volker: Auf der Suche nach der Madeleine-Region. In: Frankfurter Allgemeine Sonntagszeitung, 30.05.2004, Nr. 22.

Traufwetter, Gerald: Intuition, Reinbek 2007.

Vaas, Rüdiger: Jenseits von Einsteins Universum, Stuttgart 2015.

Weigmann, Katrin: Educating the brain. In: EMBOreports, 2013/14, S. 136 ff.

Weigman, Katrin: Die Intelligenz des Körpers. In: Gehirn und Geist 1-2, 2013.

Internetseiten:

Auf den Spuren der Intuition. In: BR alpha, Folge 11, www.br.de/mediathek/video/sendungen/auf-den-spuren-der-intuition/auf-den-spuren-der-intuition-120.html (Zugriff 07.01.2015)

Charisius, Hanno: Rettung des guten Geschmacks, www.sueddeutsche. de/wissen/ernaehrung-rettung-des-guten-geschmacks-1.1602854 (Zugriff 07.01.2016)

Dworschak, Manfred: Eingriff ins Hirn: Der Blinde, der sehen kann, http:// www.spiegel.de/spiegelspecial/a-273550.html (Zugriff 07.01.2016)

Goertz, Wolfram: Lesehilfe Hip-Hop, www.zeit.de/2010/34/C-Musikschueler (Zugriff 07.01.2016)

Grüter, Thomas: Merkblatt Prosopagnosie, www.prosopagnosie.de/infos. html (Zugriff 07.01.2016)

Heinen, Nike: Die Illusion von Wirklichkeit, http://www.faz.net/aktuell/wissen/ mensch-gene/ein-mann-lernt-sehen-die-illusion-von-wirklichkeit-1743936 -p3.html?printPagedArticle=true#pageIndex_3 (Zugriff 07.01.2016)

Hüther, Gerald: Begeisterung ist Doping für Geist und Hirn, www.gerald-huether.de/populaer/veroeffentlichungen-von-gerald-huether/texte/ begeisterung-gerald-huether/index.php (Zugriff 07.01.2016)

Junod, Tom: Brad Pitt: A Life So Large, www.esquire.com/entertainment/ movies/interviews/a22679/brad-pitt-cover-interview-0613/ (Zugriff 07.01.2016)

Klöckner, Lydia: Tipps, die das Lernen leichter machen, www.zeit.de/ studium/uni-leben/2012-11/Manfred-Spitzer-Lernmythen/komplettansicht (Zugriff 07.01.2016)

Kupferschmidt, Kai: Forscher erkunden das Geheimnis des Geschmacks, www.tagesspiegel.de/wissen/essen-und-wissenschaft-forscher-erkunden-das-geheimnis-des-geschmacks/8422330.html (Zugriff 07.01.2016)

Lernen mit allen Sinnen, www.mpg.de/8930937/vokabel-lernen-gesten (Zugriff 07.01.2016)

‹Mozart effect›: can classical music really make your baby smarter?, www.te legraph.co.uk/news/health/children/11500314/Mozart-effect-can-classical-music-really-make-your-baby-smarter.html (Zugriff 07.01.2016)

Müller-Jung, Joachim: Lebenslanges Lernen ist wie eine Muskelübung, www. faz.net/aktuell/feuilleton/f-a-z-serie-gehirntraining-lebenslanges-lernen-ist-wie-eine-muskeluebung-1512195.html (Zugriff 07.01.2016)

O'Block, Robert: Hand Movements May Assist the Learning Process, http://www.annalsofpsychotherapy.com/articles/spring08.php?topic=article2 (Zugriff 07.01.2016)

Passenheim, Antje: Neues Gerät lässt Blinde über die Zunge sehen, www.welt.de/gesundheit/article3997223/Neues-Geraet-laesst-Blinde-ueber-die-Zunge-sehen.html (Zugriff 07.01.2016)

Schlesak, Anita: Hirnforschung trifft Schule - Das Transfer-Zentrum für Neurowissenschaften und Lernen in Ulm, www.swr.de/blog/diedurchblicker /2010/12/13/hirnforschung-trifft-schule-transfer-zentrum-fur-neurowissens chaften-und-lernen-in-ulm/ (Zugriff 07.01.2016)

Schönfelder, Vinzenz: Wie viele Sinne hat der Mensch? www.spektrum.de/ quiz/wie-viele-sinne-hat-der-Mensch/867032 (Zugriff 07.01.2016)

Schüle, Christian: Im Bann der Erinnerung, www.zeit.de/zeit-wissen/2011/02/ Erinnerung-Forschung (Zugriff 08.12.2015)

The blind rock climber who sees with his tongue, www.bbc.co.uk/news/ health-13358608 (Zugriff 07.01.2016)

Weimer, Sophia: Kaffee macht nicht nur wach – sondern auch schlau, www. welt.de/wissenschaft/ernaehrung/article123792749/Kaffee-macht-nicht-nur-wach-sondern-auch-schlau.html (Zugriff 07.01.2016)

Yogeshwar, Ranga: Warum klingt die eigene Stimme auf einer Aufnahme so anders?, www.daserste.de/information/wissen-kultur/wissen-vor-acht-ranga-yogeshwar/sendung-ranga-yogeshwar/2010/warum-klingt-die-ei gene-stimme-auf-einer-aufnahme-so-anders-folge-349-100.html (Zugriff 07.01.2016)

Zündel, Wolfgang: Was beeinflusst unseren Geschmack?, www.hr-online. de/website/fernsehen/sendungen/index.jsp?rubrik=93204&key=standard_ document_57205482 (Zugriff 07.01.2016)